박문각 행정사

2차

5년 최다
**전체
수석**
합격자 배출

동영상 강의 www.pmg.co.kr

백운정
민법(계약)

박문각 행정사연구소 편_백운정

핵심요약집

박문각

머리말

I. 본 교재로의 초대

본서는 행정사 2차 합격을 위한 목적 그 하나만을 염두에 두고 만들어진 것이다. 이에 합격을 목적으로 하는 수험생들을 초대합니다.
우선 수험생들이 수험교재를 선택하는 데 참고가 되고, 또 본서를 선택한 독자들의 본서 활용방법에 편의를 제공하기 위해서 본서의 특징을 소개합니다.

II. 본 교재의 특징

첫째, 단원별 기출 문제집

합격이라는 목적에 부합하기 위해, 본서에서는 합격의 지침이 될 수 있는 기출 문제를 수록하였습니다. 2024년까지의 행정사 기출문제를 기본서 순서에 맞추어 수록하여, 중요 기출쟁점과, 반복되는 기출 논점을 확인하여 출제경향을 파악할 수 있도록 하였습니다.

둘째, 핵심 포인트 정리집

주관식 문제에 답안을 작성하기 위해서는 구체적인 이해와 암기가 필요합니다. 이에 앞서, 사례형 문제에서 사안을 파악하거나 약술형 문제에서 논점을 정확히 부각시키기 위해서는 민법 전체에 대한 정확한 이해를 기반되어야 합니다.
이를 위해 단원별로 주요 테마를 한 눈으로 확인할 수 있도록 표로 작성하여 전반적인 이해도를 높을 수 있도록 하였습니다.

셋째, 단문 & 사례 예상문제집

기출문제를 분석하여 아직 출제되지 않은 단문형 문제나 사례형 문제 중 빠진 논점 중 출제가 예상되는 부분을 수록하였습니다.

넷째, 계약법에 대한 네비게이션

기출문제를 분석하여 아직 출제되지 않은 단문형 문제나 사례형 문제 중 빠진 논점 중 출제가 예상되는 부분을 수록하였습니다.

Ⅲ. 공부방법론

처음 접하는 분들은 기본서의 내용을 다 공부하려는 우(愚)를 범하여서는 안된다. 자신이 공부하는 시험의 출제경향에 맞추어 그 강약을 조절하여야 합니다.

특히 주관식 시험은 눈이 아니라 손으로 공부하는 시험이라는 것을 항시 염두에 두고, 이해하고 정리되었다 하더라도 다시 한번 손으로 적어 보는 연습을 꼭 하기를 부탁드립니다.

Ⅳ. 글을 마무리하며

아무쪼록 본서가 민법을 공부하는 수험생 여러분들에게 조금이라도 도움이 되었으면 합니다. 앞으로도 계속적으로 다듬고 보충하여 좀 더 좋은 책이 될 수 있도록 노력할 것임을 약속드리며, 수험생 여러분들의 조속한 합격을 기원합니다.

편저자 백운정

행정사 2차 시험 정보

1. 시험 일정: 매년 1회 실시

원서 접수	시험 일정	합격자 발표
2025년 7월 28일 ~ 8월 1일	2025년 9월 27일	2025년 12월 10일

2. 시험 과목 및 시간

교시	입실	시험 시간	시험 과목	문항 수	시험 방법
1교시	09:00	09:30~11:10 (100분)	**[공통]** ① 민법(계약) ② 행정절차론(행정절차법 포함)	과목당 4문항 (논술 1, 약술 3) ※ 논술 40점, 약술 20점	논술형 및 약술형 혼합
2교시	11:30	•일반/해사 행정사 11:40~13:20 (100분) •외국어번역 행정사 11:40~12:30 (50분)	**[공통]** ③ 사무관리론 　(민원 처리에 관한 법률, 행정업무의 운영 및 혁신에 관한 규정 포함) **[일반행정사]** ④ 행정사실무법(행정심판사례, 비송사건절차법) **[해사행정사]** ④ 해사실무법(선박안전법, 해운법, 해사안전기본법, 해사교통안전법, 해양사고의 조사 및 심판에 관한 법률) **[외국어번역행정사]** 해당 외국어(외국어능력시험으로 대체 가능한 영어, 중국어, 일본어, 프랑스어, 독일어, 스페인어, 러시아어 등 7개 언어에 한함)		

외국어능력검정시험 성적표 제출

2차 시험 원서 접수 마감일 전 5년 이내에 실시된 것으로 기준 점수 이상이어야 함

● 영어

시험명	TOEIC	TEPS	TOEFL	G-TELP	FLEX	IELTS
기준 점수	쓰기시험 150점 이상	쓰기시험 71점 이상	쓰기시험 25점 이상	GWT 작문시험에서 3등급 이상(1, 2, 3등급)	쓰기시험 200점 이상	쓰기시험 6.5점 이상

● 일본어, 중국어, 스페인어, 프랑스어, 독일어, 러시아어

시험명	FLEX (공통)	신HSK (중국어)	DELE (스페인어)	DELF/DALF (프랑스어)	괴테어학 (독일어)	TORFL (러시아어)
기준 점수	쓰기 시험 200점이상	6급 또는 5급 쓰기 60점 이상	C1 또는 B2 작문 15점 이상	C2 독해/작문 25점 이상 및 C1 또는 B2 작문 12.5점 이상	C2 또는 B2 쓰기 60점 이상 및 C1 쓰기 15점 이상	1~4단계 쓰기 66% 이상

시험의 면제

1. 면제 대상: 공무원으로 재직한 사람과 외국어 번역 업무에 종사한 경력이 있는 사람 등은 행정사 자격시험의 전부 또는 일부가 면제된다(제2차 시험 일부 과목 면제).

2. 2차 시험 면제 과목

일반/해사행정사	행정절차론, 사무관리론
외국어번역행정사	민법(계약), 해당 외국어

합격자 결정 방법

1. 합격기준: 1차 시험 및 2차 시험 합격자는 과목당 100점을 만점으로 하여 모든 과목의 점수가 40점 이상이고, 전 과목의 평균 점수가 60점 이상인 사람으로 한다(단, 2차 시험에서 외국어시험을 외국어능력검정시험으로 대체하는 경우에는 해당 외국어시험은 제외).

2. 최소합격인원: 2차 시험 합격자가 최소선발인원보다 적은 경우에는 최소선발인원이 될 때까지 모든 과목의 점수가 40점 이상인 사람 중에서 전 과목 평균점수가 높은 순으로 합격자를 추가로 결정한다. 이 경우 동점자가 있어 최소선발인원을 초과하는 경우에는 그 동점자 모두를 합격자로 한다.

출제경향 분석

1. 11개년 기출분석표

구분	계약총론		계약간론				
	계약의 성립과 효력	계약의 해제와 해지	증여	매매	임대차	도급	기타
2회		법정해제와 합의해제의 차이점(20점)			임차인의 유익비상환청구권(20점)	도급의 위험부담(20점) 일의 완성전 도급인의 해제(20점)	조합채무에 대한 책임(20점)
3회	동시이행의 항변권의 성립요건(20점)			매매와 과실의 귀속(20점) 매매예약완결권(20점)	임차인의 지상물매수청구권(20점)		준소비대차(20점)
4회	청약의 승낙의 결합에 의하지 않은 계약성립(20점) 계약체결상의 과실책임(20점)			매도인의 담보책임(20점)	임차물의 무단전대(20점)		화해계약의 취소(20점)
5회	제3자를 위한 계약(20점)		증여의 특유한 해제원인(20점)	계약금(20점)	임차인의 부속물매수청구권(20점) 임차권의 양도(20점)		
6회	제537조의 채무자위험부담주의(20점)			계약금의 일부 지급과 해약금 해제(20점) 이행기 전의 이행의 착수(20점) 물건의 하자에 대한 매도인의 담보책임(20점)	임차인의 지상물매수청구권(20점)		
7회	계약체결상의 부당파기(30점) 손해 배상책임의 범위(10점)			환매와 재매매예약(20점)	권리금 회수기회의 보호제도(20점)		여행주최자의 의무와 담보책임(20점)
8회	동시이행의 항변권의 성립요건(20점)				임차인의 부속물매수청구권(20점) 임차권등기명령(20점)	주택신축계약의 법적성질과 소유권 귀속(20점) 수급인의 담보책임(20점)	
9회	제538조의 채권자위험부담주의(20점)	합의해제와 제3자 보호(20점)	부담부 증여(30점)		상임법상 임차인의 계약갱신 요구권(20점)		조합의 탈퇴(20점)
10회	교차청약(20점)	합의해제와 제3자 보호(20점)		전부 타인권리 매매와 매도인의 담보책임(20점)	임대차 보증금의 반환(20점)		조합의 탈퇴(20점)
11회	제3자를 위한 계약(20점)	약정해제의 법적효과(20점)		이행기 전의 이행의 착수의 해약금 해제(20점)	토지임차인의 지상물매수청구권(20점)	승강기 제작·설치 계약의 법적성질과 소유권 귀속(20점)	
12회	계약체결상의 과실책임(20점)			전부 타인권리 매매와 매도인의 담보책임(20점)	상임법상 갱신청구권(20점) 권리금 회수기회의 보호제도(20점)		조합채무에 대한 책임(20점)

2. 2024년 민법 2차 총평

(1) 2024년 기출분석

[문제 1]은 사례 문제로 일반적인 예상과 달리 특별법인 상가임대차보호법에서 출제되었습니다. 올해 상가임대차보호법이 출제되리라 예상하였으나, 판례가 사례 문제로 출제된 것에 조금은 당황한 분도 있으리라 봅니다. 그러나 물음 (1)은 왼쪽 표에서 보듯이 9회차에서 기출된 논점이고, 실전 모의고사(일요일) 4회 문제 2에서 정당한 거절사유에 대한 포섭 문제를 풀어 보았습니다. 그러나 상가임대차 계약이 갱신요구권 개정 전에 체결된 경우이므로 개정법이 적용될 수 있는지 여부와 물음 (2)는 7회 기출논점인 권리금회수기회에 대한 사안 포섭과 관련하여 갱신요구권이 인정되지 않는 경우에도 인정되는지 여부에 대한 판례가 새로운 논점으로 추가되었습니다.
[문제 2]는 제535조의 계약체결상의 과실책임에 대한 단문이고 이는 4회 기출문제이며, 이미 사례 문제도 모의고사에서 푼 문제입니다. [문제 3]도 반복되어 기출된 전부 타인권리 매매와 매도인의 담보책임에 대한 문제가 사례형식으로 출제되었습니다.
또한 [문제 4]도 2회 기출 논점인 조합채무에 대한 조합원의 책임에 대한 것으로 특히 업무집행조합원에 의한 조합채무에 대한 사안으로 단권화에서 출제예상문제로 풀어본 문제였습니다.

(2) 총평

결론적으로 조금은 어렵게 나오리라 예상했으나, [문제 1]인 사례 문제가 상가임대차보호법상 논점으로 구성된 것을 제외하고는 예상한 범위 내에서 출제된 것이므로, 작년과 비교하자면, 다소 평이한 수준이었다고 보입니다.

3. 향후 공부방법론

(1) 단계별 학습방법론

① 먼저 기본서 학습을 통하여 전체적인 틀과 개념을 익히고, ② 다음으로 기출문제를 진도별로 풀어가며 기본서를 통하여 배운 부분이 어떻게 출제되는지 알아야 하며, 자신이 제대로 이해하고 있지 못하는 부분은 하나씩 정리해 나가야 합니다. ③ 마지막으로 실전과 동일한 형태의 모의고사(동형모의고사)를 통하여 문제를 푸는 감각을 익혀나가야 합니다. ④ 이후 시험 직전 1~2주 동안에는 그동안 자신이 공부하여 왔던 교재를 반복학습하여 암기하여야 합니다. 특히 마지막 1~2주 동안 전부 반복학습하여 암기하고 시험장에 들어가야 합니다. 혼자 정리하기 어렵다고 느끼는 경우에는 학원의 특강 등을 통하여 출제예상지문을 정리하거나 마무리특강을 통하여 전체적으로 중요사항을 정리하여야 합니다.

(2) 기출문제의 분석을 통한 향후 공부전략

"모든 시험의 시작과 끝은 기출문제다."라는 말이 있을 정도로 시험공부에 있어 기출문제의 분석과 정리는 중요한 부분입니다. 이를 통하여 출제되는 테마들을 알 수 있으므로 평소 공부할 때에도 출제 테마들을 중심으로 효과적인 학습을 할 수 있고, 기출지문들 중 중요 테마들은 반복 출제되므로 마지막 정리 시에도 도움이 됩니다. 그러므로 공부시간의 70~80%를 기출문제에 투자하여야 합니다. 기출분석으로 알 수 있듯이 70~80점은 기출지문만 숙지하면 가능합니다. 결국 조문을 기본으로 하여 기출판례를 중심으로 반복학습하고, 사례형 문제에 적응을 높여 나가면 고득점도 가능합니다.

CONTENTS

차 례

부록   관련 법령

행정사
백운정 민법(계약)

계약총칙

01 계약총칙

제1절 계약법 서설

✦ 계약의 종류

대가채무 부담유무	쌍무계약	쌍방이 대가적 의미의 채무부담	매매, 교환, 임대차, 고용, 도급, 조합, 화해, 유상의 소비대차, 위임, 임치
	편무계약	일방만이 채무를 부담하는 계약	증여, 사용대차, 현상광고, 무상의 소 비대차, 위임, 임치
	구별실익	**쌍무계약**에는 채무 간의 견련성 → **동시이행의 항변권, 위험부담의 문제 발생**	
재산의 출연여부	유상계약	서로 대가적 의미를 가지는 재산상의 출연 有	쌍무계약 + 현상광고계약
	무상계약	서로 대가적 의미를 가지는 재산상의 출연 無	현상광고를 제외한 편무계약
	구별실익	**유상계약**에는 매매에 관한 규정, 특히 **담보책임 규정이 준용**	
현실적 급부여부	낙성계약	청약과 승낙의 합의만으로 성립	현상광고 제외한 나머지 14가지 전 형계약
	요물계약	청약과 승낙의 합치 이외에 현실적 급부(물건의 인도 등) 要	현상광고, 대물변제, 계약금계약, 보 증금계약

제2절 계약의 성립

제1관 의사표시와 관련하여 계약이 성립하는 유형

01 서설

민법은 계약성립의 모습으로 ① 청약과 승낙에 의한 계약의 성립(제527조~제531조, 제534조), ② 교차청약(제533조), ③ 의사실현에 의한 계약의 성립(제532조)의 3가지를 규정하고 있다.

02 청약과 승낙에 의한 계약의 성립

계약은 청약과 승낙의 의사표시가 있고, 의사표시의 내용이 일치해야 성립한다.

1. 청약

일방이 타방에게 일정한 내용의 계약을 체결할 것을 제의하는 의사표시

(1) 요건

① 청약의 상대방 : 특정, 불특정 다수인
② 청약의 내용 : 최소한 상대방과 계약의 중요 내용이 모두 **확정되어 있거나 확정될 수 있는 기준이 제시되어야** 한다.

* **청약의 유인과의 구별** : 상대방의 의사표시가 있기만 하면 곧 계약을 성립시킬 확정적인 구속의사가 있는지 여부

예를 들어 判例가 판시하는 바와 같이 '광고'의 경우 일반적으로 청약의 유인에 불과하나, 그 내용이 명확하고 광고주가 계약에 구속되려는 의사가 명백하다면 청약으로 보아야 할 것이다(대판 2018. 2. 13. 2017다275447). 그리고 광고 이후의 거래과정에서 상대방이 광고의 내용을 전제로 청약을 한 경우에는 광고의 내용이 청약에 포함될 것이다(분양광고가 분양광고 당시에 청약의 유인에 불과하였다고 하더라도 그 후의 사정을 고려하여 광고의 내용이 계약의 내용으로 될 수 있다 ; 대판 2007. 6. 1. 2005다5812, 5829, 5836).

(2) 효력

> **제527조【계약의 청약의 구속력】**
> 계약의 청약은 이를 철회하지 못한다.

> **제528조【승낙기간을 정한 계약의 청약】**
> ① 승낙의 기간을 정한 계약의 청약은 청약자가 그 기간 내에 승낙의 통지를 받지 못한 때에는 그 효력을 잃는다.
> ② 승낙의 통지가 전항의 기간 후에 도달한 경우에 보통 그 기간 내에 도달할 수 있는 발송인 때에는 청약자는 지체 없이 상대방에게 그 연착의 통지를 하여야 한다. 그러나 그 도달 전에 지연의 통지를 발송한 때에는 그러하지 아니하다.
>
> **제529조【승낙기간을 정하지 아니한 계약의 청약】**
> 승낙의 기간을 정하지 아니한 계약의 청약은 청약자가 상당한 기간 내에 승낙의 통지를 받지 못한 때에는 그 효력을 잃는다.

2. 승낙

청약에 대응하여 계약을 성립시킬 목적으로 청약자에 대해 행하는 수령자의 의사표시

(1) 요건

　① 승낙의 상대방 : 특정의 청약자

　② 승낙

　　㉠ 원칙 : 청약에 대한 단순한 동의

　　㉡ 예외 : 조건, 변경(제534조)

> **제534조【변경을 가한 승낙】**
> 승낙자가 청약에 대하여 조건을 붙이거나 변경을 가하여 승낙한 때에는 그 청약의 거절과 동시에 새로 청약한 것으로 본다.

　* **청약의 상대방에게 청약을 받아들일 것인지 여부에 관하여 회답할 의무**
　청약의 상대방에게 청약을 받아들일 것인지 여부에 관하여 회답할 의무가 있는 것은 아니므로, 청약자가 미리 정한 기간 내에 이의를 하지 아니하면 승낙한 것으로 간주한다는 뜻을 청약시 표시하였다고 하더라도 이는 상대방을 구속하지 아니하고 그 기간은 경우에 따라 단지 승낙기간을 정하는 의미를 가질 수 있을 뿐이다(대판 1999. 1. 29. 98다48903).

(2) 효력

　① 승낙기간을 정한 경우 : 승낙기간 내 도달해야 계약이 성립

　② 승낙기간을 정하지 않은 경우 : **상당한 기간 내**에 도달해야 계약이 성립(제529조)

(3) 연착된 승낙에 의한 계약 성립여부

① 원칙: 청약 효력 상실 → 계약성립 ×(제528조 제1항)
② 예외
　㉠ 제528조 제2항: 보통 승낙기간 내에 도달 가능한 발송 → 연착의 통지 의무 ○
　㉡ 제528조 제3항: 연착 통지 × → 연착 × → 발송 시 계약성립(제531조)

제528조【승낙기간을 정한 계약의 청약】
② 승낙의 통지가 전항의 기간 후에 도달한 경우에 보통 그 기간 내에 도달할 수 있는 발송인 때에는 청약자는 지체 없이 상대방에게 그 연착의 통지를 하여야 한다. 그러나 그 도달 전에 지연의 통지를 발송한 때에는 그러하지 아니하다.
③ 청약자가 전항의 통지를 하지 아니한 때에는 승낙의 통지는 연착되지 아니한 것으로 본다.
제530조【연착된 승낙의 효력】
전2조의 경우에 연착된 승낙은 청약자가 이를 새 청약으로 볼 수 있다.
제531조【격지자간의 계약성립시기】
격지자간의 계약은 승낙의 통지를 발송한 때에 성립한다.

3. 의사표시의 합치

(1) 주관적 합치

청약과 승낙의 의사표시가 서로 상대방에 대한 의사표시가 되어야 한다.

(2) 객관적 합치 – 내용적으로 일치

당사자의 의사표시에 나타나 있는 사항에 관하여는 모두 일치하고 있어야 하는 한편, 계약 내용의 중요한 점 및 당사자가 그것에 중대한 의의를 두고 계약의 성립요건으로 할 의사를 표시한 때에는 이에 관하여 합치가 있어야 계약이 적법, 유효하게 성립하는 것이다(판례).
　→ 그 본질적 사항이나 중요사항에 관하여는 구체적으로 의사의 합치가 있거나 적어도 장래 구체적으로 특정할 수 있는 기준과 방법 등에 관한 합의는 있어야 한다(판례). 또한 판례는 당사자가 의사의 합치가 이루어져야 한다고 표시한 사항에 대하여 합의가 이루어지지 아니한 경우에는 계약은 성립하지 아니한 것이라고 판시하였다.

4. 성립시기

(1) 논점

제528조 제1항과 제529조의 도달주의와, 제531조의 발신주의의 관계

제531조【격지자간의 계약성립시기】
격지자간의 계약은 승낙의 통지를 발송한 때에 성립한다.

⑵ **학설대립**

   ① **해제조건설** : 승낙이 도달하지 아니할 것을 해제조건으로 하여 승낙을 발송한 때에 계약이 성립한다는 견해

   ② **정지조건설** : 승낙이 도달하면 승낙을 발송한 때에 소급하여 계약이 성립한다는 견해

⑶ **검토** − 해제조건설

   제531조를 특별히 규정하여 **거래의 신속을 도모**하고자 하는 입법취지

기출확인 2016년 4회 기출

청약과 승낙의 결합에 의하지 아니하고 계약이 성립할 수 있는 경우를 약술하시오.

(20점)

03 의사실현에 의한 계약의 성립(제532조)

1. 법적 성질 : 의사실현의 성질이 의사표시인가? (의사실현의 경우도 의사의 합치가 필요한가)

의사표시의 본질은 자기결정에 의한 법률관계의 창조적인 형성인바, 의사실현에도 이러한 본질이 존재 → 의사실현의 경우에도 계약이 성립하기 위해서는 **의사의 합치가 필요**하다.

> 제532조【의사실현에 의한 계약성립】
> 청약자의 의사표시나 관습에 의하여 승낙의 통지가 필요하지 아니한 경우에는 계약은 승낙의 의사표시로 **인정되는 사실이 있는 때**에 성립한다.

2. 요건

(1) **승낙의 통지가 필요하지 아니한 경우**

  ① 청약자의 의사표시

    예 Ⅰ. 청약한 목적물의 제작을 시작하는 행위

      Ⅱ. 청약과 동시에 보내온 물건을 소비하거나 사용하는 것

  ② 관습

    예 Ⅰ. 유료주차장에 차를 주차시키는 행위

      Ⅱ. 슈퍼마켓에서 물건을 집는 행위

      Ⅲ. 버스나 택시 등에 승차하는 행위

(2) **승낙의 의사표시로 인정되는 사실이 행해져야 한다.**

(3) **의사표시의 합치가 필요**

3. 효과

승낙의 의사표시로 인정되는 사실이 있을 때 계약성립(의사표시에 관한 규정 적용)

04 교차청약에 의한 계약의 성립(제533조)

> **제533조【교차청약】**
> 당사자 간에 동일한 내용의 청약이 상호교차된 경우에는 양 청약이 상대방에게 도달한 때에 계약이 성립한다.

1. 의의

당사자가 서로 같은 내용의 청약을 한 경우, 이를 '교차청약'이라고 한다. 청약에 대응하는 승낙이 없지만 실질적으로 양 당사자의 의사합치가 있으므로 계약이 성립한다(제533조).

2. 계약의 성립시기

양 청약이 상대방에게 도달한 때(제533조), 즉 나중의 청약이 상대방에게 도달한 때에 계약이 성립한다.

2022년 10회 기출

화가 甲은 미술수집상 乙에게 자신의 'A그림을 100만 원에 사달라'는 청약의 편지를 2022. 9. 1. 발송하여 그 편지가 동년 9. 5. 乙에게 도달하였다. 한편 그러한 사실을 모르는 乙은 甲에게 'A그림을 100만 원에 팔라'는 청약의 편지를 2022. 9. 3. 발송하여 그 편지가 동년 9. 7. 甲에게 도달하였다. 이러한 경우에 甲과 乙 사이에서 A그림에 대한 매매계약의 성립여부에 관하여 설명하시오. (20점)

Ⅰ 논점의 정리

민법은 계약성립의 모습으로 ① 청약과 승낙에 의한 계약의 성립(제527조~제531조, 제534조), ② 교차청약(제533조), ③ 의사실현에 의한 계약의 성립(제532조)의 3가지를 규정하고 있다. 사안의 경우는 甲의 청약과 乙의 청약 즉 청약만 존재하여 교차청약이 인정될 수 있는지 문제된다.

Ⅱ 교차청약에 의한 계약의 성립

1. 의의

당사자가 서로 같은 내용의 청약을 한 경우, 이를 '교차청약'이라고 한다. 청약에 대응하는 승낙이 없지만 실질적으로 양 당사자의 의사 합치가 있으므로 계약이 성립한다(제533조).

2. 계약의 성립시기

양 청약이 상대방에게 도달한 때(제533조), 즉 나중의 청약이 상대방에게 도달한 때에 계약이 성립한다.

Ⅲ A그림에 대한 매매계약의 성립여부

1. 甲은 乙에게 자신의 'A그림을 100만 원에 사달라'는 청약을 乙은 甲에게 'A그림을 100만 원에 팔라'는 청약을 하였으므로 실질적으로 양 당사자의 의사 합치가 인정되는 교차청약에 해당한다.

2. 甲과 乙 사이에서 A그림에 대한 매매계약은 양 청약이 상대방에 모두 도달한 때인(제533조) 2022. 9. 7.에 성립한다.

약술형 출제예상

청약과 승낙에 의한 계약의 성립시기에 대해 약술하시오. (20점)

Ⅰ 대화자의 경우

도달주의의 일반원칙(제111조)에 따라, 승낙의 의사표시가 청약자에게 도달한 때에 계약이 성립된다.

Ⅱ 격지자의 경우

1. 문제점

제528조 제1항은 승낙이 도달해야 효력이 발생. 제531조는 승낙의 효력으로서 계약의 성립은 발송 시에 발생 → 양 규정이 모순되는 것이 아닌가 하는 의문이 제기된다.

2. 학설

(1) 해제조건설(多)

승낙의 기간 내 부도달을 해제조건으로 발송 시에 계약이 성립한다. 도달 전에 승낙을 철회할 수 없으며, 부도달의 증명책임은 청약자가 부담한다.

(2) 정지조건설

승낙의 기간 내 도달을 정지조건으로 발송 시에 소급해서 계약이 성립한다. 승낙의 도달 전에 철회할 수 있으며, 도달의 증명책임은 승낙자가 부담한다.

3. 검토

제531조가 거래의 신속을 위한 규정인 점에서, 그 취지에 부합하는 해제조건설이 타당하다. 따라서 승낙의 통지를 발송한 때에 계약이 성립한다.

사례형 출제예상

골동품상을 운영하는 甲은 최근 조선시대의 X도자기를 매수하였다. 甲은 주 고객인 재력가 乙에게 1,000만 원에 매수할 것을 제의하면서, 이를 구매할 생각이 있으면 6월 1일까지 확답을 해달라고 덧붙여서 편지를 5월 1일에 보냈다. 그 편지는 5월 3일에 乙에게 도착하였고, 乙은 이에 대해 숙고한 후, 구매하겠다는 내용의 편지를 5월 20일에 발송하였다. 그런데 6월 5일에야 甲에게 편지가 도달되었다. 통상적이라면 늦어도 2~3일 내에 도달되는 것이었지만, 우체부의 과실로 뒤늦게 도달된 것이었다.
(아래의 각 설문은 독립적임)

(1) 甲이 乙의 편지를 수령하고도 아무런 조치를 취하지 않고 무시하였다면, 甲과 乙 사이에 X도자기 매매계약이 성립하는가? 성립하였다면 계약의 성립시기는 언제인가?
(30점)

(2) 만일, 위 사례와 달리 乙이 "X도자기를 구매하겠다. 대신에 좀 비싼 듯하니 100만 원만 깎아 달라. 깎아줄 것인지의 여부에 대해서 6월 5일까지 답해주고, 그때까지 답변이 없다면 깎아주는 것으로 알겠다."라는 내용의 편지를 5월 15일 발송하였고, 5월 20일에 甲에게 도달하였는데, 甲이 6월 10일 현재까지 이를 무시하고 아무런 조치를 하지 않았다면 계약이 성립하는가? (10점)

[물음 1] (30점)

Ⅰ 논점 정리(2점)

① 甲의 청약이 중요 내용이 특정되어 유효한지, ② 乙의 승낙이 승낙기간을 도과하였으므로 무효인지, ③ 격지자간 계약의 성립시기는 언제인지가 문제이다.

Ⅱ 甲과 乙간의 계약의 성립여부(15점)

1. 계약의 성립요건

계약은 청약과 승낙의 의사표시가 있고, 그 내용이 객관적·주관적으로 일치하여야 성립한다.

2. 甲의 청약이 유효한지 여부

(1) 의의 및 요건

청약이란 일방이 타방에게 일정한 내용의 계약을 체결할 것을 제의하는 의사표시이다. 청약에는 상대방과 계약의 중요 내용이 확정되어 있거나 확정될 수 있는 기준이 제시되어 있어야 한다.[1]

(2) 효력

청약은 상대방에게 도달한 때 그 효력이 생긴다(제111조 제1항). 승낙기간을 경과하면 청약은 효력을 잃는다(제528조 제1항).

(3) 사안의 경우

甲의 청약은 ① 상대방이 乙로 특정되어 있고, ② 매매 목적물이 X도자기로 특정되어 있으며, ③ 매매대금이 1,000만 원으로 확정되어 있으므로 유효하다.

3. 乙의 승낙이 유효한지 여부

(1) 의의 및 요건

승낙은 청약에 대응하여 계약을 성립시킬 목적으로 청약자에 대해 행하는 수령자의 의사표시이다.

(2) 효력

① 청약자가 승낙기간을 정한 경우 승낙의 통지가 승낙기간 내에 청약자에게 도달해야 한다. ② 승낙의 기간을 정하지 않은 경우 상당한 기간 내에 청약자에게 도달해야 한다.[2]

(3) 연착된 승낙의 경우

승낙기간을 도과하여 승낙이 도달된 경우 청약은 효력을 상실하고 계약은 성립하지 않는다(원칙).[3]

다만, 통상 승낙기간 내에 도달될 수 있는 발송인 경우 청약자가 연착의 통지를 하지 아니하면 계약이 성립한다(예외).[4]

---

[1] 청약의 유인과 구별된다.
[2] 제529조
[3] 제529조
[4] 제528조 제2항

(4) 사안의 경우

① 乙의 승낙은 승낙기간 6월 1일을 도과하여 도착하였으나, ② 통상 승낙기간 내에 도달될 수 있는 발송이었고, 甲이 연착의 통지를 하지 않았으므로 연착되지 아니한 것으로 간주된다. 따라서 계약이 성립한다.

Ⅲ 격지자간 계약의 성립시기(10점)

1. 논점 정리

제528조 제1항은 승낙이 승낙기간 내에 도달해야 효력이 발생한다고 규정하고 있고, 제531조는 격지자간의 계약의 성립은 발송 시에 발생한다고 규정하고 있으므로 모순되는 것이 아닌지가 문제된다.

2. 학설 및 검토

(1) 학설

① 해제조건설(多): 승낙의 기간 내 부도달을 해제조건으로 발송 시에 계약이 성립한다. 도달 전에 승낙을 철회할 수 없으며, 부도달의 증명책임은 청약자가 부담한다.
② 정지조건설: 승낙의 기간 내 도달을 정지조건으로 발송 시에 소급해서 계약이 성립한다. 승낙의 도달 전에 철회할 수 있으며, 도달의 증명책임은 승낙자가 부담한다.

(2) 검토

제531조는 거래의 신속을 위한 규정인 점에서, 그 취지에 부합하는 해제조건설이 타당하다.

3. 사안의 경우

乙이 승낙을 발송한 5월 20일에 계약이 성립한다.

Ⅳ 사안의 해결(3점)

① 甲의 청약은 계약의 중요한 사항이 특정되어 있으므로 유효하고, ② 乙의 승낙은 승낙기간을 도과하였지만, 통상 승낙기간 내에 도달할 수 있는 발송이었음에도 甲이 연착의 통지를 하지 않았으므로 연착되지 않은 것으로 간주되어 유효하다. 따라서 계약은 성립한다. ③ 甲과 乙의 매매계약은 격지자간의 계약이므로 乙이 승낙을 발송한 5월 20일에 성립한다.

[물음 2] (10점)

ⓘ 논점 정리(1점)

① 乙의 변경을 가한 승낙의 효력, ② 乙이 정한 회답기간 내에 甲이 회답할 의무를 부담하는지가 문제된다.

Ⅱ 乙의 변경을 가한 승낙의 효력(4점)

1. 변경을 가한 승낙의 효력

승낙자가 청약에 대하여 조건을 붙이거나 변경을 가하여 승낙한 때에는 그 청약의 거절과 동시에 새로 청약한 것으로 본다(제531조).

2. 사안의 경우

乙은 甲의 1,000만 원 청약에 대하여 변경을 가한 승낙을 하였으므로, 이는 청약의 거절과 동시에 새로운 청약에 해당한다. 따라서 甲이 그에 응하여 승낙을 하여야만 계약이 성립할 수 있다.

Ⅲ 甲이 회답의무를 부담하는지 여부(4점)

1. 판례

청약자가 미리 정한 기간 내에 이의를 하지 아니하면 승낙한 것으로 간주한다는 뜻을 표시하였다고 하더라도, 이는 상대방을 구속하지 아니하고 단지 승낙기간을 정한 의미를 가질 뿐이다.[5]

2. 사안의 경우

乙의 새로운 청약에 대하여 甲은 회답할 의무가 없고, 乙이 정한 6월 5일은 승낙기간에 해당할 뿐이다.

승낙기간 6월 5일을 도과하였으므로 乙의 청약은 효력을 상실하고,[6] 계약은 불성립한다.

---

[5] 대판 1999. 1. 29. 98다48903. 청약의 상대방에게 청약을 받아들일 것인지 여부에 관하여 회답할 의무가 있는 것은 아니므로, 청약자가 미리 정한 기간 내에 이의를 하지 아니하면 승낙한 것으로 간주한다는 뜻을 청약시 표시하였다고 하더라도 이는 상대방을 구속하지 아니하고 그 기간은 경우에 따라 단지 승낙기간을 정하는 의미를 가질 수 있을 뿐이다.

[6] 제528조 제1항

Ⅳ 사안의 해결(1점)

乙이 매매대금을 900만 원으로 변경한 것은 청약의 거절과 동시에 새로운 청약에 해당할 뿐이다. 乙의 새로운 청약에 대하여 甲은 회답할 의무가 없고, 회답기간이 경과하였으므로 계약은 불성립한다.

제2관 계약체결상의 과실책임

✦ 제535조 계약체결상의 과실책임

의의	**계약의 성립과정**에서 당사자의 일방이 자신에게 책임 있는 사유로 상대방에게 손해를 입힌 경우 그 손해를 배상할 책임을 말한다.
민법의 태도	민법은 계약의 목적이 **원시적 불능이어서 계약이 무효로 된 경우**에 대해서**만** 계약체결상의 과실책임에 관한 **규정**을 두고 있다.
	제535조【계약체결상의 과실】 ① 목적이 **불능**한 계약을 체결할 때에 **그 불능을 알았거나 알 수 있었을** 자는 상대방이 그 계약의 유효를 믿었음으로 인하여 받은 손해를 배상하여야 한다. 그러나 그 배상액은 계약이 유효함으로 인하여 생길 이익액을 넘지 못한다. ② 전항의 규정은 상대방이 그 불능을 알았거나 알 수 있었을 경우에는 적용하지 아니한다.

요건	1. 원시적(· 객관적 · 전부) 불능
	   성립을 전제로 무효
	2. 일방 당사자의 악의 또는 과실
	   일방은 그 불능을 알았거나 알 수 있었어야 한다.
	3. 상대방의 선의 · 무과실
	   상대방은 그 불능을 과실 없이 몰랐어야 한다.
	4. 상대방의 손해

효과	신뢰이익의 배상(계약이 유효함으로 믿었기 때문에 입은 손해) └ 이행이익(계약이 유효함으로 인하여 생긴 이익액)을 넘지 못함

관련 문제	1. 계약이 불성립된 경우
	(1) 계약의 불성립과 제535조 ┬ 부당이득반환청구 또는 불법행위로 인한 손해해배상청구 可
	                             └ but 제535조 유추적용 손해배상청구 ×
	(2) 계약교섭의 부당파기 ┬ 법적 구성: 불법행위로 인한 손해해배상청구(제750조)
	                           ├ 요건: 위법성 ┬ 계약체결에 대한 정단한 기대 or 신뢰
	                                         ├ 신뢰에 따른 행동
	                                         └ 상당한 이유 없이 계약체결 거부(파기)
	                           └ 효과: 재산상 손해 − 신뢰이익 배상
	                                         정신상 손해
	2. 경과실에 기한 착오 취소
	   불법행위로 인한 손해해배상청구(제750조): 인정 × (∵ 위법성 부정)

2024년 12회 기출

계약체결상의 과실책임(민법 제535조)의 요건 및 효과에 관하여 설명하시오. (20점)

Ⅰ 서설

1. 일반적으로 '계약체결상의 과실책임'이란, 계약체결을 위한 준비 단계 또는 계약의 성립과정에서 당사자의 일방이 책임 있는 사유로 상대방에게 손해를 끼친 경우, 배상할 책임을 말한다.

2. 민법은 제535조에서 계약이 원시적 불능으로 무효인 경우의 배상책임만을 규정하고 있다.

Ⅱ 제535조의 계약체결상의 과실책임

1. 의의

목적이 불능한 계약을 체결할 때에 그 불능을 알았거나 알 수 있었을 자는 상대방이 그 계약의 유효를 믿었으므로 인하여 받은 손해를 배상하여야 한다(민법 제535조).

2. 법적 성질

(1) 학설 및 판례

제535조의 성질에 대하여, ① 계약체결과정 및 계약체결의 준비 과정에도 계약 유사의 관계를 인정할 수 있다고 하여 일반적 계약체결상의 과실책임을 인정하는 계약책임설, ② 일반적 계약체결상의 과실책임은 우리 민법에서는 인정할 필요가 없고, 불법행위책임으로 규율하면 충분하다는 불법행위책임설이 대립한다. 判例는 불법행위책임설의 입장이다(대판 2003. 4. 11. 2001다53059).

(2) 검토

우리 민법은 독일 민법과 달리 제390조와 제750조에서 채무불이행책임과 불법행위책임에 대하여 포괄적인 일반규정을 두고 있으므로, 계약책임의 영역을 지나치게 넓힐 필요가 없다. 따라서 불법행위책임설이 타당하다.

3. 요건

① 계약체결 행위가 있었을 것, ② 계약 목적이 원시적·객관적·전부 불능일 것, ③ 계약체결 시 배상의무자의 악의 또는 과실이 존재할 것, ④ 상대방은 선의·무과실일 것을 요한다.

4. 효과

(1) 과실자는 상대방에게 손해를 배상해야 하며, 손해배상의 범위는 계약의 유효를 믿었으므로 인하여 받은 신뢰이익의 손해에 한정되며, 그 손해액은 이행이익의 손해액을 넘지 못한다(제535조 제1항 단서).

(2) **신뢰손해**란 신뢰가 없었더라면 통상 지출하지 아니하였을 비용 상당의 손해이다. 아직 계약체결에 관한 확고한 신뢰가 부여되기 이전에 계약체결이 좌절되더라도 어쩔 수 없다고 생각하고 지출한 비용은 여기에 포함되지 아니한다.

Ⅲ 제535조의 확대운용 문제

1. 계약교섭의 부당파기의 경우

(1) **요건**

판례는 "① 계약당사자 어느 일방이 교섭단계에서 계약이 확실하게 체결되리라는 정당한 신뢰를 부여하여, ② 상대방이 그 신뢰에 따라 행동하였음에도, ③ 상당한 이유 없이 계약의 체결을 거부하여 손해를 입혔다면, 신의성실의 원칙에 비추어 위법한 행위로서 불법행위를 구성한다"고 본다.

(2) **효과**

계약의 부당파기자는 불법행위에 기한 손해배상책임을 진다(제750조). 이때 손해배상의 범위는 '계약이 유효하게 체결된다고 믿은 신뢰손해'에 한정된다. 이행이익의 배상을 구할 수는 없다.

2. 계약이 취소된 경우 등

(1) 계약이 숨은 불합의로 불성립하거나, 강행법규 위반으로 무효이거나, 착오·제한능력을 이유로 취소된 경우 등에서 ① 제535조를 유추적용하자는 견해와 ② 제750조의 불법행위책임을 적용하자는 견해가 대립하지만, 앞서 살펴본 바와 같은 이유로 후자가 타당하다.

(2) 특히, 경과실로 인한 착오취소의 경우가 문제인데 독일 민법에는 명문규정이 있으나, 우리 민법에는 그러한 규정이 없는바, 판례는 민법 제109조에서 중과실이 없는 한 취소를 허용하고 있으므로, 위법하지 않다고 하여 불법행위책임을 부정한다(대판 1997. 8. 22. 97다13023).

2016. 9. 1. 甲(매도인)은 별장으로 사용하는 X건물에 대하여 乙(매수인)과 매매계약을 체결하였다. 이 계약에 따라 乙은 계약체결 당일에 계약금을 지급하였고, 2016. 9. 30. 乙의 잔금지급과 동시에 갑은 乙에게 소유권 이전에 필요한 서류를 교부해주기로 하였다. 다음 각 독립된 물음에 답하시오. (40점)

(2) 만약 甲의 소유인 X건물이 계약체결 전날인 2016. 8. 31. 인접한 야산에서 발생한 원인불명의 화재로 인하여 전부 멸실되었을 경우에, **위 매매계약의 효력 및 甲과 乙 사이의 법률관계에 관하여 논하시오.** (20점)

Ⅰ 논점 정리

계약체결 전날 매매 목적물인 X건물이 전부 멸실된 경우이므로, **매매계약의 효력이 있는지 여부와 계약이 무효인 경우 甲과 乙의 계약체결상의 과실책임이 인정될 수 있는지가** 문제된다.

Ⅱ 甲과 乙의 매매계약의 효력유무

1. 계약의 유효요건

계약은 계약 당사자의 서로 대립하는 두 개의 의사표시의 합치에 의하여 성립하는 법률행위이다. 법률행위인 계약이 유효하기 위해서는 법률행위의 유효요건인 목적이 확정 가능, 실천 가능, 적법성, 사회적 타당성을 갖추어야 한다.

2. 사안의 경우

사안의 경우는 계약체결 시 이미 X건물이 전부 멸실된 원시적, 객관적 전부 불능 상태이므로, 계약은 실현이 불가능하다. 따라서 **위 매매계약은 무효**이다. 따라서 甲과 乙의 매매계약에 따른 법률관계는 인정되지 않는다. 따라서 이미 이행한 부분은 부당이득반환을 청구할 수 있다. 따라서 계약체결 당일에 계약금을 지급한 乙은 甲에게 부당이득반환을 청구할 수 있다. 이와 더불어 제535조의 계약체결상의 과실책임이 인정되는지와 제750조의 불법행위책임이 문제된다.

Ⅲ 제535조의 계약체결상의 과실책임 인정 여부

1. 요건

제535조의 계약체결상 과실책임이 성립하기 위해서는 ① 계약체결 행위가 있었을 것, ② 계약 목적이 원시적·객관적·전부 불능일 것, ③ 배상의무자의 악의 또는 과실이 존재할 것, ④ 상대방은 선의·무과실일 것을 요한다.

2. 효과

(1) 손해배상청구권의 발생

일방 당사자는 상대방이 그 계약의 유효를 믿었으므로 인하여 받은 손해(＝신뢰이익)를 배상하여야 하는데, 다만 그 배상액은 계약이 유효함으로 인하여 생길 이익액(＝이행이익)을 넘지 못한다(제535조 제1항).

(2) 부당이득반환청구와의 관계

계약 당시에 이미 채무의 이행이 불가능했다면 특별한 사정이 없는 한 채권자가 이행을 구하는 것은 허용되지 않고, **이미 이행한 급부는** 법률상 원인 없는 급부가 되어 **부당이득의 법리에 따라 반환청구할 수 있으며,** 나아가 민법 제535조에서 정한 계약체결상의 과실책임을 추궁하는 등으로 권리를 구제받을 수 있다(대판 2017. 10. 12. 2016다9643).

(3) 사안의 적용

甲과 乙의 매매계약 체결 행위가 있었으나, ① 계약 목적인 X건물이 전부 멸실된 원시적·객관적·전부 불능으로 인하여 계약이 무효가 되었고, ② 매도인 甲은 X건물의 전부 멸실 사실에 대해 매매계약 체결 전 그 사실을 알았거나 알 수 있어야 할 것이고, ③ 매수인 乙은 선의로 추정되므로, 甲이 乙의 악의 또는 과실을 입증하지 않는 한 모든 요건이 충족된다. 이미 지급한 계약금의 부당이득반환청구와 함께 신뢰이익 배상이 청구도 가능하다.

Ⅳ 제750조의 불법행위책임인정 여부

제750조의 기한 불법행위책임은 ① 고의 또는 과실로 인한 ② 위법행위로 ③ 타인에게 손해를 가하고, ④ 이들 간에 인과관계가 있을 경우에 가해자가 피해자에게 그 손해를 배상할 책임이다. 사안의 경우는 매도인 甲의 위법한 행위로 인한 것이 아니라, 인접한 야산에서 발생한 원인불명의 화재로 인한 경우이므로 인정될 수 없다.

Ⅴ 사안의 해결

1. 甲과 乙의 매매계약은 계약체결 시 이미 X건물이 전부 멸실된 원시적·객관적·전부 불능으로 인해 무효이다. 그러므로 이미 계약금을 지급한 乙은 甲에게 부당이득반환을 청구할 수 있다.

2. 甲의 위법성이 없어 제750조의 불법행위청구권은 인정되지 않으나, 계약금의 부당이득반환과 더불어 제535조의 계약체결상의 과실책임이 인정되어 신뢰이익에 대한 손해배상도 청구할 수 있다.

기출확인 2019년 7회 기출

乙은 교육관을 건립하기로 하고 그 건립 방법에 관하여 5인가량의 설계사를 선정하여 건물에 대한 설계시안 작성을 의뢰한 후 그중에서 최종적으로 1개의 시안을 선정한 다음 그 선정된 설계사와 교육관에 대한 설계계약을 체결하기로 하였다. 甲설계사는 이 제안에 응모하기 위하여 제안서와 견적서 작성비용 300만 원을 지출하였다. 乙은 甲의 시안을 당선작으로 선정하였으나, 그 후 乙은 여러 가지 사정으로 甲과 설계기간, 설계대금 및 그에 따른 제반사항을 정한 구체적인 계약을 체결하지 않고 있다가 당선 사실 통지 시로부터 약 2년이 경과한 시점에 甲에게 교육관 건립을 취소하기로 하였다고 통보하였다. 甲은 당선 사실 통지 후 설계계약이 체결될 것이라고 기대하고 교육관 설계를 위한 준비비용 500만 원을 지출하였다. 다음 물음에 답하시오. (40점)

(1) 甲은 乙에게 계약체결상의 과실책임을 물을 수 있는지를 논하시오. (30점)
(2) 甲이 乙에게 청구할 수 있는 손해배상책임의 범위에 관하여 설명하시오. (10점)

[물음 1] (30점)

Ⅰ 논점 정리

甲과 乙 사이에 계약이 성립하지 않아 甲은 乙에게 계약상 책임을 물을 수 없으므로, 제535조의 계약체결상 과실책임으로 손해배상청구를 할 수 있는지가 문제된다.

Ⅱ 제535조의 계약체결상의 과실책임 인정 여부

1. 요건

제535조의 계약체결상 과실책임이 성립하기 위해서는 ① 계약체결 행위가 있었을 것, ② 계약 목적이 원시적·객관적·전부 불능일 것, ③ 배상의무자의 악의 또는 과실이 존재할 것, ④ 상대방은 선의·무과실일 것을 요한다.

2. 적용범위

판례는 계약체결상 과실책임을 제535조에서 정하고 있는 원시적 불능으로 계약이 무효인 경우에만 인정하고, 그 외에는 이를 인정하지 않고 있다.

3. 사안의 경우

사안에서 乙은 甲의 시안을 당선작으로 선정하였으나, 그 후 乙은 甲과 구체적인 계약을 체결하지 않고 있다가 당선 사실 통지 시로부터 약 2년이 경과한 시점에 甲에게 교육관 건립을 취소하기로 하였다고 통보한 것이므로, **계약교섭이 부당하게 파기되어 계약이 불성립한 경우**이다. 따라서 **제535조에서 정하고 있는** 원시적 불능으로 계약이 무효인 경우에만 **계약체결상 과실책임**을 인정하고 있는 판례에 따르면 **인정할 수 없고**, 위 사안은 이를 **불법행위책임(제 750조)으로 해결**하고 있다.

Ⅲ 제750조 불법행위로 인한 손해배상책임 인정 여부

1. 성립요건

판례는 ① 어느 일방이 교섭단계에서 계약이 확실하게 체결되리라는 정당한 기대 내지 신뢰를 부여하여 ② 상대방이 그 신뢰에 따라 행동하였음에도 ③ 상당한 이유 없이 계약의 체결을 거부하여 손해를 입혔다면 이는 신의성실의 원칙에 비추어 볼 때 위법한 행위로서 불법행위를 구성한다고 본다(대판 2001. 6. 15. 99다4041).

2. 사안의 적용

사안의 경우 乙은 甲의 설계시안을 당선작으로 선정하여 설계계약을 체결하기로 신뢰를 부여하고도, 그로부터 약 2년이 경과한 시점에 정당한 이유 없이 계약교섭을 부당하게 파기하여 乙에게 손해를 입힌바, 乙의 위 행위는 계약자유의 원칙의 한계를 벗어나 위법하다. 따라서 판례에 의하면 甲은 乙에게 제750조에 의하여 손해배상을 청구할 수 있다.

[물음 2] (10점)

Ⅰ 논점의 정리

계약교섭의 부당파기로 인한 불법행위에 해당한 위 사안의 경우, 甲이 乙에게 청구할 수 있는 구체적 손해배상책임의 범위에 대해 검토해야 한다.

Ⅱ 계약의 부당파기로 인한 손해배상의 범위

판례는 ① 계약교섭의 부당파기로 인한 손해는 계약이 유효하게 체결된다고 믿었던 것에 의하여 입었던 신뢰손해에 한정되고, 이행이익은 포함되지 않는다. ② 이러한 손해에는 계약체결이 좌절되더라도 어쩔 수 없다고 생각하고 지출한 비용, 예컨대 경쟁입찰에 참가하기 위하여 지출한 제안서, 견적서 작성비용 등은 여기에 포함되지 아니한다(대판 2003. 4. 11. 2001다53059). ③ 한편 **계약교섭의 부당한 중도파기가 불법행위를 구성**하는 경우, 상대방에게 배상책임을 지는 것은 계약체결을 **신뢰**한 상대방이 입게 된 상당인과관계 있는 **손해**이고, 한편 계약교섭 단계에서는 아직 계약이 성립된 것이 아니므로 당사자 중 일방이 계약의 이행행위를 준비하거나 이를 착수하는 것은 이례적이라고 할 것이므로 설령 이행에 착수하였다고 하더라도 이는 자기의 위험 판단과 책임에 의한 것이라고 평가할 수 있지만 만일 이행의 착수가 상대방의 적극적인 요구에 따른 것이고, 바로 위와 같은 이행에 들인 비용의 지급에 관하여 이미 계약교섭이 진행되고 있었다는 등의 특별한 사정이 있는 경우에는 당사자 중 일방이 계약의 성립을 기대하고 이행을 위하여 지출한 비용 상당의 손해가 상당인과관계 있는 손해에 해당한다(대판 2004. 5. 28. 2002다32301).

따라서 판례는 계약의 성립을 기대하고 이행을 위하여 지출한 비용도 특별한 사정이 없는 한 상당인과관계 있는 손해에 해당하지 않는다고 본다.

Ⅲ 사안의 해결

1. 甲은 ① 설계계약이 유효하게 체결되리라고 믿고 지출한 신뢰손해에 대해서만 손해배상을 청구할 수 있다. ② 제안서와 견적서 작성비용 300만 원은 계약체결이 좌절되더라도 어쩔 수 없다고 생각하고 지출한 비용이므로 손해배상책책임의 범위에 포함되지 아니하며, ③ 교육관 설계를 위한 준비비용 500만 원은 특별한 사정이 없이 계약의 성립을 기대하고 이행을 위하여 지출한 비용에 해당하므로 손해배상책임의 범위에 포함되지 않는다.

2. 한편, 계약교섭의 부당파기로 甲의 인격적 법익이 침해되어 정신적 고통을 초래하였다면 정신적 고통에 대한 손해배상도 청구할 수 있다(대판 2004. 5. 28. 2002다32301).

제3절 계약의 효력

제1관 동시이행의 항변권

01

✦ 제536조 동시이행의 항변권

의의	쌍무계약에 있어서 상대방이 자기의 채무는 이행하지 않은 채 반대급부만을 청구해 올 경우 급부를 거절할 수 있는 권리(이행의 견련성, 공평의 원칙 내지 신의칙)
조문	**제536조【동시이행의 항변권】** ① 쌍무계약의 당사자 일방은 상대방이 그 채무이행을 제공할 때까지 자기의 채무이행을 거절할 수 있다. 그러나 상대방의 채무가 변제기에 있지 아니하는 때에는 그러하지 아니하다. ② 당사자 일방이 상대방에게 먼저 이행하여야 할 경우에 상대방의 이행이 곤란할 현저한 사유가 있는 때에는 전항 본문과 같다.
요건	1. 서로 대가적 의미를 가지는 채무의 존재(쌍방의 채무가 동일한 쌍무계약에서 발생) (1) **동일한 쌍무계약** ┬ 동일성이 유지되는 한 당사자가 변경 시도 가능 　　　　　　　　　　└ 일방의 채무가 이행불능이 되어 손해배상채무로 변경 시도 (2) **서로 다른 쌍무계약** 　　　┬ 원칙: 동시이행의 항변권 발생 × 　　　├ 사례: ① 저당권등기의 말소와 피담보채무의 변제 　　　│　　　　② 임차권등기명령에 따른 임차권등기말소의무와 보증금 반환의무 　　　└ 예외: 동시이행의 항변권 인정 – **임대차 종료 시 건물명도의무와 보증금반환의무** (3) **확장**: 비쌍무계약에 기한 채무의 경우에도 공평의 원칙에 근거하여 예외적으로 인정(판례) 2. 쌍방의 채무가 변제기에 있을 것 　※ **선이행의무가 있는 당사자** 　　├ 원칙: 동시이행의 항변권 발생 × 　　└ 예외: 동시이행의 항변권 발생 ○ 　　　　　① 상대방의 이행이 곤란할 현저한 사유가 有(불안의 항변권, 제536조 제2항) 　　　　　② 선이행의무자가 이행하지 않고 있는 동안에 상대방 채무의 변제기가 도래한 경우 3. 일방이 자기채무의 이행 없이 상대방에게 이행을 청구하였을 것 　※ 과거에 한번 수령지체에 빠진 상대방도 그 후 당사자 일방이 자기채무의 이행제공을 다시 하지 않고서 상대방에게 이행을 청구하는 경우 동시이행의 항변권 주장 가능 4. 배제특약 부존재: 임의규정이므로 특약으로 배제 가능
효과	1. 이행거절권능 (1) **연기적 항변권**: 상대방이 채무를 이행하거나 이행 제공할 때까지 자기채무의 이행을 거절할 수 있는 권리 (2) **행사효**: 원용이 없는 한 법원이 항변권의 존재를 고려하지 못함 　　→ 항변을 하였다면 원고일부승소판결인 상환이행판결을 한다. 2. 이행지체의 면제효: 주장하지 않아도 항변권의 존재만으로 이행지체 책임을 면함 3. 상계금지효: 동시이행의 항변권이 붙은 채권은 이를 자동채권으로 하여 상계하지 못한다. 4. 동시이행항변권이 있더라도 소멸시효는 진행 ○
관련 문제	※ **일시적 제공과 동시이행의 항변권** 1. 동시이행항변의 소멸여부 　이행 제공이 중단되면, 상대방의 동시이행의 항변권은 다시 부활 　→ 과거의 이행 제공 사실만으로 상대방의 동시이행항변권이 소멸되는 것은 아니다. 2. 이행지체를 원인으로 한 지연배상청구: 상대방의 계속적 제공 요구 3. 이행지체를 원인으로 한 해제: 상당기간 내에 계속적으로 제공할 필요는 없고, 이행할 수 있는 정도의 준비만으로 충분

약술형 출제예상

동시이행항변권의 효력에 대해 약술하시오. (20점)

Ⅰ 동시이행항변권의 의의

쌍무계약상(혹은 공평의 관념상) 채권자가 채무의 이행을 청구한 경우, 채무자는 채권자가 그
의 채무를 이행할 때까지 자신의 채무의 이행을 거절할 수 있는데, 이를 동시이행의 항변권이
라 한다(제536조 제1항).

Ⅱ 동시이행항변권의 효력

1. 이행거절 권능(행사효)

(1) 동시이행의 항변권은 상대방의 이행이 있을 때까지 자신의 채무 이행을 거절할 수 있는 권리
이다. 이는 동시이행항변권의 본질적 효력이며, 일시적으로만 상대방의 청구권 작용을 저지
하는 연기적 항변권이다.

(2) 이행거절권능은 행사하여야만 그 효력이 발생한다. 따라서 항변권을 행사하지 않으면 법원
은 원고승소판결을 한다(대판 1990. 11. 27. 90다카25222). 반면에 항변권을 행사하면 상환급부판
결(원고 일부패소)을 한다.

2. 부수적 효과(존재효)

본질적 효력인 '이행거절권능'과 달리, 부수적 효력은 동시이행의 항변권이 존재하는 것만으
로 그 효과가 인정된다.

(1) **이행지체책임의 면제**

동시이행항변권이 존재하는 것 자체만으로 이행지체가 면제된다. 위법성이 없기 때문이다.
따라서 이행지체를 전제로 한 손해배상책임 및 계약의 해제권 등도 발생하지 않는다.

(2) **상계금지효**

동시이행항변권이 붙어 있는 채권을 자동채권으로 상계하지 못한다(제492조 제1항 단서). 그러나
이를 수동채권으로 하여, 즉 채무자가 자기의 항변권을 포기하고 상계하는 것은 무방하다.

⑶ 이자발생의 정지

동시이행관계에 있는 금전채무에는 이자발생이 정지된다(제587조).

⑷ 부당이득의 문제

동시이행의 항변권에 기한 점유는 불법하지는 않으나(위법성의 조각), 그로 인해 사용이익을 얻었다면 부당이득반환의무(제741조)를 진다.

> **약술형 출제예상**
>
> 선이행의무자가 동시이행의 항변을 할 수 있는가를 설명하시오. (20점)

Ⅰ 원칙

1. 동시이행의 항변권은 상대방의 채무가 변제기에 있어야만 성립하므로, 선이행의무를 지는 자에게는 동시이행의 항변권이 인정되지 않는다(제536조 제1항 단서).

2. 소비대차에 기한 대여금반환채무는 그 담보로 설정된 저당권말소의무에 대하여 선이행의무이므로, 자신의 피담보채무 변제와 저당권말소등기청구를 동시이행의 항변으로 제출할 수 없다.

Ⅱ 예외

선이행의무자이더라도 다음의 두 가지 경우에는 동시이행의 항변을 할 수 있다. ① 불안의 항변권(제536조 제2항)과 ② 선이행의무의 지체 중 상대방 채무도 변제기가 도래한 경우가 그것이다.

1. 불안의 항변권

(1) 선이행의무자이더라도 상대방의 이행이 곤란할 현저한 사유가 있는 때에는 동시이행의 항변권을 행사할 수 있다(제536조 제2항).

(2) 매매의 목적물에 대하여 권리를 주장하는 자가 있는 경우에 매수인이 매수한 권리의 전부나 일부를 잃을 염려가 있는 때에는 매수인은 그 위험의 한도에서 대금의 전부나 일부의 지급을 거절할 수 있다. 그러나 매도인이 상당한 담보를 제공한 때에는 그러하지 아니하다(제588조).

(3) 판례는, ① 상대방의 신용불안이나 재산상태의 악화(대판 2006. 10. 26. 2004다24106, 24113), ② 매매계약을 맺은 후 매매목적물이 매도인의 소유가 아닌 것이 발견된 경우(대판 1974. 6. 11. 73다1632), ③ 계속적 물품공급계약에서 이미 공급된 물품대금을 지급하지 아니하고 있는 경우(대판 1970. 3. 10. 69다2076)에 불안의 항변권을 인정하고 있다.

2. 상대방의 채무도 변제기가 도래한 경우

매수인이 선이행하여야 할 중도금지급을 하지 아니한 채 잔대금지급일을 경과한 경우에는 매수인의 중도금 및 이에 대한 지급일 다음날부터 잔대금지급일까지의 지연손해금과 잔대금의 지급채무는 매도인의 소유권이전등기의무와 동시이행관계에 있다(대판 1991. 3. 27. 90다19930).

甲은 자기 소유의 X토지에 대하여 乙과 매매계약을 체결하였다. 그 계약에 의하면 乙은 甲에게 계약 당일 계약금을 지급하고, 계약일부터 1개월 후에 중도금을 지급하며, 잔금은 계약일부터 2개월 후에 등기에 필요한 서류와 목적물을 인도받음과 동시에 지급하기로 되어 있었다. 甲은 계약 당일 乙로부터 계약금을 지급받았다. 다음 각각 독립된 물음에 답하시오. (40점)

(1) 잔금지급기일이 지났으나 乙은 잔금은 물론 중도금도 지급하지 않았고, 甲도 그때까지 등기에 필요한 서류와 목적물의 인도의무를 이행하지 않았다. 甲이 乙에게 중도금과 잔금의 지급을 청구하자 乙은 등기에 필요한 서류와 목적물을 인도받을 때까지 중도금과 잔금을 둘 다 지급하지 않겠다고 주장하였다. 甲과 乙 사이의 동시이행관계에 관하여 설명하고, 乙의 주장이 타당한지에 관하여 논하시오. (20점)

Ⅰ 논점 정리

乙의 중도금 지급의무는 선이행의무이지만, 잔금지급기일이 경과함으로써 甲의 등기 및 목적물 인도의무와 동시이행의 관계가 성립하는지가 문제이다.

Ⅱ 동시이행 항변권의 성립요건

① 동일한 **쌍무계약**에 기하여 발생한 **대가적 채무가 존재**하고, ② **상대방**의 채무가 **변제기에 있어야** 하며, ③ 상대방이 자기 채무의 **이행 또는 이행의 제공을 하지 않고서 청구**하였을 경우, 상대방의 채무를 이행할 때까지 자신의 채무 이행을 거절할 수 있는 권리를 동시이행의 항변권이라 한다(제536조 제1항).

Ⅲ 선이행의무자가 동시이행 항변권을 행사할 수 있는지

1. 원칙

동시이행의 항변권은 **상대방의 채무가 변제기에 있어야만 성립**하므로, 선이행의무를 지는 자에게는 동시이행의 항변권이 인정되지 않는다(제536조 제1항 단서).

2. 예외

선이행의무자이더라도 다음의 두 가지 경우에는 동시이행의 항변을 할 수 있다. ① **불안의 항변권**(제536조 제2항)과 ② 선이행의무의 **지체 중 상대방 채무도 변제기가 도래한 경우**가 그 것이다.

⑴ 선이행의무자이더라도 **상대방의 이행이 곤란할 현저한 사유가 있는 때**에는 동시이행의 항변 권을 행사할 수 있다(제536조 제2항). 매매의 목적물에 대하여 권리를 주장하는 자가 있는 경 우에 매수인이 매수한 권리의 전부나 일부를 잃을 염려가 있는 때에는 매수인은 그 위험의 한도에서 대금의 전부나 일부의 지급을 거절할 수 있다(제588조).

⑵ 매수인이 **선이행하여야 할 중도금지급을 하지 아니한 채 잔대금지급일을 경과한 경우**에는 매수인의 중도금 및 이에 대한 지급일 다음 날부터 잔대금지급일까지의 지연손해금과 잔대 금의 지급채무는 매도인의 소유권이전등기의무와 동시이행관계에 있다(대판 1991. 3. 27. 90다 19930).

Ⅳ 사안의 해결

1. 乙의 중도금 지급의무는 선이행의무이지만, 잔금지급기일이 도래하여 잔금지급의무와 甲의 등기 및 목적물 인도의무가 동시이행의 관계에 있는 결과 중도금 지급의무도 함께 동시이행 의 관계이다.

2. 따라서 乙의 동시이행의 항변 주장은 타당하다.

기출확인 2020년 8회 기출

甲은 그 소유의 X토지를 乙에게 매도하면서 약정기일에 중도금과 잔금이 모두 지급되면 그와 동시에 X토지의 소유권이전등기에 필요한 서류 일체를 乙에게 교부하기로 하였으나 乙이 중도금지급기일에 중도금을 지급하지 않은 상태에서 잔금지급지일이 도래하였다. 이 경우, 甲이 소유권이전등기에 필요한 서류의 제공 없이 乙에게 중도금지급을 청구하였다면 乙은 동시이행의 항변권을 행사할 수 있는지에 관하여 설명하시오. (20점)

Ⅰ 논점 정리

선이행의무를 지는 매수인 乙의 중도금지급의무가 지체되고 있던 중 잔금지급기일이 도래한 경우, 매도인 甲의 중도금지급청구에 대해 선이행의무자인 매수인 乙에게도 동시이행의 관계가 성립할 수 있는지가 문제이다.

Ⅱ 동시이행 항변권의 성립요건

① 동일한 **쌍무계약**에 기하여 발생한 **대가적 채무가 존재**하고, ② **상대방**의 채무가 **변제기에 있어야** 하고, ③ 상대방이 자기 채무의 **이행 또는 이행의 제공을 하지 않고서 청구**하였을 경우, 상대방의 채무를 이행할 때까지 자신의 채무 이행을 거절할 수 있는 권리를 동시이행의 항변권이라 한다(제536조 제1항).

Ⅲ 선이행의무자가 동시이행 항변권을 행사할 수 있는지

1. 원칙

동시이행의 항변권은 **상대방의 채무가 변제기에 있어야만 성립**하므로, 선이행의무를 지는 자에게는 동시이행의 항변권이 인정되지 않는다(제536조 제1항 단서).

2. 예외

선이행의무자이더라도 다음의 두 가지 경우에는 동시이행의 항변을 할 수 있다. ① **불안의 항변권**(제536조 제2항)과 ② 선이행의무의 **지체 중 상대방 채무도 변제기가 도래한 경우**가 그것이다.

⑴ 선이행의무자이더라도 **상대방의 이행이 곤란할 현저한 사유가 있는 때**에는 동시이행의 항변권을 행사할 수 있다(제536조 제2항). 매매의 목적물에 대하여 권리를 주장하는 자가 있는 경우에 매수인이 매수한 권리의 전부나 일부를 잃을 염려가 있는 때에는 매수인은 그 위험의 한도에서 대금의 전부나 일부의 지급을 거절할 수 있다(제588조).

⑵ 매수인이 **선이행하여야 할 중도금지급을 하지 아니한 채 잔대금지급일을 경과한 경우**에는 매수인의 중도금 및 이에 대한 지급일 다음 날부터 잔대금지급일까지의 지연손해금과 잔대금의 지급채무는 매도인의 소유권이전등기의무와 동시이행관계에 있다(대판 1991. 3. 27. 90다19930).

Ⅳ 사안의 해결

1. 乙의 중도금 지급의무는 선이행의무이지만, 잔금지급기일이 도래하여 잔금지급의무와 甲의 등기 및 목적물 인도의무가 동시이행의 관계에 있는 결과 중도금지급의무도 함께 동시이행의 관계이다.

2. 따라서 甲이 소유권이전등기에 필요한 서류의 제공 없이 乙에게 중도금지급만을 청구하였다고 하더라도 乙의 동시이행의 항변 주장은 타당하다.

출제예상

화가 甲은 乙의 가게에 2023년 5월 20일 물감을 주문하였다. (40점)

(1) 화가 甲은 乙의 가게에서 물감을 주문하면서 물감을 먼저 외상으로 받고 3개월 후에 돈이 생기는 대로 대금을 지급하기로 약속하였다. 도착 날짜에 맞추어 甲이 물감을 찾기 위해서 乙의 가게를 찾아갔을 때 乙은 甲의 재산 상태가 악화되었다는 이유로 물감의 인도를 거절하였다. 乙이 거절할 수 있는 권리가 있는지 설명하시오. (20점)

(2) 화가 甲은 乙의 가게에서 물감을 주문하면서 2023년 5월 31일에 물감을 인도받음과 동시에 대금을 지급하기로 하는 매매계약을 체결하였다. 그런데 화가 甲이 2023년 5월 31일에 대금을 가지고 乙을 찾아갔으나 乙의 가게가 잠겨 있어 그대로 돌아와야 했다.

화가 甲은 2023년 6월 25일 위 매매계약을 원인으로 물감의 인도를 청구하고 있다. 이 경우 乙은 동시이행항변권을 행사할 수 있는지에 대해 설명하시오. (20점)

[물음 1] (20점)

Ⅰ **논점 정리(2점)**

사안에서 당사자간의 합의로 乙이 甲에게 먼저 물감을 인도하기로 함으로써 선이행의무를 부담하는 경우에 동시이행항변권을 행사하여 청구를 거절할 수 있는지가 문제된다.

Ⅱ **동시이행 항변권의 성립요건(5점)**

① 동일한 쌍무계약에 기하여 발생한 대가적 채무가 존재하고, ② 상대방의 채무가 변제기에 있어야 하며, ③ 상대방이 자기 채무의 이행 또는 이행의 제공을 하지 않고서 청구하였을 경우, 상대방의 채무를 이행할 때까지 자신의 채무 이행을 거절할 수 있는 권리를 동시이행의 항변권이라 한다(제536조 제1항).

매매계약에서 매매목적물의 인도와 매매대금지급의무는 주된 급부의무로서 서로 동시이행의 관계(제568조)에 있으나, 사안의 경우 당사자 간의 약정에 의해 乙만이 선이행의무를 부담하여 ② 요건이 충족되지 않는다.

Ⅲ 선이행의무자가 동시이행 항변권을 행사할 수 있는지 여부(10점)

1. 원칙

동시이행의 항변권은 **상대방의 채무가 변제기에 있어야만 성립**하므로, 선이행의무를 지는 자에게는 동시이행의 항변권이 인정되지 않는다(제536조 제1항 단서).

2. 예외

선이행의무자이더라도 다음의 두 가지 경우에는 동시이행의 항변을 할 수 있다. ① **불안의 항변권**(제536조 제2항)과 ② 선이행의무의 **지체 중 상대방 채무도 변제기가 도래한 경우**가 그것이다.

선이행의무자이더라도 **상대방의 이행이 곤란할 현저한 사유가 있는 때**에는 동시이행의 항변권을 행사할 수 있다(제536조 제2항). 매매의 목적물에 대하여 권리를 주장하는 자가 있는 경우에 매수인이 매수한 권리의 전부나 일부를 잃을 염려가 있는 때에는 매수인은 그 위험의 한도에서 대금의 전부나 일부의 지급을 거절할 수 있다(제588조).

민법 제536조 제2항에서 정한 '선이행의무를 지고 있는 당사자가 상대방의 **이행이 곤란할 현저한 사유가 있는 때**에 자기의 채무이행을 거절할 수 있는 경우'란 선이행채무를 지고 있는 당사자가 계약 성립 후 상대방의 **신용불안이나 재산상태 악화 등과 같은 사정**으로 상대방의 이행을 받을 수 없는 사정변경이 생기고 이로 말미암아 **당초의 계약 내용에 따른 선이행의무를 이행하게 하는 것이 공평과 신의칙에 반하게 되는 경우**를 가리킨다. 상대방의 채무가 아직 이행기에 이르지 않았지만 이행기에 이행될 것인지 여부가 현저히 불확실하게 된 경우에는 선이행채무를 지고 있는 당사자에게 상대방의 이행이 확실하게 될 때까지 선이행의무의 이행을 거절할 수 있다(대판 2022. 5. 13. 2019다215791).

Ⅳ 사안의 해결(3점)

사안에서 乙이 선이행의무자라고 하더라도 계약체결 후 甲의 재산 상태가 악화되어 매매대금을 지급할 수 없다는 사정을 입증할 수 있다면 불안의 항변권을 행사하여 물감의 인도를 거절하는 것은 정당하다.

> **제563조【매매의 의의】**
> 매매는 당사자 일방이 재산권을 상대방에게 이전할 것을 약정하고 상대방이 그 대금을 지급할 것을 약정함으로써 그 효력이 생긴다.
>
> **제568조【매매의 효력】**
> ① 매도인은 매수인에 대하여 매매의 목적이 된 권리를 이전하여야 하며 매수인은 매도인에게 그 대금을 지급하여야 한다.
> ② 전항의 쌍방의무는 특별한 약정이나 관습이 없으면 동시에 이행하여야 한다.

[물음 2] (20점)

Ⅰ 논점 정리(2점)

상대방이 1회 이행제공을 하고 당사자 일방이 이를 수령하지 않아 수령지체에 빠져 있는 중에 상대방이 다시 이행제공 없이 이행청구를 하였을 때에도 동시이행 항변권을 주장할 수 있는지가 문제된다.

Ⅱ 동시이행 항변권의 성립요건(5점)

① 동일한 쌍무계약에 기하여 발생한 대가적 채무가 존재하고, ② 상대방의 채무가 변제기에 있어야 하고, ③ 상대방이 자기 채무의 이행 또는 이행의 제공을 하지 않고서 청구하였을 경우, 상대방의 채무를 이행할 때까지 자신의 채무의 이행을 거절할 수 있는 권리를 동시이행의 항변권이라 한다(제536조 제1항).

사안의 경우 상대방 甲이 1회 이행제공을 하였으나, 다시 이행제공 없이 이행청구를 하였을 때에도 ③ 요건이 충족되는지가 문제된다.

Ⅲ 수령지체에 빠진 당사자 乙의 동시이행의 항변권을 행사 인정여부(10점)

쌍무계약의 당사자 일방이 먼저 한 번의 이행 제공을 하고 상대방을 수령지체에 빠지게 하였다 하더라도 그 이행의 제공이 계속되지 않는 경우는 과거에 이행의 제공이 있었다는 사실만으로 상대방이 가지는 동시이행의 항변권이 소멸하는 것은 아니므로, 일시적으로 당사자 일방의 의무의 이행제공이 있었으나 곧 그 이행의 제공이 중지되어 더 이상 그 제공이 계속되지 아니하는 기간 동안에는 상대방의 의무가 이행지체 상태에 빠졌다고 할 수는 없고, 따라서 그 이행의 제공이 중지된 이후에 상대방의 의무가 이행지체 되었음을 전제로 하는 손해배상청구도 할 수 없다(대판 1999. 7. 9, 98다13754, 13761).

Ⅳ 사안의 해결(3점)

사안의 경우 비록 乙은 甲의 한 번의 이행제공으로 수령지체에 빠졌다 하더라도 쌍방채무의 변제기가 도래하여 甲이 자신의 채무를 이행제공함이 없이 청구하는 경우 乙은 동시이행 항변권을 행사할 수 있다.

기출확인 2022년 10회 기출

X주택의 소유자 甲과 Y토지의 소유자 乙은 서로 X주택과 Y토지를 교환하기로 하는 계약을 체결하였다. 이에 따라 甲은 乙에게 X주택의 소유권을 이전해 주었다. 乙은 X주택에 관하여 丙과 임대차계약을 체결하여, 丙은 乙에게 보증금을 지급함과 동시에 X주택을 인도받고 전입신고를 마쳤다.

다음의 독립된 물음에 답하시오(단, X주택에 관하여 다른 이해관계인은 없음을 전제로 함).
(40점)

(1) 2010. 10. 1. 乙은 丙 사이의 임대차계약이 종료되었으나, 2022. 10. 1. 현재 丙은 乙으로부터 보증금을 반환받지 못하였음을 이유로 X주택에 계속 거주하여 이를 사용하고 있다. 乙이 X주택의 반환을 청구하자 丙은 보증금의 반환을 요구하였고, 이에 대해 乙은 丙의 보증금반환청구권은 시효로 소멸하였다고 주장한다. 이러한 경우에 丙은 乙로부터 보증금을 반환받을 수 있는지에 관하여 설명하시오. (20점)

Ⅰ 논점 정리

2010. 10. 1. 임대차계약이 종료 후 12년이 경과한 임차인 丙이 임대인 乙에게 보증금반환청구가 인정되기 위해서는 ① 丙의 보증금반환채권 성립여부 ② 乙의 소멸시효 주장의 인정여부가 문제된다. 특히 임대차 종료 후 동시이행 항변권을 근거로 임차목적물을 계속 점유하고 있는 경우, 보증금반환채권에 대한 소멸시효가 진행하는지 여부가 문제이다.

Ⅱ 임차인 丙의 乙에 대한 보증금반환채권 인정여부

2010. 10. 1. 乙과 丙 사이의 임대차계약이 종료하였으므로, 임차인 丙에게는 보증금반환채권이 성립한다.

Ⅲ 임대인 乙의 소멸시효 주장의 인정여부

1. 소멸시효의 성립요건

(1) 권리가 소멸시효의 완성으로 소멸하기 위해서는 ① 권리자가 소멸시효의 대상이 되는 권리를 ② 법률상 행사할 수 있음에도 불구하고 행사하지 않고, ③ 그 불행사가 일정기간 계속되어야 한다.

(2) 사안의 경우 임대차 종료로 인한 보증금반환채권이므로 소멸시효에 걸린다. 이는 일반채권이므로 민법 제162조 제1항에 따라 10년의 소멸시효가 적용된다. 그런데 2022. 10. 1. 현재 丙은 乙으로부터 보증금을 반환받지 못하였음을 이유로 X주택에 계속 거주하여 이를 사용하고 있다. 이를 권리불행사로 볼 수 있는지가 문제된다.

2. 동시이행항변권과 소멸시효의 진행여부

(1) 동시이행항변권 성립요건

① 동일한 쌍무계약에 기하여 발생한 대가적 채무가 존재하고, ② 상대방의 채무가 변제기에 있어야 하고, ③ 상대방이 자기 채무의 이행 또는 이행의 제공을 하지 않고서 청구하였을 경우, 상대방의 채무를 이행할 때까지 자신의 채무의 이행을 거절할 수 있는 권리를 동시이행의 항변권이라 한다(제536조 제1항).

(2) 임대차 종료 시 임차목적물반환의무와 보증금반환의무의 동시이행관계

임대차계약의 기간이 만료된 경우에 임차인이 임차목적물을 명도할 의무와 임대인이 보증금 중 연체차임 등 당해 임대차에 관하여 명도 시까지 생긴 모든 채무를 청산한 나머지를 반환할 의무는 동시이행의 관계가 있다(대판(전) 1977. 9. 28. 77다1241, 1242).

(3) 임대차 종료 후 동시이행항변권을 근거로 임차목적물을 계속 점유하고 있는 경우, 보증금반환채권에 대한 소멸시효가 진행하는지 여부

임차인이 임대차 종료 후 동시이행 항변권을 근거로 임차목적물을 계속 점유하는 것은 임대인에 대한 보증금반환채권에 기초한 권능을 행사한 것으로써 보증금을 반환받으려는 계속적인 권리행사의 모습이 분명하게 표시되었다고 볼 수 있다. 따라서 임대차에서 그 기간이 끝난 후 임차인이 보증금을 반환받기 위해 목적물을 점유하고 있는 경우 보증금반환채권에 대한 소멸시효는 진행하지 않는다(대판 2020. 7. 9. 2016다244224, 2016다244231).

따라서 채권성립 후 12년이 경과하였더라도 乙의 소멸시효 주장은 인정될 수 없다.

Ⅳ 사안의 해결

1. 사안에서 2010. 10. 1. 乙과 丙 사이의 임대차계약이 종료하였으므로, 임차인 丙에게는 보증금반환채권이 성립한다. 이에 근거한 임대인 乙의 보증금반환의무와 임차인 丙의 임차목적물을 명도할 의무는 동시이행의 관계이고, 임차인 丙이 보증금을 반환받기 위해 동시이행 항변권을 근거로 목적물을 점유하고 있는 경우 보증금반환채권에 대한 소멸시효는 진행하지 않는다.

2. 결국 임차인 丙은 임대인이 보증금 중 연체차임 등 당해 임대차에 관하여 명도 시까지 생긴 모든 채무를 청산한 나머지를 반환청구할 수 있다.

제2관 위험부담

✦ 위험부담

<table>
<tr>
<td colspan="2">의의</td>
<td colspan="2">쌍무계약상의 일방채무가 채무자의 책임 없는 사유로 이행불능되어 소멸한 경우 그에 따른 불이익(위험)을 누가 부담하느냐 하는 문제</td>
</tr>
<tr>
<td rowspan="3">원칙</td>
<td>조문</td>
<td colspan="2">제537조【채무자위험부담주의】
쌍무계약의 당사자 일방의 채무가 당사자 쌍방의 책임없는 사유로 이행할 수 없게 된 때에는 채무자는 상대방의 이행을 청구하지 못한다.</td>
</tr>
<tr>
<td>요건</td>
<td colspan="2">쌍무계약의 당사자 일방의 채무가 ① 양쪽에게 책임 없는 사유로
② 이행할 수 없게 된 경우(후발적 불능)</td>
</tr>
<tr>
<td>효과</td>
<td colspan="2">채무를 면하는 대신 채권자에게 반대급부를 청구 ×(대가위험부담)
→ 다만, 채무자가 이미 반대급부를 이행 받은 경우 부당이득으로 반환 ○</td>
</tr>
<tr>
<td rowspan="3">예외</td>
<td>조문</td>
<td colspan="2">제538조【채권자귀책사유로 인한 이행불능】
① 쌍무계약의 당사자 일방의 채무가 채권자의 책임 있는 사유로 이행할 수 없게 된 때에는 채무자는 상대방의 이행을 청구할 수 있다. 채권자의 수령지체 중에 당사자 쌍방의 책임 없는 사유로 이행할 수 없게 된 때에도 같다.
② 전항의 경우에 채무자는 자기의 채무를 면함으로써 이익을 얻은 때에는 이를 채권자에게 상환하여야 한다.</td>
</tr>
<tr>
<td>요건</td>
<td colspan="2">1. 채권자의 책임 有 사유
└ "신의칙상 비난받을 정도"
2. 채권자지체 중에 쌍방의 책임 無 사유
└ 채무자 : 채무불이행의 책임을 면하기 위해 → 수령거절 명백 : 구두제공 不要
but 위험부담 : 채권자에게 위험전가 → 현실제공 or 구두제공 必要</td>
</tr>
<tr>
<td>효과</td>
<td colspan="2">1. 채무자는 자기채무를 면하고, 채권자는 채무를 면하지 ×(반대급부 청구 가능)
2. 채무자는 자기채무를 면함으로써 이익을 얻었을 때에는 채권자에게 이를 상환해야 함</td>
</tr>
<tr>
<td colspan="2">위험의
이전</td>
<td colspan="2">특정물 매매 ┌ 원칙 : 인도 시 이전(매수인에게 이전)
└ 부동산 : 소유권이전등기할 때 이전
but 등기에 앞서 인도가 있는 경우 : 인도 시 이전</td>
</tr>
</table>

약술형 출제예상

위험부담에 대해 설명하시오. (40점)

Ⅰ 의의

위험부담이란, 쌍무계약의 당사자 일방의 채무가 **채무자의 책임 없는 사유로 이행불능**이 되어 소멸한 경우, 그에 대응하는 **상대방의 채무도 소멸하는지의 문제**를 말한다.

Ⅱ 원칙 : 채무자위험부담주의

쌍무계약의 당사자 일방의 채무가 당사자 쌍방의 책임 없는 사유로 이행할 수 없게 된 때에는 채무자는 상대방의 이행을 청구하지 못한다(제537조).

1. 요건

(1) 쌍방의 귀책사유 없는 불능일 것

채무자의 귀책사유로 인한 불능은 채무불이행책임(제390조)이 성립하고, 채권자의 귀책사유로 인한 불능은 채권자가 위험을 부담하므로(제538조 제1항), 채무자위험부담주의가 적용되지 않는다.

(2) 후발적 불능일 것

계약성립 후에 불능에 이르러야 한다. 계약성립 당시부터 불능인 '원시적 불능'의 경우에는 계약이 무효가 되므로 위험부담의 문제는 발생하지 않는다.

2. 효과

(1) 반대급부의무 소멸(제537조)

① 채권자의 반대급부의무가 소멸하므로, 채무자는 상대방의 이행을 청구하지 못한다(제537조).
② 이 경우 ㉠ 계약관계는 소멸하므로 ㉡ 이미 이행한 급부는 법률상 원인 없는 급부가 되어 **부당이득의 법리**(제741조)에 따라 반환한다. 따라서 ㉢ 매도인은 이미 지급받은 계약금을 반환하여야 하고 ㉣ 매수인은 목적물을 점유·사용함으로써 취득한 임료 상당의 부당이득을 반환할 의무가 있다(대판 2009. 5. 28. 2008다98655, 98662).

(2) 채권자가 대상청구권을 행사한 경우

불능으로 인해 채무자가 급부에 갈음하는 이익, 즉 대상(代償)을 취득하고 채권자가 그 대상을 청구한 경우에는 자신의 **반대급부의무도 존속**한다. 즉 대상청구권을 행사한 경우에는 위험부담의 문제(제537조)는 발생하지 않는다.

Ⅲ 예외 – 채권자위험부담

쌍무계약의 당사자 일방의 채무가 채권자의 책임 있는 사유로 이행할 수 없게 되거나, 채권자의 수령지체 중에 당사자 쌍방의 책임 없는 사유로 이행할 수 없게 된 경우에는 채무자는 상대방의 이행을 청구할 수 있다(제538조 제1항).

1. 요건

(1) 채권자의 책임 있는 사유로 인한 불능(제538조 제1항 제1문)

'채권자의 책임 있는 사유'란, 채권자의 행위가 ① 채무의 내용인 급부의 실현을 방해하고 ② 채권자가 이를 피할 수 있었다는 점에서 신의칙상 비난받을 수 있는 경우를 말한다(대판 2011. 1. 27. 2010다25698).

(2) 채권자지체 중의 쌍방의 책임 없는 불능(제538조 제1항 제2문)

① 채권자지체가 성립할 것 : 제538조 제1항 제2문 소정의 '채권자의 수령지체'에 해당하기 위해서는 제400조의 채권자지체와는 달리 최소한 현실제공이나 구두제공이 필요하다(대판 2004. 3. 12. 2001다79013; 채권총론편 채권자지체 참고).

② 쌍방의 책임 없는 사유로 불능이 되었을 것 : 채권자지체 중에는 채무자는 고의나 중과실이 없는 한 면책되므로(제401조), 채권자지체 중 '쌍방의 책임 없는' 사유에는 '채무자의 경과실'로 인한 불능도 포함된다(다수설).

2. 효과

(1) 채무자의 반대급부청구권 존속

채무자는 자신의 급부의무를 면하고, 채권자에 대해 본래의 반대급부도 청구할 수 있다.

(2) 채무자의 이익상환의무(제538조 제2항)

채무자가 자기의 채무를 면함으로써 얻은 이익이 있으면 이를 채권자에게 상환하여야 한다. 그 이익은 채무를 면한 것과 상당인과관계에 있는 것에 한한다.

2018년 6회 기출

甲은 2018. 7. 25. 자신의 X도자기를 乙에게 50만 원에 매각하였다. 매매계약에서 X도자기의 인도일은 2018. 8. 5.로 하면서, X도자기의 인도 시에 甲이 50만 원의 매매대금을 받기로 하였다. 2018. 8. 4. 甲의 친구 丙이 X도자기를 구경하던 중 丙의 과실로 X도자기가 완전히 파손되었다. 이러한 경우 甲은 乙에게 X도자기 매매대금 50만 원의 지급을 청구할 수 있는지 여부를 설명하시오. (20점)

Ⅰ 논점 정리

사안의 경우는 쌍무계약인 매매계약에서 매도인 甲의 매매목적물 인도의무가 쌍방의 책임 없는 사유로 후발적 불능이 된 경우 이에 상응하는 매수인 乙의 매매대금 지급채무도 소멸하는지가, 위험부담과 관련하여 문제된다.

Ⅱ 채무자위험부담주의

1. 의의

쌍무계약의 당사자 일방의 채무가 당사자 쌍방의 책임 없는 사유로 이행할 수 없게 된 때에는 채무자는 상대방의 이행을 청구하지 못한다(제537조).

2. 요건

(1) 쌍방의 귀책사유 없는 불능일 것

채무자의 귀책사유로 인한 불능은 채무불이행책임(제390조)이 성립하고, 채권자의 귀책사유로 인한 불능은 채권자가 위험을 부담할 뿐이다(제538조 제1항).

(2) 후발적 불능일 것

계약성립 후에 불능에 이르러야 한다. 계약성립 당시부터 불능인 '원시적 불능'의 경우에는 계약이 무효가 되므로 위험부담의 문제는 발생하지 않는다.

3. 효과

채권자의 반대급부의무가 소멸하므로, 채무자는 상대방의 이행을 청구하지 못한다(제537조).

Ⅲ 사안의 해결

2018. 7. 25. 계약체결 후 2018. 8. 5. 이행되기 전인 2018. 8. 4.에 불능이 된 경우이므로 후발적 불능에 해당한다. 丙이 甲의 친구라는 이유로 甲에게 책임 있다고 할 수 없으므로, 계약 당사자가 아닌 丙의 과실로 불능이 된 X도자기 인도채무는 당사자 쌍방의 귀책사유 없는 후발적 불능에 해당한다. 따라서 甲의 채무는 소멸하며 쌍무계약의 견련성상 위험부담에 의하여 乙의 대금지급채무도 함께 소멸한다(제537조). 따라서 甲은 乙에게 X도자기 매매대금 50만 원의 지급을 청구할 수 없다.

기출확인 **2021년 9회 기출**

2021. 5. 11. 甲은 비어있는 자기의 X주택을 乙에게 매도하기로 하는 계약을 체결하였는데, 이행기 전에 甲의 승낙을 받고 X주택 내부를 수리하던 중 乙의 과실로 인해 X주택이 전소되었다. 甲은 乙에게 매매대금의 지급을 청구할 수 있는지에 관하여 검토하시오.

(20점)

Ⅰ 논점 정리

사안의 경우는 쌍무계약인 매매계약에서 매도인 甲의 매매목적물인 X주택 인도의무가 매수인 乙의 과실로 인해 후발적 불능이 된 경우, 이에 상응하는 매수인 乙의 매매대금 지급채무도 소멸하는지가, 제538조의 위험부담과 관련하여 문제된다.

Ⅱ 채권자위험부담

1. 의의

쌍무계약의 당사자 일방의 **채무가 채권자의 책임 있는 사유**로 이행할 수 없게 되거나, **채권자의 수령지체 중에 당사자 쌍방의 책임 없는 사유**로 이행할 수 없게 된 경우에는 채무자는 상대방의 이행을 청구할 수 있다(제538조 제1항).

2. 요건

(1) 채권자의 책임 있는 사유로 인한 불능(제538조 제1항 제1문)

'채권자의 책임 있는 사유'란, 채권자의 행위가 ① 채무의 내용인 급부의 실현을 방해하고 ② 채권자가 이를 피할 수 있었다는 점에서 **신의칙상 비난받을 수 있는 경우**를 말한다(대판 2011. 1. 27. 2010다25698).

(2) 채권자지체 중의 쌍방의 책임 없는 불능(제538조 제1항 제2문)

① 채권자지체가 성립할 것 : 제538조 제1항 제2문 소정의 '채권자의 수령지체'에 해당하기 위해서는 제400조의 채권자지체와는 달리 최소한 현실제공이나 구두제공이 필요하다(대판 2004. 3. 12. 2001다79013; 채권총론편 채권자지체 참고).

② 쌍방의 책임 없는 사유로 불능이 되었을 것 : 채권자지체 중에는 채무자는 고의나 중과실이 없는 한 면책되므로(제401조), 채권자지체 중 '쌍방의 책임 없는' 사유에는 '채무자의 경과실'로 인한 불능도 포함된다(다수설).

3. 효과

(1) 채무자의 반대급부청구권 존속

채무자는 자신의 급부의무를 면하고, 채권자에 대해 본래의 반대급부도 청구할 수 있다.

(2) 채무자의 이익상환의무(제538조 제2항)

채무자가 자기의 채무를 면함으로써 얻은 이익이 있으면 이를 채권자에게 상환하여야 한다. 그 이익은 채무를 면한 것과 상당인과관계에 있는 것에 한한다.

Ⅲ 사안의 해결

사안은 2021. 5. 11. 甲은 X주택을 乙에게 매도하기로 하는 계약을 체결한 후, 이행기 전에 X주택 내부를 수리하던 중 채권자 乙의 과실로 인해 X주택이 전소된 경우로 후발적 불능에 해당한다. 채무자 甲의 과실 없이 채권자 乙의 과실, 즉 책임 있는 사유로 인해 후발적 불능에 해당하므로 제538조에 따라 채권자위험부담주의가 적용되어 甲은 乙에게 X주택 매매대금의 지급을 청구할 수 있다.

제3관 제3자를 위한 계약

✦ 제3자를 위한 계약

의의	계약당사자가 아닌 제3자로 하여금 직접 계약으로부터 생긴 권리를 취득하게 하는 것을 목적으로 하는 계약(보험계약, 변제공탁)
조문	**제539조【제삼자를 위한 계약】** ① 계약에 의하여 당사자 일방이 제3자에게 이행할 것을 약정한 때에는 그 제삼자는 채무자에게 직접 그 이행을 청구할 수 있다. ② 전항의 경우에 제삼자의 권리는 그 제3자가 채무자에 대하여 계약의 이익을 받을 의사를 표시한 때에 생긴다.
성립 요건	1. 보상관계(기본관계): 유효한 성립 要(대가관계: 성립요건 ×) 2. 제3자 약관(수익조항): 제3자에게 권리를 취득하게 하는 의사합치 ↳ Q. 의무를 면케 하는 것? 判例: 허용 3. 제3자의 계약 당시에 현존 不要: 태아, 설립 중 법인 ○

계약의
3면 관계
	1. 보상관계(기본관계) ※ 법률관계 결정 기준
	   (1) 채권자(요약자)와 채무자(낙약자)의 관계
	   (2) 유효한 성립 要 ∵ 기본관계가 무효인 경우 제3자를 위한 계약도 무효
	2. 대가관계(원인관계): 채권자(요약자)와 제3자(수익자)의 관계
	3. 급부관계(수익관계): 채무자(낙약자)와 제3자(수익자)의 관계

제3자
(수익자)
	1. 권리취득(발생)요건: 수익의 의사표시(성립, 효력요건 ×) → 방법: 묵시적 ○
	2. 지위
	   (1) 채권자의 지위(인정) ∵ 원칙적으로 낙약자에게 채무불이행으로 인한 손해배상청구 ○
	   (2) 계약당사자 ×┬ ① 낙약자의 채무불이행을 이유로 계약 해제 ×
	                  ├ ② 해제를 원인으로 한 원상회복청구권 ×
	                  └ ③ 낙약자는 수익자에게 원상회복청구 ×
	   (3) 제3자 보호규정 ×┬ 원칙 - 제110조 제2항의 제3자, 제548조 제1항 단서의 제3자 포함 ×
	                        └ 예외 - 제548조 제1항 단서의 제3자 포함 ○(대판 2021. 8. 19.
	                                2018다244976)
	3. 내용: 수익의 의사표시
	     ┬ 前 상당기간 정한 최고: 확답┬○: 도달주의(발신×)
	     │ └×: 거절 간주
	     └ 後┬제541조: (임의로) 변경·소멸 금지┬but 미리 유보, 수익자의 동의 可
	          │ └법정해제 可
	          ├요약자: 채무불이행→낙약자┬계약해제 可
	          │ └but 수익자에게 부당이득반환청구 ×
	          └낙약자: 채무불이행┬요약자: 계약해제 可 → **수익자의 동의 不要**
	                         └수익자┬해제 不可 → 원상회복청구권 ×
	                                └but 손해배상청구 ○
	4. 급부청구: 낙약자의 항변
	     ┬ ① 기본관계(보상관계)에 기한 항변: 可(예 동시이행 항변권)
	     └ ② 대가관계, 낙약자와 수익자 간의 독자적 사유 - 항변 不可

약술형 출제예상

제3자를 위한 계약에서 수익자의 지위에 대해 약술하시오. (20점)

Ⅰ 의의

당사자 간의 약정으로 그 계약에서 발생하는 급부청구권을 제3자가 직접 취득하도록 하는 계약이다(제539조).

Ⅱ 3면관계(→ 기, 원, 급)

1. 기본관계 – 요약자·낙약자 사이의 관계

기본관계가 무효·취소되면 수익자는 채권을 취득하지 못한다. 따라서 낙약자는 기본관계에서 생기는 항변으로 수익자에게 대항할 수 있다(제542조).

2. 원인관계 – 요약자·수익자 사이의 관계

원인관계의 흠결이나 하자는 제3자를 위한 계약의 성립이나 효력에 영향이 없다. 따라서 원인관계에서 생기는 항변으로는 ① 낙약자가 수익자에게 대항하지 못하며(대판 2003. 12. 11. 2003다49771), ② 요약자도 낙약자에게 대항하지 못한다(대판 2003. 12. 11. 2003다49771).

3. 급부관계 – 낙약자·수익자 사이의 관계

수익의 의사표시에 의하여 수익자는 낙약자에 대하여 직접 권리를 취득한다.

Ⅲ 수익자의 지위(→ 전, 후)

1. 수익자의 의사표시 전

(1) 형성권

수익자는 수익의 의사표시를 할 수 있는 형성권을 가진다.

(2) 비일신전속권

이 권리는 형성권으로 재산권적 특성이 강한 일신전속권이 아니므로 양도·상속, 채권자대위권의 목적이 된다(다수설).

2. 수익의 의사표시 후

(1) 권리취득(제3자 지위 확정)

제3자는 기본계약에서 정해진 권리를 직접 취득한다. 따라서 수익의 의사표시가 있은 후에는 당사자(요약자 및 낙약자)가 이를 변경 또는 소멸시키지 못한다(제541조).

(2) 채무불이행 시 권리행사

수익자는 계약의 당사자가 아니므로, 해제권(혹은 해제를 원인으로 한 원상회복청구권)이나 취소권은 행사하지 못한다. 다만, 낙약자의 채무불이행을 원인으로 한 손해배상청구는 할 수 있다.

甲과 乙은 甲 소유의 건물을 乙에게 매도하면서 甲의 요청으로 乙은 丙에 대하여 직접 대금지급채무를 부담하는 내용의 제3자를 위한 계약을 체결하였다. 이 경우 丙의 법적 지위를 수익의 의사표시 이전과 이후로 구분하여 설명하시오. (20점)

ⅠⅠ 제3자를 위한 계약의 의의

제3자를 위한 계약은 계약당사자가 아닌 제3자에게 직접 권리를 취득하게 하는 계약으로 보통의 계약 중에 그 법률효과의 일부를 직접 제3자에게 귀속시킨다는 내용의 제3자 약관을 붙인 것을 말한다(제539조).

Ⅱ 제3자를 위한 계약의 성립여부

1. 성립요건

제3자를 위한 계약이 성립하기 위해서는 ① 채권자(요약자)와 채무자(낙약자) 간에 유효한 계약이 성립하여야 하며, ② 그 계약에서 제3자에게 직접적으로 권리를 취득시키려는 약정(수익조항의 존재)이 있어야 하고, ③ 수익자는 계약체결 당시에 처음부터 확정되어 있을 필요는 없고, 또한 현존하고 있어야 하는 것도 아니다. 수익의 의사표시는 제3자를 위한 계약의 성립요건이나 유효요건이 아니고, 제3자가 채권을 취득하기 위한 요건일 뿐이다.

2. 사안의 경우

① 甲과 乙 사이의 甲 소유의 건물 매매계약(기본관계)이 체결되었고, ② 甲(요약자)과 乙간에 丙이 매매대금을 직접 청구할 수 있다는 약정에 합의 한 바, 이는 제3자 乙에게 독자적으로 권리를 인정하는 것으로 제3자 수익약정에 해당한다. ③ 아직 수익의 의사표시가 없다 하더라도, 계약체결 당시에 처음부터 수익자가 확정되어 있으므로 丙을 수익자로 하는 제3자를 위한 계약이 유효하게 성립하였다.

Ⅲ 수익자 甲의 법적 지위(→ 전, 후)

1. 수익의 의사표시의 법적 성질

(1) 제3자의 채권취득의 요건

수익의 의사표시가 없더라도 제3자를 위한 계약은 성립하고 당사자 사이에 효력은 발생한다. 따라서 수익의 의사표시는 제3자를 위한 계약의 성립요건이나 유효요건이 아니고, 제3자가 채권을 취득하기 위한 요건일 뿐이다.

(2) 수익의 의사표시의 방법

수익의 의사표시는 낙약자에 대한 권리취득의 효과를 발생하게 한다는 점에서 형성권에 해당한다. 이러한 수익의 의사표시는 낙약자(채무자)에 대해 하여야 하고, 명시적 또는 묵시적 (급부의 이행청구, 요약자와 낙약자 간 계약서의 수취인란에 기명날인 등)으로 할 수 있다. 따라서 반드시 서면으로 이루어져야 할 필요는 없다.

2. 수익자 丙의 의사표시 전의 법적 지위

(1) 형성권

수익자는 수익의 의사표시를 할 수 있는 형성권을 가진다.

(2) 비일신전속권

이 권리는 형성권으로 재산권적 특성이 강한 일신전속권이 아니므로 양도·상속, 채권자대위권의 목적이 된다(다수설).

3. 수익자 丙의 의사표시 후의 법적 지위

(1) 권리취득(제3자 지위 확정)

① 제3자는 기본계약에서 정해진 권리를 직접 취득한다 : 수익의 의사표시가 있으면 제3자는 계약상 권리를 직접 확정적으로 취득한다.
② 당사자 임으로 변경·소멸 금지(제541조) : 따라서 수익의 의사표시가 있은 후에는 당사자 (요약자 및 낙약자)가 이를 변경 또는 소멸시키지 못한다(제541조). 그러나 미리 유보한 경우나 수익자의 동의가 있는 경우에는 가능하다.

(2) 채무불이행 시 권리행사

수익자는 계약의 당사자가 아니므로, 제3자인 수익자 甲은 해제권(혹은 해제를 원인으로 한 원상회복청구권)이나 취소권을 행사하지 못한다. 다만 낙약자의 채무불이행이 있는 경우에 제3자는 낙약자에 대해 손해배상을 청구할 수 있다(대판 1994. 8. 12. 92다41559).

甲에게 3억 원의 금전채무를 부담하고 있는 乙은 그 채무의 변제를 위하여 2023. 3. 3. 자신이 소유하는 X부동산을 丙에게 5억 원에 매도하면서, 계약금 1억 원 및 중도금 2억 원은 甲에게 직접 지급하도록 하는 제3자를 위한 계약을 체결하였다. 甲의 법적 지위를 丙에 대한 수익의 의사표시가 있기 이전과 이후로 나누어 설명하시오. (20점)

Ⅰ 제3자를 위한 계약의 의의

제3자를 위한 계약은 계약당사자가 아닌 제3자에게 직접 권리를 취득하게 하는 계약으로 보통의 계약 중에 그 법률효과의 일부를 직접 제3자에게 귀속시킨다는 내용의 제3자 약관을 붙인 것을 말한다(제539조).

Ⅱ 제3자를 위한 계약의 성립여부

1. 성립요건

제3자를 위한 계약이 성립하기 위해서는 ① 채권자(요약자)와 채무자(낙약자) 간에 유효한 계약이 성립하여야 하며, ② 그 계약에서 제3자에게 직접적으로 권리를 취득시키려는 약정(수익조항의 존재)이 있어야 하고, ③ 수익자는 계약체결 당시에 처음부터 확정되어 있을 필요는 없고, 또한 현존하고 있어야 하는 것도 아니다. 수익의 의사표시는 제3자를 위한 계약의 성립요건이나 유효요건이 아니고, 제3자가 채권을 취득하기 위한 요건일 뿐이다.

2. 사안의 경우

① 乙과 丙 사이의 X부동산 매매계약(기본관계)이 체결되었고, ② 乙(요약자)과 丙간에 甲이 계약금 1억 원 및 중도금 2억 원을 직접 청구할 수 있다는 약정에 합의 한 바, 이는 제3자 乙에게 독자적으로 권리를 인정하는 것으로 제3자 수익약정에 해당한다. ③ 아직 수익의 의사표시가 없다 하더라도, 계약체결 당시에 처음부터 수익자가 확정되어 있으므로 甲을 수익자로 하는 제3자를 위한 계약이 유효하게 성립하였다.

Ⅲ 수익자 甲의 법적 지위(→ 전, 후)

1. 수익의 의사표시의 법적 성질

(1) 제3자의 채권취득의 요건

수익의 의사표시가 없더라도 제3자를 위한 계약은 성립하고 당사자 사이에 효력은 발생한다. 따라서 수익의 의사표시는 제3자를 위한 계약의 성립요건이나 유효요건이 아니고, 제3자가 채권을 취득하기 위한 요건일 뿐이다.

(2) 수익의 의사표시의 방법

수익의 의사표시는 낙약자에 대한 권리취득의 효과를 발생하게 한다는 점에서 형성권에 해당한다. 이러한 수익의 의사표시는 낙약자(채무자)에 대해 하여야 하고, 명시적 또는 묵시적 (급부의 이행청구, 요약자와 낙약자 간 계약서의 수취인란에 기명날인 등)으로 할 수 있다. 따라서 반드시 서면으로 이루어져야 할 필요는 없다.

2. 수익자 甲의 의사표시 전의 법적 지위

(1) 형성권

수익자는 수익의 의사표시를 할 수 있는 형성권을 가진다.

(2) 비일신전속권

이 권리는 형성권으로 재산권적 특성이 강하므로 일신전속권이 아니므로 양도·상속, 채권자 대위권의 목적이 된다(다수설).

3. 수익자 甲의 의사표시 후의 법적 지위

(1) 권리취득(제3자 지위 확정)

① 제3자는 기본계약에서 정해진 권리를 직접 취득한다 : 수익의 의사표시가 있으면 제3자는 계약상 권리를 직접 확정적으로 취득한다.
② 당사자 임으로 변경·소멸 금지(제541조) : 따라서 수익의 의사표시가 있은 후에는 당사자 (요약자 및 낙약자)가 이를 변경 또는 소멸시키지 못한다(제541조). 그러나 미리 유보한 경우나 수익자의 동의가 있는 경우에는 가능하다.

(2) 채무불이행 시 권리행사

수익자는 계약의 당사자가 아니므로, 제3자인 수익자 甲은 해제권(혹은 해제를 원인으로 한 원상회복청구권)이나 취소권은 행사하지 못한다. 다만 낙약자의 채무불이행이 있는 경우에 제3자는 낙약자에 대해 손해배상을 청구할 수 있다(대판 1994. 8. 12, 92다41559).

사례형 출제예상

甲은 손자 乙이 로스쿨에 입학하면, 자동차를 사주겠다고 乙에게 약속하였다. 그 후 乙이 로스쿨에 입학하게 되어 甲은 손자에게 자동차를 선물하려고 한다. 자동차 판매상 丙은 '아반떼'를 2000만 원에 살 것을 제안하였다. 甲은 이 제안에 만족하여 승낙하였다. 또한 그 계약에서 乙이 직접 자동차의 인도를 청구할 수 있다는 약정도 丙과 합의를 보았다.

(1) 이 경우 어떠한 형식의 계약이 체결되었는가? 그 계약은 유효한가? (10점)
(2) 손자 乙이 '아반떼'를 찾으러 가자 丙은 아직 할아버지 甲이 매매대금을 지급하지 않았으므로 자동차를 인도할 수 없다고 한다. 이에 대하여 丙은 그것은 할아버지와 관계되는 문제로 자신과는 상관없으니 자동차를 인도하라고 요구한다. 누구의 주장이 정당한가? (20점)

[물음 1] (10점)

Ⅰ 논점 정리(2점)

사안의 경우 甲과 丙의 자동차 매매계약 체결과 함께 계약당사자가 아닌 乙이 직접 자동차의 인도를 청구할 수 있다는 약정을 하였다. 이러한 계약이 제3자를 위한 계약에 해당하는 지 여부와 그 계약은 유효한지 살펴보겠다.

Ⅱ 제3자를 위한 계약의 성립여부(5점)

1. 의의

제3자를 위한 계약은 계약당사자가 아닌 제3자에게 직접 권리를 취득하게 하는 계약으로 보통의 계약 중에 그 법률효과의 일부를 직접 제3자에게 귀속시킨다는 내용의 제3자 약관을 붙인 것을 말한다(제539조).

2. 성립요건

제3자를 위한 계약이 성립하기 위해서는 ① 채권자(요약자)와 채무자(낙약자) 간에 유효한 계약이 성립하여야 하며, ② 그 계약에서 제3자에게 직접적으로 권리를 취득시키려는 약정(수익조항의 존재)이 있어야 하고, ③ 수익자는 계약체결 당시에 처음부터 확정되어 있을 필요는 없고, 또한 현존하고 있어야 하는 것도 아니다. 수익의 의사표시는 제3자를 위한 계약의 성립요건이나 유효요건이 아니고, 제3자가 채권을 취득하기 위한 요건일 뿐이다.

Ⅲ 사안의 해결(3점)

사안의 경우 ① 甲과 丙 사이의 매매계약(기본관계)은 丙은 '아반떼'를 2000만 원에 살 것을 제안하는 구체적이고 확정적인 의사표시인 청약과 甲의 승낙에 의해 성립하였다. 또한 ② 甲(요약자)과 丙이 乙이 직접 자동차의 인도를 청구할 수 있다는 약정에 합의한 바, 이는 제3자 乙에게 독자적으로 권리를 인정하는 것으로 제3자 수익약정에 해당한다. ③ 아직 수익의 의사표시가 없다 하더라도, 계약체결 당시에 처음부터 수익자가 확정되어 있으므로 제3자를 위한 계약이 유효하게 성립한다.

[물음 2] (20점)

Ⅰ 논점 정리(2점)

제3자인 수익자 乙의 낙약자 丙에 대한 자동차 인도청구가 정당한지 문제된다. 이는 수익의 의사표시가 있는지가 논점이다. 이러한 제3자 乙의 청구가 정당하다면, 요약자인 甲 사이에 발생한 동시이행항변권을 낙약자 丙이 제3자인 乙에게도 주장할 있는지 문제된다.

Ⅱ 수익자 乙의 자동차 인도청구권 인정여부(5점)

1. 수익의 의사표시의 법적 성질

(1) 제3자의 채권취득의 요건

수익의 의사표시는 제3자를 위한 계약의 성립요건이나 유효요건이 아니고, 제3자가 채권을 취득하기 위한 요건일 뿐이다.

(2) 수익의 의사표시의 방법

수익의 의사표시는 낙약자에 대한 권리취득의 효과를 발생하게 한다는 점에서 형성권에 해당한다. 이러한 수익의 의사표시는 낙약자(채무자)에 대해 하여야 하고, 판례는 명시적 또는 묵시적으로 할 수 있다.

2. 수익의 의사표시 후의 제3자의 지위

수익의 의사표시가 있으면 제3자는 계약상 권리를 직접 확정적으로 취득한다. 따라서 수익의 의사표시를 하여 제3자의 권리가 생긴 후에는, 당사자는 이를 변경 또는 소멸시키지 못한다(제541조).

3. 사안의 적용

제3자가 채권을 취득하기 위해서는 수익의 의사표시가 필요하나, 수익자 乙이 낙약자 丙에게 '아반떼'의 이행을 청구한 것은 묵시적으로 수익의 의사표시를 한 것이다. 따라서 수익자 乙의 청구는 권리자의 행사로 정당한다.

Ⅲ 낙약자 丙의 항변권의 인정여부(10점)

1. 논점의 정리

사안에서 낙약자 丙은 아직 甲이 매매대금을 지급하지 않았으므로 자동차를 인도할 수 없다는 기본(보상)관계에서 발생한 항변권을 급부관계인 수익자 乙에게 주장할 수 있는지가 문제된다.

2. 낙약자의 항변권

낙약자는 기본관계에서 동시이행의 항변권을 행사할 수 있는데, 제3자를 위한 계약을 통하여 낙약자가 채권자가 아닌 제3자에게 급부를 이행해야 한다는 점으로 인하여 낙약자가 불이익을 당하면 안 될 것이다. 또한 낙약자는 보상관계를 원인으로 하여 제3자를 위한 계약을 체결하므로 기본관계는 계약의 내용이 된다. 따라서 기본관계에서 발생한 사유는 제3자를 위한 계약의 효력에 영향을 미친다. 그에 따라 낙약자는 보상관계에서 발생한 모든 항변권을 갖고 제3자에게 대항할 수 있다(제542조). 계약당사자인 甲과 丙이 제542조의 효력을 특별히 부인한다는 사정이 보이지 않으므로 제542조에 의하여 丙은 甲에 대한 동시이행의 항변권(제536조)을 갖고 乙에게 대항할 수 있다.

3. 사안의 적용

수익자 乙의 청구에 대해 낙약자 丙은 '甲이 매매대금을 지급하지 않았으므로 자동차를 인도할 수 없다'는 항변은 기본관계에 기한 동시이행의 항변권 행사로 정당하다.

Ⅳ 사안의 해결(3점)

사안의 경우 수익자 乙이 낙약자 병에게 '아반떼'의 이행을 청구할 권리는 있으나, 수익자 乙의 청구에 대해 **낙약자 丙은** '甲이 매매대금을 지급하지 않았으므로 자동차를 인도할 수 없다'는 항변은 **기본관계에 기한 동시이행의 항변권 행사로 정당하다.** 따라서 丙은 甲이 매매대금을 지급하기 전까지는 자동차를 乙에게 인도하지 않아도 된다.

제4절 계약의 해제·해지

제1관 계약의 해제

> **✓ 취소와 해제의 차이점**
>
> 1. 취소는 원시적 하자, 해제는 후발적 하자에서 발생한다.
>
> 2. 취소는 모든 법률행위에서 인정되지만, 해제는 계약에 대해서만 인정된다.
>
> 3. 취소는 부당이득반환의무이지만, 해제는 원상회복의무이다.
>
> | 구분 | | 취소 | 해제 |
> |---|---|---|---|
> | 차이점 | 적용대상 | 모든 법률행위에 인정 | 계약에 특유한 제도 |
> | | 발생원인 | • 원시적 하자
• 제한능력
• 의사표시 하자 등 | • 후발적 하자
• 법정해제권 : 채무불이행이 원인
• 약정해제권 : 당사자의 특약 |
> | | 효과 | 부당이득반환청구권 발생 | 원상회복의무와 손해배상 |
> | | 행사기간 | 추인 가능한 날로부터 3년 내 또는 법률행위 시로부터 10년 내 | 형성권이므로 10년 내에 행사해야 함(제척기간) |
> | 공통점 | | • 형성권(단독의 의사표시)
• 일단은 유효하지만, 행사 시 소급적으로 법률행위의 효력 소멸
• 일종의 종된 권리로서 독자적으로 양도하지 못함
  (즉, 취소권이나 해제권만을 분리하여 양도하지 못함) | |

✦ 해제권

구분	법정해제권	약정해제권
발생 요건	법률규정 : 법정해제권 ※ A계약 + ① 민법총칙 → 사정변경에 의한 해제권(제2조) ② 계약총칙 → 채무불이행에 기한 해제권(제544조, 제546조) ③ 계약각칙 → 각 계약의 특유한 해제권(제555조~제557조 등)	계약 : 약정해제권 ※ A계약 + ① 해제권유보약정 ② 계약금 교부 ㄴ 약정해제권 유보 추정(제565조)
법적 성질	형성권(단독행위)	
행사 방법	일방의 의사표시	일방의 의사표시(특약 우선)

효과	1. 법적 구성 : 소급 소멸
	  - 직접효과 : 물권변동의 효과 ○
	        → 매도인 : 당연 소유권 복귀
	2. 당사자 간 효과
	  1) 원상회복청구 : 원칙 → 원물반환
	      금전 반환 시 이자 가산
	      (제548조 제2항)
		좌동(특약 우선)

	2) 손해배상의무 : ┌ 원칙 : 이행이익 배상 (해제 영향×) └ 예외 : 신뢰이익 배상 可	원칙 : 인정 ×

	3. 제3자에 대한 효과 : 제548조 제1항 단서
	  1) 제3자의 해당여부
	    ① 당사자 및 포괄승계인 ×
	    ② 새로운 법률상 이해관계 + 완전한 권리
	  2) 보호범위 ┌ 해제 前 제3자 : 선악불문 보호
	           └ 해제 後 제3자 : 선의자만 보호
	  3) 효과 : 해제 주장 ×(유효로 취급)
		좌동(유추 적용)

약술형 출제예상

이행지체에 의한 해제권 발생의 요건에 대해 약술하시오. (20점)

Ⅰ 의의

당사자 일방이 채무를 이행하지 아니하는 때에는 상대방은 상당한 기간을 정하여 그 이행을 최고하고 그 기간 내에 이행하지 아니한 때에는 계약을 해제할 수 있다(제544조).

Ⅱ 해제권 발생의 요건(이, 상, 내, 거)

1. 이행지체가 있을 것(→ 이, 가, 귀, 위)

(1) 채무자의 귀책사유에 의한 이행지체가 성립하여야 한다. 즉, ① **이행기**가 도래하고, ② 이행이 **가능**함에도, ③ 채무자의 **귀**책사유에 의하여 지체하고, ④ 그 지체가 **위**법해야 한다.

(2) **동시이행관계의 경우**에는 채권자가 자신의 반대급부를 제공하여(제460조 변제제공), 상대방의 동시이행항변권을 상실시켜야 이행지체가 되어 해제할 수 있다(동시이행항변권의 이행지체 저지효, 대판 1987. 1. 20. 85다카2197).

2. 상당한 기간을 정하여 최고할 것(→ 최, 미, 정)

(1) 채권자가 상당한 기간을 정하여 **최고**하여야 한다(제544조 본문). 그러나 ① 채무자가 **미리** 이행하지 아니할 의사를 표시한 경우(제544조 단서), ② 일정한 기간 내에 이행하지 않으면 계약의 목적을 달성할 수 없는 **정**기행위(제545조)인 경우에는 최고를 요하지 않는다.

(2) 판례에 의하면, ① 기간을 정하지 않은 경우에는 최고한 때로부터 상당한 기간이 경과하면 해제권이 발생한다(대판 1990. 3. 27. 89다카14110). 한편 ② 과다최고의 경우에는 그 과다한 정도가 현저하여 그 금액을 제공하지 않으면 채권자가 수령하지 않을 것이 분명할 경우 최고가 부적법하여 해제권이 발생하지 않는다(대판 2004. 7. 9. 2004다13083).

3. 최고기간 내에 이행이 없을 것

4. 이행거절의 경우(→ 기, 제, 최)

채무자가 이행거절의 의사를 분명히 밝힌 이행거절의 경우에는 ① 이행기까지 기다릴 필요 없이(대판 1993. 6. 25. 93다11821), ② 동시이행관계이더라도 반대급부의 제공 없이(대판 1980. 3. 25. 80다66), ③ 최고를 요하지 아니하고 해제할 수 있다(제544조 단서).

> **제544조【이행지체와 해제】**
> 당사자 일방이 그 채무를 이행하지 아니하는 때에는 상대방은 상당한 기간을 정하여 그 이행을 최고하고 그 기간 내에 이행하지 아니한 때에는 계약을 해제할 수 있다. 그러나 채무자가 미리 이행하지 아니할 의사를 표시한 경우에는 최고를 요하지 아니한다.
>
> **제545조【정기행위와 해제】**
> 계약의 성질 또는 당사자의 의사표시에 의하여 일정한 시일 또는 일정한 기간 내에 이행하지 아니하면 계약의 목적을 달성할 수 없을 경우에 당사자 일방이 그 시기에 이행하지 아니한 때에는 상대방은 전조의 최고를 하지 아니하고 계약을 해제할 수 있다.

해제권의 효과에 대해 약술하시오. (30점)

Ⅰ 기본적 효과(→ 멸, 원, 배, 동)

1. 계약의 소급적 소멸

계약은 소급하여 무효가 되므로 채권·채무는 소멸한다. 계약을 위반한 당사자도 계약의 소멸을 들어 그 이행을 거절할 수 있다(대판 2001. 6. 29. 2001다21441, 21458).

2. 원상회복의무

(1) 각 당사자는 상대방에 대하여 원상회복의무가 있다(제548조 제1항 본문). 이 경우 반환할 금전에는 이자를 가산하여야 한다(제2항).

(2) 판례에 의하면, 원상회복의무는 부당이득에 관한 특칙이므로 선의·악의를 불문하고 받은 이익 전부를 반환한다(대판 1993. 9. 14. 93다21569). 나아가 동시이행의 관계 여부를 불문하고 이자를 가산한다(대판 2000. 6. 9. 2000다9123).

> 제548조【해제의 효과, 원상회복의무】
> ① 당사자 일방이 계약을 해제한 때에는 각 당사자는 그 상대방에 대하여 원상회복의 의무가 있다. 그러나 제3자의 권리를 해하지 못한다.
> ② 전항의 경우에 반환할 금전에는 그 받은 날로부터 이자를 가하여야 한다.

3. 손해배상의무

(1) 계약의 해제는 손해배상의 청구에 영향을 미치지 않으므로(제551조), 채무불이행에 따른 손해배상을 청구할 수 있다.

(2) 손해배상의 범위는 이행이익의 배상이 원칙이나, 그에 갈음한 신뢰이익의 배상도 긍정한다. 다만 과잉배상금지의 원칙상 이행이익의 범위를 초과할 수 없다(대판 2002. 6. 11. 2002다2539).

> 제551조【해지, 해제와 손해배상】
> 계약의 해지 또는 해제는 손해배상의 청구에 영향을 미치지 아니한다.

4. 동시이행관계

계약해제로 부담하는 당사자 쌍방의 원상회복의무(손해배상의무를 포함하여)는 동시이행의 관계에 있다(제549조).

Ⅱ 제3자의 보호(→ 당, 3)

1. 물권의 당연복귀

(1) 직접적 효과

해제의 효과에 대해서는 ① 계약은 처음부터 존재하지 않았던 것으로 된다는 직접효과설과 ② 계약관계가 청산관계로 변경될 뿐이라는 청산관계설로 견해가 대립한다. 전자가 통설·판례이다.

(2) 물권적 효과

채권계약이 해제되면 물권행위도 소급하여 무효가 되므로 물권은 말소등기 없이도 당연히 복귀한다(유인론). 따라서 회복자의 원상회복청구권은 소유권에 기한 물권적 청구권의 성질을 가진다.

2. 제3자의 보호

계약을 해제한 때에도 제3자의 권리를 해하지 못한다(제548조 제1항 단서).

(1) 제3자의 요건

① 해제 전에 해제된 계약을 기초로 새로이 이해관계를 맺은 자로서, 등기·인도 등의 완전한 권리를 취득한 자이여야 한다(대판 2005. 1. 14. 2003다33004).
② 해제된 계약의 목적물을 가압류한 자는 여기에 해당하지만(대판 2000. 1. 14. 99다40937), 해제된 계약상 채권을 압류한 자는 여기에 해당하지 않는다(대판 2000. 4. 11. 99다51685).

(2) 제3자 범위의 확장

제548조 제1항 단서의 제3자는 해제의 의사표시가 있기 전에 이해관계를 가진 자를 의미하지만, 통설·판례는 해제의 의사표시가 있은 후 그 말소등기가 있기 이전에 이해관계를 갖게 된 선의의 제3자도 포함하는 것으로 확대해석한다(대판 2005. 6. 9. 2005다6341).

甲은 자신이 소유하는 X부동산을 乙에게 팔면서, 乙의 편의를 위하여 매매대금을 지급받지도 않은 상태에서 X부동산의 소유권등기를 乙에게 이전하였다. 그럼에도 불구하고 乙이 약속한 날짜에 매매대금을 지급하지 않자, 甲은 수차례에 걸쳐 상당한 기간을 정하여 乙에게 대금지급을 촉구하였으나 여전히 乙은 甲에게 대금을 지급하지 않고 있다. 이에 甲이 乙과의 매매계약을 해제한다는 통지를 한 경우, 그 '효과'에 관하여 논술하시오.

(40점)

Ⅰ 논점 정리

1. 매도인 甲의 해제가 적법한지와 관련하여, 이행지체로 인한 해제권 발생요건을 검토한다.

2. 甲의 해제가 적법한 경우, 해제의 효과로서 원상회복청구권, 손해배상청구권, 동시이행의 관계 등에 대하여 살펴본다.

Ⅱ 이행지체로 인한 해제의 요건

당사자 일방이 채무를 이행하지 아니한 때에는 상대방은 상당한 기간을 정하여 그 이행을 최고하고 그 기간 내에 이행하지 아니한 때에는 계약을 해제할 수 있다(제544조).

1. 이행지체가 있을 것(→ 이, 가, 귀, 위)

(1) 채무자의 귀책사유에 의한 이행지체가 성립하여야 한다. 즉, ① 이행기가 도래하고, ② 이행이 가능함에도, ③ 채무자의 귀책사유에 의하여 지체하고, ④ 그 지체가 위법해야 한다.

(2) 동시이행관계의 경우에는 채권자가 자신의 반대급부를 제공하여(제460조 변제제공), 상대방의 동시이행항변권을 상실시켜야 이행지체가 되어 해제할 수 있다(동시이행항변권의 이행지체 저지효, 대판 1987. 1. 20. 85다카2197).

2. 상당한 기간을 정하여 최고할 것(→ 최, 미, 정)

채권자가 상당한 기간을 정하여 최고하여야 한다(제544조 본문).

3. 최고기간 내에 이행이 없을 것

Ⅲ 해제의 효과(→ 소, 원, 배, 동)

1. 계약의 소급적 소멸

계약은 소급하여 무효가 되므로 채권·채무는 소멸한다. 계약을 위반한 당사자도 계약의 소멸을 들어 그 이행을 거절할 수 있다(대판 2001. 6. 29. 2001다21441, 21458).

(1) 물권의 당연복귀

① 직접적 효과 : 해제의 효과에 대하여는 ㉠ 계약은 처음부터 존재하지 않았던 것으로 된다는 직접효과설과 ㉡ 계약관계가 청산관계로 변경될 뿐이라는 청산관계설로 견해가 대립한다. 전자가 통설·판례이다.

② 물권적 효과 : 채권계약이 해제되면 물권행위도 소급하여 무효가 되므로 물권은 말소등기 없이도 당연히 복귀한다(유인론). 따라서 회복자의 원상회복청구권은 소유권에 기한 물권적 청구권의 성질을 가진다.

(2) 제3자의 보호

계약을 해제한 때에도 제3자의 권리를 해하지 못한다(제548조 제1항 단서).

① 제3자의 요건

㉠ 해제 전에 해제된 계약을 기초로 새로이 이해관계를 맺은 자로서, 등기·인도 등의 완전한 권리를 취득한 자이여야 한다(대판 2005. 1. 14. 2003다33004).

㉡ 해제된 계약의 목적물을 가압류한 자는 여기에 해당하지만(대판 2000. 1. 14. 99다40937), 해제된 계약상 채권을 압류한 자는 여기에 해당하지 않는다(대판 2000. 4. 11. 99다51685).

② 제3자 범위의 확장 : 제548조 제1항 단서의 제3자는 해제의 의사표시가 있기 전에 이해관계를 가진 자를 의미하지만, 통설·판례는 해제의 의사표시가 있은 후 그 말소등기가 있기 이전에 이해관계를 갖게 된 선의의 제3자도 포함하는 것으로 확대해석한다(대판 2005. 6. 9. 2005다6341).

2. 원상회복의무

각 당사자는 상대방에 대하여 원상회복의무가 있다(제548조 제1항 본문). 이 경우 반환할 금전에는 이자를 가산하여야 한다(제2항).

3. 손해배상의무

(1) 계약의 해제는 손해배상의 청구에 영향을 미치지 않으므로(제551조), 채무불이행에 따른 손해배상을 청구할 수 있다.

(2) 손해배상의 범위는 이행이익의 배상이 원칙이나, 그에 갈음한 신뢰이익의 배상도 긍정한다. 다만 과잉배상금지의 원칙상 이행이익의 범위를 초과할 수 없다(대판 2002. 6. 11. 2002다2539).

4. 동시이행관계

계약해제로 부담하는 당사자 쌍방의 원상회복의무(손해배상의무를 포함하여)는 동시이행의 관계에 있다(제549조).

Ⅳ 사안의 해결

1. 甲은 매도인으로서의 소유권이전의무를 먼저 이행했으므로, 乙은 동시이행의 항변권을 가지지 못한다. 그럼에도 약속한 대금기일을 넘겼으므로 이행지체가 성립한다.

2. 甲은 수차례에 걸쳐 상당한 기간을 정하여 최고하였으므로 해제권이 발생한다. 따라서 甲의 해제 의사표시는 적법하다.

3. 甲의 해제로 인하여 乙은 ① 원상회복의무로서 소유권이전등기를 말소할 의무와, ② 손해배상책임을 진다.

기출확인 2023년 11회 기출

甲과 乙은 A시에 건설될 아파트에 대한 분양계약을 체결하였는데, 그 계약서에는 다음과 같은 내용이 포함되어 있었다. 다음 독립된 물음에 답하시오. (40점)

> 제2조 […] ② 계약금은 공급대금의 5%로 하며, 계약체결과 동시에 지불한다. 중도금은 공급대금의 45%로 하며, 계약체결일로부터 1년이 되는 날에 지불한다.
> ③ 수분양자 乙은 분양자 甲의 귀책사유로 인해 입주예정일로부터 3월 이내에 입주할 수 없게 되는 경우 이 계약을 해제할 수 있다. […]
> 제3조 […] ② 제2조 제3항에 해당하는 사유로 이 계약이 해제된 때에는 甲은 수분양자 乙에게 공급대금 총액의 10%를 위약금으로 지급한다.
> ③ 제1항과 제2항의 경우 甲은 수분양자 乙에게 이미 납부한 대금에 대하여는 각각 그받은 날로부터 반환일까지 연리 3%에 해당하는 이자를 가산하여 수분양자 乙에게 환급한다. […]

(2) 乙은 甲의 자금난 등으로 인한 공사 지연으로 그 분양계약상 입주예정일로부터 3월 이내에 입주할 수 없게 되었다. 이에 수분양자 乙은 분양계약의 규정에 따라 甲의 귀책사유로 인한 입주지연을 이유로 그 분양계약을 해제하였으나, 甲은 乙이 납부한 대금을 반환하고 있지 않다. 乙의 해제권 행사가 적법함을 전제로 하여, 그 법률효과에 관하여 설명하시오. (20점)

Ⅰ 논점 정리

사안은 분양계약 제2조 제3항에 약정해재권을 유보하였고, 수분양자 乙이 위 규정에 근거한 해제권 행사가 적법함을 전제로 하고 있다. 따라서 **乙의 약정해제권에 법률효과**에 관하여, **乙이 납부한 대금반환**과 더불어 반환받을 수 있는 범위에 **분양계약 제3조 제2항의 약정 위약금과 동조 제3항의 약정이율이 적용될 수 있는지**가 문제된다.

Ⅱ 약정해제권 행사의 법적 효과

1. 약정해제권의 의의

계약의 당사자가 당사자 일방 또는 쌍방을 위하여 해제권의 유보에 관하여 특약을 한 경우에는 계약에 의하여 해제권이 발생한다(제543조 제1항). 특히 매매 기타의 유상계약에서 계약금이 교부된 경우에는 해제권 유보의 특약이 있는 것으로 다루어진다(제565조 참조).

2. 약정해제권의 행사와 효과

(1) 해제권의 행사방법이나 시기, 효과에 관하여 특약을 한 경우에는 그 특약에 따라야 한다. 다만 특약이 없으면 법정해제권의 발생에 관한 제544조, 제545조, 제546조를 제외한 해제의 불가분성 규정, 원상회복규정, 제3자 보호규정 등은 법정해제와 동일하게 적용된다.

(2) 손해배상청구는 그것이 채무불이행을 원인으로 하는 것이 아니기 때문에 인정되지 않는다. 즉 채무불이행을 전제로 하는 손해배상청구는 인정되지 않는다(대판 1983. 1. 18. 81다89 참고).

Ⅲ 乙의 해제권 행사의 법적 효과

1. 계약금과 중도금 반환청구 및 이자지급청구

(1) 乙의 약정해제권의 효과 및 원상회복의무

사안의 경우 다른 특약이 없으므로, 법정해제권에 관한 제548조가 적용된다. 계약은 소급하여 무효가 되고, 각 당사자는 원상회복의무가 있다. 乙은 이미 지급한 계약금과 중도금 지급의 반환을 청구할 수 있다. 이때 그 각각 지급받은 날부터 이자에 대해서도 반환청구할 수 있다(제548조 제2항).

(2) 원상회복에 가산한 이자 및 지연손해금

법정해제권 행사의 경우 당사자 일방이 그 수령한 금전을 반환함에 있어 그 받은 때로부터 법정이자를 부가함을 요하는 것은 민법 제548조 제2항이 규정하는 바로서, 이는 원상회복의 범위에 속하는 것이며 일종의 부당이득반환의 성질을 가지는 것이고 반환의무의 이행지체로 인한 것이 아니므로, 부동산 매매계약이 해제된 경우 매도인의 매매대금 반환의무와 매수인의 소유권이전등기말소등기 절차이행의무가 동시이행의 관계에 있는지 여부와는 관계없이 매도인이 반환하여야 할 매매대금에 대해서는 그 받은 날로부터 민법 소정의 법정이율인 연 5푼의 비율에 의한 법정이자를 부가하여 지급하여야 하고, 이와 같은 법리는 약정된 해제권을 행사하는 경우라 하여 달라지는 것은 아니다(대판 2000. 6. 9. 2000다9123).

다만, 당사자 사이에 그 이자에 관하여 특별한 약정이 있으면 그 약정이율이 우선 적용되고 법정이율이 적용되지 않는다(대판 2013. 4. 26. 2011다50509).

(3) 사안의 적용

따라서 甲은 乙에게 계약해제에 따른 원상회복으로 계약금(공사대금의 5%)과 중도금(공사대금의 10%)을 반환할 의무를 지며, 당사자 간에 이자에 관한 약정이 있으므로 각 금액을 甲이 지급받은 날로부터 반환 시까지는 약정이율인 연리 3%의 이자도 가산하여 반환할 의무가 있다.

2. 분양계약 제3조 제2항의 위약금 지급청구

(1) 乙의 약정해제권의 효과의 위약금 특약 인정여부

사안의 경우 분양계약 제3조 제2항에서 "수분양자 乙은 분양자 甲의 귀책사유로 인해 입주예정일로부터 3월 이내에 입주할 수 없게 되는 사유로 이 계약이 해제된 때에는 甲은 수분양자 乙에게 공급대금 총액의 10%를 위약금으로 지급한다"는 약정을 하였다.

(2) 위약금 약정의 의미

위약금에는 위약벌과 손해배상액의 예정이 있는데, 양자의 구별은 당사자의 의사해석에 따른다. 다만 위약금 약정은 다른 반증이 없는 한 손해배상액의 예정으로 추정된다(제398조 제4항). 사안의 위약금 약정은 위약벌로 볼 만한 사정이 보이지 않으므로 손해배상액 예정으로 볼 수 있다.

(3) 사안의 적용

약정해제권에 기한 손해배상액 예정으로 ① 분양계약 체결 시 위약금 합의가 있었고, ② 입주예정일로부터 3월 이내에 입주할 수 없는 채무불이행 사실과 ③ 분양자 甲의 귀책사유로 인해 발생하였으므로 손해배상청구권은 인정된다. 따라서 위 위약금 약정에 기해 甲은 수분양자 乙에게 손해가 없다 하여도 甲은 공급대금 총액의 10%를 위약금으로 지급해야 한다.

(4) 해제로 인한 손해배상청구권과 지연손해

해재로 인한 손해배상청권은 지급을 최고한 때부터 지연손해가 발생한다. 계약해제 시 반환할 금전에 가산할 이자에 관하여 당사자 사이에 약정이 있는 경우에는 특별한 사정이 없는 한 이행지체로 인한 지연손해금도 그 약정이율에 의하기로 하였다고 보는 것이 당사자의 의사에 부합한다. 다만 그 약정이율이 법정이율보다 낮은 경우에는 약정이율에 의하지 아니하고 법정이율에 의한 지연손해금을 청구할 수 있다고 봄이 타당하다. 계약해제로 인한 원상회복 시 반환할 금전에 받은 날로부터 가산할 이자의 지급의무를 면제하는 약정이 있는 때에도 그 금전반환의무가 이행지체 상태에 빠진 경우에는 법정이율에 의한 지연손해금을 청구할 수 있는 점과 비교해 볼 때 그렇게 보는 것이 논리와 형평의 원리에 맞기 때문이다(대판 2013. 4. 26. 2011다50509).

사안의 경우 분양계약 제3조 제3항에 **계약해제 시 반환할 금전에 가산할 이자에 관하여 당사자 사이에 약정이 있는 경우이나 그 약정이율이 법정이율보다 낮은 3%이므로, 甲은 공급대금 총액의 10%를 위약금으로 지급함과 더불어 해제일부터 다 갚는 날 때까지 법정이율인 연 5%의 비율로 지연손해금도 지급하여야** 한다.

Ⅳ 사안의 해결(3점)

사안의 경우 분양계약 제2조 제3항에 의한 乙의 적법한 해제권 행사로 인해 甲은 乙에게 계약해제에 따른 원상회복으로 계약금(공사대금의 5%)과 중도금(공사대금의 10%)을 반환할 의무를 지며, 당사자 간에 이자에 관한 약정이 있으므로 각 금액을 甲이 지급받은 날로부터 반환할 때까지 약정이율인 연리 3%의 이자도 가산하여 반환할 의무가 있다.

해제권의 적용되는 위약금 약정이 손해배상액 예정에 해당하여 甲은 수분양자 乙에게 손해가 없다 하여도 공급대금 총액의 10%를 위약금으로 지급해야 한다. 이에 **계약해제 시 반환할 금전에 가산할 이자에 관하여 당사자 사이에 약정이 법정이율보다 낮은 3%이므로, 甲은 공급대금 총액의 10%를 위약금으로 지급함과 더불어 해제일부터 다 갚을 때까지 법정이율에 의한 지연손해금도 지급하여야 한다.**

X주택의 소유자 甲과 Y토지의 소유자 乙은 서로 X주택과 Y토지를 교환하기로 하는 계약을 체결하였다. 이에 따라 甲은 乙에게 X주택의 소유권을 이전해 주었다. 乙은 X주택에 관하여 丙과 임대차계약을 체결하여, 丙은 乙에게 보증금을 지급함과 동시에 X주택을 인도받고 전입신고를 마쳤다.

다음의 독립된 질문에 답하시오(단, X주택에 관하여 다른 이해관계인은 없음을 전제로 함). (40점)

(2) 甲은 교환계약에 따라 X주택의 소유권을 乙에게 이전하였음에도 불구하고 乙이 계약을 위반하여 Y토지의 소유권을 甲에게 이전해주지 않자, 甲은 위 교환계약을 적법하게 해제하였다. 이러한 경우에 丙은 乙과 맺은 임대차계약상의 임차권을 甲에게 주장할 수 있는지에 관하여 설명하시오. (20점)

Ⅰ 논점 정리

乙이 甲과의 교환계약으로 X주택 소유권을 취득한 후 丙에게 주택을 임대한 후에 교환계약이 해제된 경우, 丙이 주택임대차보호법 제3조 소정의 대항요건을 갖추었는지 문제되고, 만약 이를 갖추었다면 해제된 경우에도 제548조 제1항 단서에서 보호하는 제3자에 해당되는지 문제된다.

Ⅱ 계약 해제의 효력

계약은 **소급하여 무효**가 되므로 **채권·채무는 소멸**한다. 계약을 위반한 당사자도 계약의 소멸을 들어 그 이행을 거절할 수 있다(대판 2001. 6. 29. 2001다21441, 21458). 채권계약이 해제되면 **물권행위도 소급하여 무효**가 되므로 물권은 말소등기 없이도 당연히 복귀한다. 따라서 회복자의 원상회복청구권은 소유권에 기한 물권적 청구권의 성질을 가진다.

사안의 경우 교환계약이 적법하게 해제되었으므로, X주택 소유권은 甲에게 말소등기 없이도 당연히 복귀한다.

Ⅲ 丙의 주택임대차보호법 제3조의 대항요건 구비여부

주택임대차는 등기가 없는 경우에도 임차인이 **주택의 인도와 주민등록을 마친 때**에는 그 익일부터 제3자에 대하여 효력이 생긴다.

사안에서 丙은 위 X주택을 인도받고 전입신고를 마쳤으므로 그 익일부터 대항력을 가진다.

Ⅳ 丙이 제548조 제1항 단서의 제3자에 포함되는지 여부

1. 제548조 제1항 단서의 제3자의 의미

계약을 해제한 때에도 제3자의 권리를 해하지 못한다(제548조 제1항 단서).

(1) 제3자의 요건

해제 전에 해제된 계약을 기초로 새로이 이해관계를 맺은 자로서, 등기ㆍ인도 등의 완전한 권리를 취득한 자이여야 한다(대판 2005. 1. 14. 2003다33004).

(2) 제3자 범위의 확장

제548조 제1항 단서의 제3자는 해제의 의사표시가 있기 전에 이해관계를 가진 자를 의미하지만, 판례는 해제의 의사표시가 있은 후 그 말소등기가 있기 이전에 이해관계를 갖게 된 선의의 제3자도 포함하는 것으로 확대해석한다(대판 2005. 6. 9. 2005다6341).

2. 대항력을 갖춘 임차인이 여기의 제3자에 포함되는지 여부

판례는 설문과 같은 사안에서 주택임대차보호법 제3조 제1항에 의한 대항력을 갖춘 임차인은 제548조 제1항 단서의 규정에 따라 계약해제로 인하여 권리를 침해받지 않은 제3자에 해당한다고 한다.

3. 甲의 임대차관계의 승계간주

임차주택의 새로운 소유권자인 甲은 임대인의 지위를 승계한 것으로 본다(주택임대차보호법 제3조 제2항).
따라서 차임, 임대차보증금반환청구권, 존속기간 등 임대차계약에 따른 임대인의 권리, 의무가 甲에게 그대로 승계된다.

Ⅴ 사안의 해결

甲과 乙의 X주택의 교환계약해제에도 불구하고, 해제 전에 X주택에 乙과 맺은 임대차계약상의 대항력을 취득한 임차인 丙은 자신의 임차권을 새로운 소유권자인 甲에게도 주장할 수 있다.

사례형 출제예상

甲은 5월 20일 乙에게 A토지를 금 2억 원에 매도하고, 계약금 및 중도금으로 금 1억 원을 계약 당일 乙로부터 지급받으면서 소유권이전등기에 필요한 서류를 넘겨주었으며, 잔대금 1억 원은 6월 10일에 받기로 약정하였다. 乙은 5월 30일 자기 앞으로 소유권이전등기를 마쳤다. 그런데 乙이 지급약정일에 잔대금을 지급하지 않자 甲은 6월 11일 잔대금지급을 최고하고, 그 후 상당 기간이 지나도록 변제가 없자 7월 1일에 계약을 적법하게 해제하였다.

乙은 소유권이전등기를 마친 후, 같은 날 丙에 대한 8천만 원의 채무를 담보하기 위하여 저당권을 설정하여 주었다. 또한 甲이 계약을 해제한 후인 7월 5일 乙은 이러한 사정을 잘 알고 있는 丁에게 5천만 원의 채무를 담보하기 위하여 저당권을 설정하여 주었다. 이때 甲은 丙과 丁에게 각 저당권설정등기의 말소를 요구할 수 있는가? (20점)

Ⅰ 논점 정리(2점)

계약이 유효하게 해제되더라도 원상회복청구권은 채권적 청구권에 불과하므로 甲은 이를 기초로 해서 직접적으로 丙, 丁에게는 아무런 주장을 하지 못한다. 그러나 판례의 직접효과설에 의하면 소유권에 기한 방해배제청구권이 행사될 수 있다. 甲의 소유권에 기한 청구에 丙과 丁이 **제548조 제1항 단서의 제3자에 해당하여 보호될 수 있는지**가 문제된다.

Ⅱ 甲의 말소등기청구권의 발생여부(1점)

소유권이전등기 말소등기절차이행청구는 제214조의 소유권에 기한 방해제거청구권으로 ① 청구권자에게 소유권이 있을 것, ② 청구권자의 소유권에 대한 방해가 있을 것, 즉 ㉠ 방해자의 등기가 있고, ㉡ 그 등기가 원인무효일 것을 요한다.

사안의 경우 ① 원고 甲의 소유인 사실 ② 현재 丙과 丁의 명의로 등기되어 있는 사실은 인정된다. 이때 丙과 丁의 명의 등기가 원인무효인지 여부는 甲과 乙 간의 계약이 유효하게 해제되었으므로. 판례의 직접효과설에 의해 소유권이 당연복귀하므로, 제548조 제1항 단서의 제3자에 해당하는지가 문제된다.

Ⅲ 제548조 제1항 단서의 제3자(10점)

1. 의의

계약 해제로 인한 원상회복의무도 제3자의 권리를 해하지 못한다(제548조 제1항 단서). 여기서 제3자에 대해 판례는 "해제된 계약으로부터 생긴 법률적 효과를 기초로 하여 새로운 이해관계를 가졌을 뿐 아니라 등기·인도 등으로 완전한 권리를 취득한 자"라고 하고 있다.[7]

2. 제3자의 범위

(1) 해제의 의사표시 전

판례는 해제의 의사표시가 있기 전에 이해관계를 가지게 된 자는 선의·악의를 불문하고 보호된다고 한다.

(2) 해제의 의사표시 후

문제는 해제의 의사표시가 있은 후에 등기 등을 말소하지 않은 동안에 이해관계를 갖게 된 제3자의 지위는 어떠한가이다. 판례는 거래의 안전을 위해 제3자의 범위를 해제의 의사표시가 있은 후 그 해제에 의한 말소등기가 있기 이전에 이해관계를 갖게 된 자를 포함하여 확대 해석하는 경향이다. 다만 이 확대되는 범위의 제3자로서 보호되는 자는 선의의 제3자에 한한다고 본다.[8]

Ⅳ 甲의 丙과 丁에 대한 저당권설정등기 말소청구 인정여부(5점)

1. 甲의 丙에 대한 저당권설정등기 말소청구 인정여부

丙은 계약을 해제하기 전에 乙로부터 저당권설정등기를 경료받았으므로 제548조 제1항 단서에 의하여 보호되는 제3자에 해당하여, 甲의 丙에 대한 저당권설정등기 말소청구는 인정될 수 없다.

2. 甲의 丁에 대한 저당권설정등기 말소청구 인정

丁은 해제의 의사표시가 있은 후에 그러나 등기를 말소하지 않은 동안에 이해관계를 맺은 제3자에 해당한다. 판례의 직접효과설 중 물권적 효과설에 의하면 해제권이 행사된 후에 乙은 더 이상 소유자가 아니므로 丁은 무권리자로부터 저당권을 설정받은 것이 된다. 따라서

---

7 대판 2014. 2. 13. 2011다64782
8 대판 1985. 4. 9. 84다카130, 84다카131; 대판 2005. 6. 9. 2005다6341

甲은 소유권에 기한 방해배제청구권을 丁에게 행사할 수 있다. 다만 판례는 "해제의 의사표시가 있은 후 그 해제에 의한 말소등기가 있기 이전"에 이해관계를 갖게 된 선의의 제3자를 제548조 제1항 단서의 범위에 포함시키고 있다. 해제의 의사표시는 계약당사자 사이에서 이루어지기 때문에 비록 계약을 해제하였더라도 등기가 복귀되기 전까지는 제3자로서는 계약이 해제되었다는 사실을 알기 어려우므로 이러한 사실을 모르는 자를 보호할 필요가 있다는 점을 제3자의 범위가 확대되는 논거로 제시하고 있다. 그러나 丁은 해제의 의사표시가 있은 후 그 해제에 의한 말소등기가 있기 전에 저당권을 설정받은 자이기는 하지만, 甲과 乙 사이에 매매계약이 해제된 사실을 알고 있었으므로(악의) 제548조 제1항 단서의 제3자에 해당하지 않으므로 甲의 말소청구에 응하여야 한다.

Ⅴ 사안의 해결(2점)

사안의 경우 계약을 해제하기 전에 乙로부터 저당권설정등기를 경료받은 丙에 대한 甲의 저당권설정등기 말소청구는 인정될 수 없다.

丁은 해제의 의사표시가 있은 후 그 해제에 의한 말소등기가 있기 전에 저당권을 설정받은 자이지만, 해제된 사실을 알고 있었으므로(악의) 제548조 제1항 단서의 제3자에 해당하지 않아 甲의 말소청구는 인정된다.

약술형 출제예상

해제권의 소멸원인에 대해 약술하시오. (20점)

Ⅰ 일반적 소멸원인(→ 제, 포, 실, 내)

1. 제척기간의 경과

해제권은 형성권이므로 **10년의 제척기간** 내에 행사하여야 한다.

2. 해제권의 포기

해제권자의 일방적 의사표시로 해제권을 **포기**할 수 있다.

3. 해제권의 실효

해제권을 갖는 자가 상당한 기간이 경과하도록 이를 행사하지 않아 상대방으로서도 이제는 해제권이 행사되지 아니할 것이라고 신뢰할 만한 사정이 있는 경우에는 **실효의 원칙**상 해제권의 행사가 인정되지 않는다.

4. 채무자의 이행 또는 이행의 제공

해제권이 발생하였더라도, 채권자가 아직 해제권을 행사하기 전에는 채무자는 본래의 **채무내용에 좇은 이행**과 지연배상을 함으로써 해제권을 소멸시킬 수 있다.

Ⅱ 특유한 소멸원인(→ 최, 훼, 불)

1. 최고에 의한 소멸

민법 제552조에 의하여, 해제권의 행사의 기간을 정하지 아니한 때에는 상대방은 상당한 기간을 정하여 해제권 행사 여부의 확답을 해제권자에게 최고할 수 있고, 그 기간 내에 해제의 통지를 받지 못한 때에는 해제권은 소멸하는 것이지만, 이로 인하여 그 후 새로운 사유에 의하여 발생한 해제권까지 행사할 수 없게 되는 것은 아니다(대판 2005. 12. 8. 2003다41463).

> 제552조【해제권 행사 여부의 최고권】
> ① 해제권의 행사의 기간을 정하지 아니한 때에는 상대방은 상당한 기간을 정하여 해제권 행사 여부의 확답을 해제권자에게 최고할 수 있다.
> ② 전항의 기간 내에 해제의 통지를 받지 못한 때에는 해제권은 소멸한다.

2. 목적물의 훼손 등

> **제553조 【훼손 등으로 인한 해제권의 소멸】**
> 해제권자의 고의나 과실로 인하여 계약의 목적물이 현저히 훼손되거나 이를 반환할 수 없게 된 때 또는 가공이나 개조로 인하여 다른 종류의 물건으로 변경된 때에는 해제권은 소멸한다.

3. 불가분성

계약 당사자의 일방 또는 쌍방이 수인인 경우, 해제권이 당사자 1인에 대하여 소멸한 때에는 다른 당사자에 대하여도 소멸한다(제547조).

제2관 유사제도

01 해제계약(합의해제)

✦ **법정해제와 해제계약의 비교**

구분			법정해제	해제계약
성질			상대방 있는 단독행위	계약
사유			채무불이행	당사자의 합의
효과	차이점	• 손해배상청구 • 대금반환 시 이자 가산	○	×
	공통점		1. 소급효 ○ 2. 제3자 보호규정 ○	

✦ **해제계약(합의해제)**

의의·성질	당사자 합의로 종전 계약을 해소(소멸)하고 원상회복시킬 것을 내용으로 하는 계약 → 처분행위
성립	1. 청약 + 승낙 : 합치 2. 묵시적 可 → 계약실현 의사 결여·포기 + 장기간 방치
효과	1. 계약의 소급 소멸 → 소유권은 당연히 매도인에게 복귀 　　∴ 원상회복청구권은 소유권에 기한 물권적 청구권 → 소멸시효 대상 × 2. 법정해제 규정의 적용여부 ┬ 제548조 제2항 적용 × ∴ 이자가산 의무 × 　　　　　　　　　　　　　├ 채무불이행에 기한 손해배상청구 × 　　　　　　　　　　　　　└ 제548조 제1항 단서 적용 ○ → 제3자 보호
실효	※ 합의해제 자체의 이행의 문제는 발생 여지 없으므로, 　　원상회복을 불이행하였다는 이유로 합의해제를 해제할 수 없다. 　　but 계약자유의 원칙상 합의해제 후 그 합의해제를 무효화시키고 　　　　해제된 계약을 다시 부활시키는 약정은 당사자 사이에서 可

2014년 2회 기출

법정해제와 합의해제의 의의 및 효과상의 차이점에 대하여 약술하시오. (20점)

Ⅰ 의의상 차이점

1. 의의

계약의 해제는 유효하게 성립한 계약의 효력을 당사자의 일방적 의사표시에 의하여, 계약이 처음부터 없었던 것과 같은 상태로 복귀시키는 **상대방이 있는 단독행위**이다. 이러한 해제권은 당사자의 **약정**과 **법률의 규정**에 의해 인정된다. 이 중 주로 채무불이행에 기해 법률규정에 의해 인정되는 해제권에 의해 이루어지는 경우가 법정해제이다.

2. 의의상 차이점

법정해제는 단독행위이지만, **해제계약(합의해제)**은 해제권의 유무와 관계없이 당사자의 합의로 종전의 계약을 해소하여 원상으로 복귀시키는 것을 내용으로 하는 **새로운 계약**이다.

Ⅱ 요건상 차이점

법정해제는 채무불이행을 전제로 인정되지만, 합의해제는 당사자 간의 합의만 있으면 족하고, 채무불이행을 그 요건으로 하지 않는다.

＊ 묵시적 합의해제

계약의 합의해제는 명시적으로뿐만 아니라 당사자 쌍방의 묵시적인 합의에 의하여도 할 수 있으나, 묵시적인 합의해제를 한 것으로 인정되려면 계약이 체결되어 그 일부가 이행된 상태에서 당사자 쌍방이 장기간에 걸쳐 나머지 의무를 이행하지 아니함으로써 **이를 방치한 것만으로는 부족**하고, 당사자 쌍방에게 계약을 **실현할 의사가 없거나** 계약을 **포기할 의사**가 있다고 볼 수 있을 정도에 이르러야 한다(대판 2011. 2. 10. 2010다77385).

Ⅲ 효과상 차이점

1. 계약의 소급소멸

(1) 법정해제와 합의해제 모두 계약은 소급적으로 소멸하며(대판 1994. 9. 13. 94다17093 참고), 유인론에 의하여 물권변동도 소급하여 무효가 되므로 말소등기 없이도 물권이 당연히 복귀한다는 점은 동일하다.

(2) 매매계약이 합의해제된 경우에도 매수인에게 이전되었던 소유권은 **당연히 매도인에게 복귀**하는 것이므로 합의해제에 따른 매도인의 원상회복청구권은 **소유권에 기한 물권적 청구권**이므로 **소멸시효의 대상**이 되지 **아니한다**(대판 1982. 7. 27. 80다2968).

2. 법정해제 규정의 적용 여부

(1) 합의해제는 계약이므로 사적자치의 원칙에 따라 당사자들이 합의로 정한 바에 따라 그 효과가 부여되며, 채무불이행을 전제로 한 단독행위인 법정해제에 관한 민법규정은 원칙적으로 적용이 없다.

(2) 따라서 합의해제에는 채무불이행으로 인한 손해배상청구권이 인정되지 않으며(대판 1989. 4. 25. 86다카1147), 합의해제로 인하여 반환할 금전에는 그 받은 날로부터 이자를 반드시 가산하여야 하는 것도 아니다(대판 1996. 7. 30. 95다16011). **다만, 제548조 제1항 단서는 유추적용**된다(대판 2005. 6. 9. 2005다6341).

기출확인 2021년 9회 기출

甲은 2000. 3.경 늦은 나이에 홀로 탈북하여 현재까지 대한민국에서 거주하고 있다. 甲은 탈북 이후 10여 년간 다양한 일을 하며 모은 돈으로 2010. 5.경 북한음식점을 개업하여 운영하고 있다. 甲은 탈북 이후 어려운 생활 등을 이유로 일에만 전념하다 보니 어느덧 80세를 바라보는 고령이 되었음에도 가족이 없이 홀로 생활하고 있다. 최근 들어서는 더 나이가 든 후에는 어떻게 살아가야 할지에 대한 고민이 많아졌고, 이제는 누군가에게 의지를 하며 여생을 보내고 싶어졌다. 이에 甲은 음식점 개업 초기부터 자신을 도와 성실히 일하던 종업원인 乙에게 자신이 가지고 있는 X토지(시가 10억 원 상당)를 줄테니 앞으로 자신을 부양해줄 수 있겠냐고 제안을 하였고 乙은 여러 고민 끝에 甲의 제안을 받아들였다. 甲은 2019. 5. 10. 乙에게 토지의 소유권이전등기를 마쳐 주었다. 다음 물음에 답하시오. (40점)

(3) 甲이 乙에게 지속적으로 부양의무의 이행을 요구하자, 2021. 6. 7. 乙은 견디다 못해 甲에게 甲과 乙 사이의 기존의 합의를 없던 것으로 하자고 제안하였다. 이에 2021. 6. 10.甲도 乙의 제안을 받아들여 乙 명의로 되어 있는 X토지의 소유권을 다시 甲에게 원상회복하기로 합의하였다. 한편 乙은 X토지의 소유권을 甲에게 원상회복해 주지 않고 2021. 7. 10. X토지를 丙에게 매도하기로 하고 2021. 8. 10. 丙 앞으로 X토지의 소유권이전등기를 마쳐 주었다. 뒤늦게 이러한 사실을 알게 된 甲은 丙에게 X토지 소유권의 원상회복을 청구하였다. 甲의 이러한 청구는 받아들여질 수 있는지 검토하시오. (10점)

Ⅰ 문제의 소재

해제와 제3자 보호에 관한 제548조 제1항 단서가 甲과 乙의 합의해제에도 유추적용되는지 여부와 丙이 X토지에 대해 보호되는 제3자인지 여부가 문제된다.

Ⅱ 합의해제와 제3자 보호

1. 합의해제의 성립여부

합의해제가 성립하기 위해서는 일반적인 계약의 성립과 마찬가지로, 기존계약의 효력을 소멸시키기로 하는 내용의 청약과 승낙이라는 서로 대립하는 의사표시가 합치되어야 한다.

사안은 乙은 견디다 못해 甲에게 기존의 합의를 없던 것으로 하자고 제안하였고, 이에 甲도 乙의 제안을 받아들이기도 합의하였는바 합의해제에 해당하여 2021. 6. 10. 기존계약은 실효되었다.

2. 합의해제에 제548조 제1항 단서의 유추적용여부

계약의 합의해제에 있어서도 **민법 제548조의 계약해제의 경우와 같이 제3자의 권리를 해할 수 없다**(대판 2005. 6. 9, 2005다6341).

3. 제548조 제1항 단서의 제3자의 의미

원칙적으로 해제의 의사표시가 있기 이전에 해제된 계약에서 생긴 법률적 효과를 기초로 하여 새로운 이해관계를 가졌을 뿐 아니라 등기·인도 등으로 완전한 권리를 취득한 자를 말한다. 판례는 제3자의 범위에 **해제의 의사표시가 있은 후** 그 해제에 기한 말소등기가 있기 이전에 이해관계를 갖게 된 선의의 제3자도 포함시킨다.

Ⅲ 문제의 해결

丙은 합의해제 후 말소등기 전에 등기를 이전받아 완전한 소유권을 취득하여 이해관계를 갖게 된 제3자이므로, 선의인 경우에 한하여 제548조 제1항 단서의 제3자에 해당하게 된다. 따라서 만약 甲은 丙를 상대로 X토지 소유권의 원상회복을 청구하였더라도 丙이 선의라면 받아들여질 수 없다.

02 실권조항

> **✔ 실권조항(자동해제조항)**
>
> 1. 계약의 당연실효여부
> (1) 계약금(+위약금약정) → 해제권유보의 특약으로 해석 : 최고나 통지 없이 해재할 수 있다는 특약 ×
> (2) 중도금 → 불이행 자체로 계약은 그 일자에 자동해제 ○
> (3) 잔금 → 이행지체에 빠지게 하였을 때 비로소 자동해제 ○ (∵ 동시이행관계에 있으므로)
>   ∴ 자신 채무의 이행제공 要
>   but 매수인이 수회에 걸쳐 채무불이행에 대한 기일연기 요청
>   + 새로운 기일까지의 이행 확약
>   + 불이행시 자동해제됨을 감수하겠다는 약정 → 자동실효 ○
> 2. 제3자 보호규정(제548조 제1항 단서) 적용 ○

제3관 계약의 해지

약술형 출제예상

계약의 해지에 대해 약술하시오. (30점)

Ⅰ 서설

1. 의의

해지는 계속적 계약의 효력을 장래에 향하여 소멸하게 하는 단독행위이다. 해지할 수 있는 권리를 해지권이라 하며, 해지권은 해제권과 마찬가지로 형성권이다.

2. 해제와 구별

(1) 해지는 '계속적 계약'에서 문제되지만, 해제는 '일시적 계약'에서 문제된다.

(2) 해지는 '장래를 향하여' 효력이 발생한다. 이 점에서 '소급적으로' 소멸시키는 해제와 구별된다.

Ⅱ 해지권의 발생

1. 약정해지권

계속적 계약을 체결하면서 당사자 일방이나 쌍방을 위하여 해지권을 유보하는 특약을 한 경우 약정해지권이 발생한다.

2. 법정해지권

(1) 일반규정 없음

해제권과 달리 해지권의 일반적 발생원인에 대해서는 명문의 규정이 없다. 다만 계약각칙에서 개별적으로 발생원인을 규정하고 있다(임대차의 경우 제625조, 제627조, 제640조, 고용의 경우 제657조 등).

(2) 신뢰관계의 파괴

판례는 계약의 기초가 되는 신뢰관계가 파괴된 경우 해지권을 인정한다(대판 2013. 4. 11. 2011다59629).

Ⅲ 해지권의 행사

해지권의 행사에 관한 내용은 해제권의 경우와 동일하다. 즉 그 행사는 상대방에 대한 의사표시로 하고(제543조), 해제권 행사 및 소멸의 불가분성은 해지권의 경우에도 적용된다(제547조 제2항).

Ⅳ 해지의 효과

1. 장래효

당사자 일방이 계약을 해지한 때에는 계약은 장래에 대하여 그 효력을 잃는다(제550조).

> **제550조【해지의 효과】**
> 당사자 일방이 계약을 해지한 때에는 계약은 장래에 대하여 그 효력을 잃는다.

2. 손해배상의 청구

계약의 해지는 손해배상의 청구에 영향을 미치지 아니한다(제551조). 이때의 손해배상은 상대방의 채무불이행을 전제로 한다.

행정사
백운정 민법(계약)

계약각칙 – 각종의 계약

02 계약각칙 – 각종의 계약

제1절 증여계약

✦ 증여

성질		편무, 무상, 낙성, 불요식계약
효력		증여자의 담보책임(제559조) ├ (1) 원칙 : ✕ └ (2) 예외 : ① 하자·흠결을 알고 불고지한 경우 책임 ○ ② 부담부 증여 : 그 부담 한도 내에서 매도인의 담보책임 ○

해제	특유한해제	1. 제555조 – 서면 ✕
		  (1) 서면 ┬ 형식 불문 : 매매계약서 → 증여의사가 나타나면 足
		       └ 시기 불문 : 증여계약 후 서면작성 可 → '그때부터' 임의해제 不可
		  (2) 해제권자 : 각 당사자(증여자, 수증자)
		  (3) 제척기간 : 적용 ✕ → 특수한 철회 : 10년 경과 후 可
		2. 제556조 – 망은행위
		  (1) 사유 ┬ 제1호 : 범죄행위
		       └ 제2호 : **부양의무** 위반
		               ┬ 직계혈족, 배우자, 생계를 같이하는 친족간 부양의무 ○
		               └ 약정에 의한 부담의무 ✕
		  (2) 제척기간 : 해제원인을 안 날로부터 6개월 or 용서의 의사표시
		3. 제557조(사정변경) – 재산상태 현저한 변경 + 생계에 중대한 영향

	효과	제558조(이미 이행한 부분) – 영향 ✕ ┬ ① 해제 ✕ └ ② 원상회복청구권 ✕ ├ 부동산 ┬ ① 등기경료 기준 (○) → 목적물 인도 기준 (✕) │ └ ② 원인무효등기 ✕ → 해제 可 └ 소유권이전등기청구권 양도 – 대항요건 要

관련제도		1. <u>부담부 증여(제561조)</u>
		    └ 편무, 무상계약 but **쌍무계약 준용** → 담보책임 부담
		       └ **제558조 적용** ✕ → 부담 이행 ✕
		               ① **제555조, 제556조, 제558조 : 적용** ✕
		               ② 원상회복청구권 ○
		2. 정기증여(제560조)
		3. 사인증여(제562조)

약술형 출제예상

증여의 특별해제에 대해 약술하시오. (20점)

Ⅰ 서설

증여계약에도 증여자의 채무불이행을 전제로 법정해제(제543조 내지 제553조) 규정이 적용됨은 물론이다. 민법은 이에 더하여 특별해제를 규정하고 있다.

Ⅱ 특별해제의 사유(→ 서, 망, 사)

1. 서면에 의하지 않은 증여

제555조【서면에 의하지 아니한 증여와 해제】
증여의 의사가 서면으로 표시되지 아니한 경우에는 각 당사자는 이를 해제할 수 있다.

(1) 의의

① 증여의 의사가 서면으로 표시되지 아니한 경우에는 각 당사자는 해제할 수 있다(제555조).
② 이 경우 해제는 특수한 철회로서 **제척기간의 적용을 받지 않으므로** 10년이 경과한 후에도 할 수 있다(대판 2009. 9. 24. 2009다3783).

(2) 서면의 의미

서면에 의하지 아니한 증여의 해제는 ① 경솔하게 증여하는 것을 방지하고 ② 증여자의 의사를 명확하게 하여 분쟁을 피하려는데 있으므로, **증여의사가 문서를 통하여** 확실히 알 수 있는 정도로 나타나 있으면 서면에 의한 증여에 해당한다(대판 1988. 9. 27. 86다카2634).

2. 수증자의 망은행위

제556조【수증자의 행위와 증여의 해제】
① 수증자가 증여자에 대하여 다음 각호의 사유가 있는 때에는 증여자는 그 증여를 해제할 수 있다.
　1. 증여자 또는 그 배우자나 직계혈족에 대한 범죄행위가 있는 때
　2. 증여자에 대하여 부양의무 있는 경우에 이를 이행하지 아니하는 때
② 전항의 해제권은 해제원인 있음을 안 날로부터 6월을 경과하거나 증여자가 수증자에 대하여 용서의 의사를 표시한 때에는 소멸한다.

(1) 의의

수증자가 증여자 또는 그 배우자나 직계혈족에 대하여 범죄행위를 한 때, 수증자가 증여자에 대하여 부양의무를 이행하지 아니하는 때, 증여자는 증여를 해제할 수 있다(제556조 제1항).

(2) 부양의무의 의미

부양의무란 직계혈족 및 그 배우자 또는 생계를 같이 하는 **친족 간의 부양의무**(제974조)를 가리키는 것으로써 친족 간이 아닌 당사자 사이의 **약정에 의한 부양의무**는 여기에 해당하지 않는다(대판 1996. 1. 26. 95다43358). 그것은 부담부 증여에서 '부담'의 불이행일 뿐이다.

(3) 제척기간

해제권은 해제원인이 있음을 안 날로부터 6개월이 경과하거나 증여자가 수증자에 대하여 용서의 의사를 표시한 때에는 소멸한다(제556조 제2항).

3. 사정변경에 의한 해제

> **제557조【증여자의 재산상태변경과 증여의 해제】**
> 증여계약 후에 증여자의 재산상태가 현저히 변경되고 그 이행으로 인하여 생계에 중대한 영향을 미칠 경우에는 **증여자**는 증여를 해제할 수 있다.

Ⅲ 특별해제의 효과

> **제558조【해제와 이행완료부분】**
> 전3조(서면에 의하지 않은 증여, 망은행위, 사정변경으로 인한 증여의 특별해제)의 규정에 의한 계약의 해제는 이미 이행한 부분에 대하여는 영향을 미치지 아니한다.
> → 이 점에서 본조는 해제의 효과로서의 원상회복의무(제548조)에 대한 특칙이 된다.

1. 소급효 제한

증여의 특별해제는 **이미 이행한 부분에 대하여는 영향을 미치지 아니한다**(제558조). 즉 이미 이행한 부분에 대해서는 해제할 수 없으며, 원상회복을 청구할 수 없다. 이는 법정해제에서의 원상회복의무(제548조)에 대한 특칙이다.

2. 이미 이행한 부분

부동산 증여에서 이미 이행되었다함은, 부동산의 인도만으로는 부족하고 소유권이전등기절차까지 마친 것을 의미한다(대판 1976. 2. 10. 75다2295).

기출확인 2017년 5회 기출

민법상 증여계약의 특유한 해제원인 3가지를 설명하고, 이행완료 부분에 대한 효력에 관하여 약술하시오. (20점)

Ⅰ 서설

증여는 당사자 일방이 무상으로 재산을 상대방에게 수여하는 의사를 표시하고 상대방이 승낙함으로써 성립하는 계약이다. 낙성·무상·편무·불요식 계약이다.

증여계약에도 증여자의 채무불이행을 전제로 법정해제(제543조 내지 제553조) 규정이 적용됨은 물론이다. 민법은 이에 더하여 특별해제를 규정하고 있다.

Ⅱ 특별해제의 사유(→ 서, 망, 사)

1. 서면에 의하지 않은 증여

(1) 의의

① 증여의 의사가 서면으로 표시되지 아니한 경우 각 당사자는 해제할 수 있다(제555조).

② 이 경우 해제는 특수한 철회로서 **제척기간의 적용을 받지 않으므로** 10년이 경과한 후에도 할 수 있다(대판 2009. 9. 24. 2009다3783).

(2) 서면의 의미

서면에 의하지 아니한 증여의 해제는 ① 경솔하게 증여하는 것을 방지하고 ② 증여자의 의사를 명확하게 하여 분쟁을 피하려는데 있으므로, 증여의사가 문서를 통하여 확실히 알 수 있는 정도로 나타나 있으면 서면에 의한 증여에 해당한다(대판 1988. 9. 27. 86다카2634).

2. 수증자의 망은행위

(1) 의의

수증자가 증여자 또는 그 배우자나 직계혈족에 대하여 범죄행위를 한 때, 수증자가 증여자에 대하여 부양의무를 이행하지 아니하는 때, 증여자는 증여를 해제할 수 있다(제556조 제1항).

(2) 부양의무의 의미

부양의무란 직계혈족 및 그 배우자 또는 생계를 같이 하는 **친족 간의 부양의무**(제974조)를 가리키는 것으로써, 친족 간이 아닌 당사자 사이의 약정에 의한 부양의무는 여기에 해당하지 않는다(대판 1996. 1. 26. 95다43358). 그것은 부담부 증여에서 '부담'의 불이행일 뿐이다.

(3) 제척기간

해제권은 해제원인이 있음을 안 날로부터 6개월이 경과하거나 증여자가 수증자에 대하여 용서의 의사를 표시한 때에는 소멸한다(제556조 제2항).

3. 사정변경에 의한 해제

증여계약 후에 증여자의 재산상태가 현저히 변경되고 그 이행으로 인하여 생계에 중대한 영향을 미칠 경우 증여자는 증여를 해제할 수 있다(제557조).

Ⅲ 특별해제의 효과

1. 소급효 제한

증여의 특별해제는 이미 이행한 부분에 대하여는 영향을 미치지 아니한다(제558조). 즉 이미 이행한 부분에 대해서는 해제할 수 없으며, 원상회복을 청구할 수 없다. 이는 법정해제에서의 원상회복의무(제548조)에 대한 특칙이다.

2. 이미 이행한 부분

부동산 증여에서 이미 이행되었다함은, 부동산의 인도만으로는 부족하고 소유권이전등기절차까지 마친 것을 의미한다(대판 1976. 2. 10. 75다2295).

약술형 출제예상

부담부 증여에 대해 약술하시오. (20점)

> **제561조【부담부증여】**
> 상대 부담 있는 증여에 대하여는 본절의 규정 외에 쌍무계약에 관한 규정을 적용한다.

Ⅰ 의의

1. 수증자가 증여를 받으면서 일정한 급부를 하기로 하는 증여이다.

2. 수증자의 부담은 증여자의 의무와 대가관계에 있지 않으므로 무상·편무계약이다.

Ⅱ 성립

1. '부담'은 법률행위에 의한 부관이므로, 부담 약정이 명시적 또는 묵시적으로 외부에 표시되어야 한다. 따라서 당사자가 부담을 희망·기대하였더라도 표시되지 않으면 부담 없는 증여에 해당한다(대판 2010. 5. 27. 2010다5878).

2. 부담의 존재를 주장하는 자가 이를 증명하여야 한다.

Ⅲ 효과(→ 매, 쌍)

1. 매도인과 같은 담보책임

부담부 증여에서 증여자는 그 부담의 한도에서 매도인과 같은 담보책임을 진다(제559조 제2항).

2. 쌍무계약 규정의 준용

(1) 부담부 증여는 편무계약이지만, 쌍무계약에 관한 규정이 적용된다(제561조).

(2) 증여계약이 이미 이행되었더라도 증여자는 부담의 불이행을 이유로 해제하고 원상회복을 청구할 수 있다. 특별해제에 관한 규정(제555조, 제558조)은 적용되지 않는다(대판 1997. 7. 8. 97다2177).

2021년 9회 기출

甲은 2000. 3.경 늦은 나이에 홀로 탈북하여 현재까지 대한민국에서 거주하고 있다. 甲은 탈북 이후 10여 년간 다양한 일을 하며 모은 돈으로 2010. 5.경 북한음식점을 개업하여 운영하고 있다. 甲은 탈북 이후 어려운 생활 등을 이유로 일에만 전념하다보니 어느 덧 80세를 바라보는 고령이 되었음에도 가족이 없이 홀로 생활하고 있다. 최근 들어서는 더 나이가 든 후에는 어떻게 살아가야 할지에 대한 고민이 많아졌고, 이제는 누군가에게 의지를 하며 여생을 보내고 싶어졌다. 이에 甲은 음식점 개업 초기부터 자신을 도와 성실히 일하던 종업원인 乙에게 자신이 가지고 있는 X토지(시가 10억 원 상당)를 줄테니 앞으로 자신을 부양해줄 수 있겠냐고 제안을 하였고 乙은 여러 고민 끝에 甲의 제안을 받아들였다. 甲은 2019. 5. 10. 乙에게 토지의 소유권이전등기를 마쳐 주었다. 다음 물음에 답하시오. (40점)

(1) X토지의 소유권을 이전하기 위하여 甲과 乙 사이에 이루어진 합의의 법적 성질은 무엇인지 설명하시오. (10점)

(2) X토지의 소유권을 이전받은 乙은 2019. 12.경 甲이 운영하는 식당을 그만두고 2021. 5.경 현재까지 甲과 약속한 부양도 하지 않고 있다. 이에 억울해 하던 甲은 X토지를 다시 되찾아 오고 싶어 한다. 甲이 X토지를 되찾아 오기 위해 검토해 볼 수 있는 방법들을 제시하고 그 방법들의 당부를 검토하시오. (20점)

[물음 1] (10점)

Ⅰ 논점 정리

사안의 경우 甲이 자신의 X토지의 소유권을 乙에게 이전함과 더불어 乙이 甲에게 부양의무를 지게 되는데 합의한 계약이 매매인지 여부와 증여라면 그 법적 성질이 문제된다.

Ⅱ 매매계약의 성립여부

당사자 일방(매도인)이 재산권의 이전을, 상대방(매수인)이 이에 대한 대금의 지급을 약정함으로써 매매계약은 성립한(제563조). 재산권의 이전의 반대급부로 매매대금이 지급되어야 한다. 사안의 경우는 甲이 X토지의 소유권을 乙에게 이전함과 더불어 乙이 甲에게 부양의무를 부담하나, 이를 재산권 이전의 반대급부로 지급되는 금전이라고 볼 수 없어 매매는 아니다.

Ⅲ 부담부 증여의 성립여부

증여란 당사자 일방(증여자)이 무상으로 재산을 상대방(수증자)에게 수여하는 의사를 표시하고 상대방이 이를 승낙함으로써 성립하는 계약을 말한다(제554조). 이때 수증자가 증여를 받으면서 일정한 급부를 하기로 하는 합의가 있는 것을 부담부 증여라고 한다.

사안의 경우 甲이 X토지의 소유권을 乙에게 이전할 것을 청약하고, 이를 乙이 승낙한 바 증여계약이 성립하였고, 이와 더불어 수증자 乙이 甲에게 부양의무를 부담하는 급부에 합의도 있었으므로 부담부 증여에 해당한다. 일반적인 증여와 달리 수증자가 급부의무를 지는 바, 여전히 편무·무상계약인지 등이 문제된다.

Ⅳ 부담부 증여의 법적 성질

1. 편무·무상계약여부

부담부 증여의 경우에는 수증자가 급부의무를 지기는 하나 그것이 증여자의 의무와 대가관계에 있지는 않으므로 그것은 편무·무상계약이다. 다만 증여자는 그 부담의 한도에서 매도인과 같은 담보의 책임이 있다(제559조).

2. 쌍무계약에 관한 규정 준용여부

부담부 증여에 대하여는 증여에 관한 규정 외에 쌍무계약에 관한 규정이 준용된다(제561조). 그 결과 부담의무가 있는 수증자가 자신의 의무를 이행하지 않은 때에는 비록 **증여계약이 이행되어 있더라도 증여자는 계약을 해제할 수 있고, 그 경우 민법 제558조는 적용되지 아니한다**(대판 1997. 7. 8, 97다2177).

Ⅴ 사안의 해결

X토지의 소유권을 이전하기 위하여 甲과 乙 사이에 이루어진 합의는 수증자 乙이 甲에게 부양의무를 부담하는 부담부 증여이며, 이는 여전히 **편무·무상계약**이다. 그러나 그 부담의 한도에서 매도인과 같은 담보의 책임을 지며, 쌍무계약의 규정이 준용된다.

[물음 2] (20점)

Ⅰ 논점 정리

유효하게 체결된 부담부 증여계약을 다시 찾아올 수 방법으로는 증여의 특수한 해제가 가능한지 여부와 부담의 불이행를 이유로 채무불이행을 이유로 한 해제가 가능한지가 문제된다.

Ⅱ 증여의 특수한 해제 가부

1. 논점의 정리

사안의 경우 甲은 2019. 5. 10. 乙에게 토지의 소유권이전등기를 마쳐 주어 이행이 되었다. 이미 이행되었으므로 서면에 의하지 않는 증여, 증여자의 재산상태변경과 증여, 수증자의 망은행위로 인한 증여의 해제는 모두 인정될 수 없는지가 문제된다.

2. 수증자의 망은행위로 인한 증여의 해제 가부

(1) 의의 및 성립요건

수증자가 증여자 또는 그 배우자나 직계혈족에 대하여 범죄행위를 한 때(제1호)나 수증자가 증여자에 대하여 부양의무가 있는 경우에 이를 이행하지 아니하는 때(제2호)에는 증여자는 그 증여를 해제할 수 있다(제556조 제1항).

(2) 부양의무

민법 제556조 제1항 제2호에 규정되어 있는 '부양의무'라 함은 민법 제974조에 규정되어 있는 직계혈족 및 그 배우자 또는 생계를 같이 하는 친족 간의 부양의무를 가리키는 것으로서, **친족 간이 아닌 당사자 사이의 약정에 의한 부양의무는 이에 해당하지 아니하여 민법 제556조 제2항이나 민법 제558조가 적용되지 않는다**(대판 1996. 1. 26. 95다43358).

(3) 사안의 경우

당사자 간 약정에 의한 부양의무는 이에 해당하지 아니하므로, 甲은 제556조에 근거하여 乙의 망은행위를 이유로 증여를 해제할 수는 없다.

Ⅲ 부담부 증여에 있어 부담의 불이행로 인한 해제 가부

1. 부담의 불이행로 인한 해제인정여부

부담부 증여에 대해서는 증여에 관한 규정 외에 쌍무계약에 관한 규정이 준용된다(제561조). 그 결과 부담의무가 있는 수증자가 자신의 의무를 이행하지 않은 때에는 비록 증여계약이 이행되어 있더라도 증여자는 계약을 해제할 수 있고, 그 경우 민법 제558조는 적용되지 아니한다(대판 1997. 7. 8. 97다2177).

2. 이행지체에 따른 해제의 성립요건

당사자 일방이 ① 그 채무를 이행하지 아니하는 때에는 ② 상대방은 상당한 기간을 정하여 그 이행을 최고하고 ③ 그 기간 내에 이행하지 아니한 때에는 계약을 해제할 수 있다.

3. 사안의 적용

甲은 乙에게 상당기간을 정하여 약속한 부양의 이행을 최고하고, 그 기간 내에 乙이 이를 이행하지 않으면 부담의무의 이행지체를 이유로 증여를 해제할 수 있다. 이미 이행한 토지의 반환 및 소유권이전등기의 말소를 청구할 수 있다.

Ⅳ 사안의 해결

사안의 경우 유효하게 체결된 부담부 증여계약을 다시 찾아올 방법으로는 부담의 불이행 지체로 인한 채무불이행을 이유로 한 해제뿐이다. 이를 근거로 이미 이행한 토지의 반환 및 소유권이전등기의 말소를 청구할 수 있다.

제2절 매매계약

제1관 총설

01 매매의 의의

> **제563조【매매의 의의】**
> 매매는 당사자 일방이 재산권을 상대방에게 이전할 것을 약정하고 상대방이 그 대금을 지급할 것을 약정함으로써 그 효력이 생긴다.

02 유상계약에의 준용

> **제567조【유상계약에의 준용】**
> 본절의 규정은 매매 이외의 유상계약에 준용한다. 그러나 그 계약의 성질이 이를 허용하지 아니하는 때에는 그러하지 아니하다.

제2관 매매의 성립

01 매매의 예약

> **제564조【매매의 일방예약】**
> ① 매매의 일방예약은 상대방이 매매를 완결할 의사를 표시하는 때에 매매의 효력이 생긴다.
> ② 전항의 의사표시의 기간을 정하지 아니한 때에는 예약자는 상당한 기간을 정하여 매매완결 여부의 확답을 상대방에게 최고할 수 있다.
> ③ 예약자가 전항의 기간 내에 확답을 받지 못한 때에는 예약은 그 효력을 잃는다.

> **기출확인** 2015년 3회 기출
>
> 매매예약완결권에 관하여 설명하고, 그 가등기에 관하여 약술하시오. (20점)

I 의의

1. 개념

매매의 일방예약에 의하여 일방 당사자는 상대방에 대하여 예약완결의 의사표시를 할 수 있는 권리를 가지는데, 이를 예약완결권이라고 한다.

2. 성질

예약완결권은 일방의 의사표시만으로써 본계약인 매매를 성립시킨다는 점에서 일종의 형성권이다.

II 예약완결권과 가등기

예약완결권은 **가등기**할 수 있고(부동산등기법 제88조, 제3조), 재산권의 성질도 있어 양도할 수 있다. 예약완결권이 가등기되어 있는 경우라면 가등기에 대한 부가등기의 형식으로 경료할 수 있다(대판(전) 1998. 11. 19. 98다24105).

III 행사의 효과

예약완결권은 형성권이므로 예약완결권을 행사하면 상대방의 승낙을 기다리지 않고 곧바로 본계약이 성립한다.

IV 예약완결권의 소멸

1. 제척기간의 경과

(1) 매매예약의 완결권은 형성권으로서 ① 당사자 사이에 **행사기간을 약정한 때**에는 그 기간 내에, ② **행사기간의 약정이 없는 때**에는 그 예약이 성립한 때로부터 10년 내에 이를 행사하여야 하고, 그 기간이 지나면 제척기간의 경과로 인하여 소멸한다.

(2) 행사시기

행사시기를 특별히 약정한 경우에도 당초 권리의 발생일로부터 10년이 경과되면 소멸하며, 약정에 따라 권리를 행사할 수 있는 때로부터 10년이 되는 날까지로 연장되지 않는다(대판 1995. 11. 10. 94다22682).

2. 최고에 의한 소멸

예약자는 상당한 기간을 정하여 매매완결 여부의 확답을 상대방에게 최고할 수 있고, 그 기간 내에 확답을 받지 못하면 예약은 효력을 잃는다(제564조).

02 계약금(계약)

Ⅰ 계약금의 의의

1. 계약을 체결할 때에 그 계약에 부수하여 당사자 일방이 상대방에 대하여 교부하는 금전 기타의 유가물을 계약금이라 하고, 그 계약금의 지급을 약정하는 합의를 계약금계약이라고 한다.

2. 계약금계약은 매매의 종된 계약으로서 요물계약이다. 주된 계약인 매매가 무효·취소되면 계약금계약도 당연히 실효된다(부종성).

Ⅱ 계약금의 종류(→ 증, 해, 위)

1. 증약금

계약체결의 증거로서의 의미를 가지는 계약금이다. 모든 계약금은 적어도 증약금으로서의 성질을 가진다.

2. 해약금

해제권을 유보하기 위하여 수수된 계약금을 말한다. 민법의 계약금은 **해약금으로 추정**된다(제565조).

3. 위약계약금

(1) 위약계약금이란 위약이 있는 경우에 지급해야 하는 계약금을 말한다.

(2) 계약금이 위약계약금으로 되려면 **반드시 위약금 특약**(◉ 위약 시에 매도인은 배액상환, 매수인은 포기약정 등)이 있어야 한다.

(3) 위약금은 손해배상액 예정의 성질을 가지는 것과 위약벌의 성질을 가지는 것이 있는데, 특별한 사정이 없으면 손해배상액의 예정으로 추정한다(제398조 4항).

Ⅲ 해약금의 효력

1. 해약금에 기한 해제의 의의 및 요건

해제권을 유보하기 위하여 수수된 계약금을 말한다. 계약금이 교부된 때에는 당사자의 ① 일방이 이행에 착수할 때까지 ② 교부자는 이를 포기하고 수령자는 그 배액을 상환하여 매매계약을 해제할 수 있는 약정해제권을 유보한 것으로 추정한다(제565조 제1항).

2. 해약금에 기한 해제의 효과

계약은 소급하여 무효가 된다.

(1) 원상회복의무

해약금에 의한 해제는 당사자 일방의 이행이 있기 전에 한하므로 원상회복의무는 생기지 않는다.

(2) 손해배상의무

채무불이행을 원인으로 하는 것이 아니므로 손해배상의무는 발생하지 않는다.

(3) 법정해제와의 경합

채무불이행이 발생하면, 해약금해제와는 별도로 채무불이행을 원인으로 법정해제(제544조 내지 제546조)를 할 수 있고, 해제의 일반적 효과(원상회복의무·손해배상)가 모두 인정된다.

> **제565조 【해약금】**
> ① 매매의 당사자 일방이 계약당시에 금전 기타 물건을 계약금, 보증금 등의 명목으로 상대방에게 교부한 때에는 당사자 간에 다른 약정이 없는 한 당사자의 일방이 이행에 착수할 때까지 교부자는 이를 포기하고 수령자는 그 배액을 상환하여 매매계약을 해제할 수 있다.
> ② 제551조(= 해제와 손해배상)의 규정은 전항의 경우에 이를 적용하지 아니한다.

✦ 계약금 계약(제565조 해약금 추정)

계약 성립	요물계약 ┬ ① 일부 or 전부 지급 × → 해약금 해제 × 　　　　 └ ② 일부 지급 : 해약금 해제 - 약정(∵ 임의규정) 　　　　　　　　　　　　　　　 ↳ Q. 배액상환 : 기준 ┬ 실제 교부받은 금액 × 　　　　　　　　　　　　　　　　　　　　　　　　　 └ 약정된 계약금 ○	
해약금 요건	1. 다른 약정이 없을 것	→ Q. 다른 약정에 위약금 약정도 포함? 　　→ 포함 × ∴ 해제 : 可 　　= 성질 : 해약금 성질+손해배상의 예정 　　　　(병존)
	2. 교부자 포기·수령자 배액상환 　　　　　↳ 변제제공 ○	→ Q. 공탁 필요 ? : 판례 - 공탁 불요
	3. 당사자 일방 : 어느 일방(모두) 지칭 ○	→ Q. 해제 당사자도 포함 ? : 포함 ○ 　　　　　　　　　판례 : 상대방 국한 ×
	4. 이행착수 前 　• 이행착수 : 채무의 일부 이행 　 or 이행에 필요한 전제 행위	→ Q. 이행기 전 이행착수 포함 ? 　• 원칙 : 포함 ○ → ∴ 해제 : × 　　기한이익 스스로 포기 可 - 허용 ○ 　• 예외 : 불허 → ∴ 해제 : ○
효과	1. 채무불이행 × → 원상회복청구권 ×, 손해배상청구권 × 2. 약정해제권과 법정해제권의 경합 　　↳ 약정해제권의 유보는 채무불이행에 의한 법정해제권의 성립에 아무런 영향 ×	

해약금에 기한 해제에 대해 약술하시오. (20점)

Ⅰ 약정해제권의 발생

1. 해약금이란 해제권을 유보하기 위하여 수수된 계약금을 말한다. 계약금은 해약금으로 추정된다(제565조).

2. 해약금에 기하여 각 당사자에게는 약정해제권이 발생한다.

Ⅱ 해약금에 기한 해제

1. 요건

당사자의 일방이 이행에 착수할 때까지 교부자는 이를 포기하고 수령자는 그 배액을 상환하여 매매계약을 해제할 수 있다(제565조 제1항).

(1) 당사자 일방의 의미

당사자의 일방이란 쌍방 중 어느 일방을 지칭하는 것이고, 상대방에 국한하여 해석하지 않는다. 따라서 스스로 이행에 착수한 자도 해약금에 기한 해제를 할 수 없다(대판 2000. 2. 11. 99다62074).

(2) 이행착수의 의미

① 이행착수란 객관적으로 외부에서 인식할 수 있는 정도로 이행행위의 일부를 하거나, 이행하기 위하여 필요한 전제행위를 하는 경우를 말하며, 단순히 이행의 준비를 하는 것만으로는 부족하다(대판 2008. 10. 23. 2007다72274).

② 특별한 사정이 없는 한 이행기 전의 이행착수도 여기의 이행착수에 해당한다(대판 2006. 2. 10. 2004다11599).

2. 효과(→ 원, 손, 법)

계약은 소급하여 무효가 된다.

(1) 원상회복의무

해약금에 의한 해제는 당사자 일방의 이행이 있기 전에 한하므로 원상회복의무는 생기지 않는다.

(2) 손해배상의무

채무불이행을 원인으로 하는 것이 아니므로 손해배상의무는 발생하지 않는다.

(3) 법정해제와의 경합

채무불이행이 발생하면 해약금 해제와는 별도로 채무불이행을 원인으로 법정해제(제544조 내지 제546조)를 할 수 있고, 해제의 일반적 효과(원상회복의무·손해배상)가 모두 인정된다.

Ⅲ 계약금의 일부만 지급한 경우

1. 당사자가 계약금의 일부만을 먼저 지급하고 잔액은 나중에 지급하기로 한 경우, 계약금의 전부를 지급하지 아니하는 한 계약금계약은 성립하지 아니하므로 당사자가 **임의로 주계약을** 해제할 수는 없다(대판 2008. 3. 13. 2007다73611).

2. 계약금 일부만 지급된 경우 수령자가 매매계약을 해제할 수 있다고 하더라도 해약금의 기준이 되는 금원은 '**실제 교부받은 계약금**'이 **아니라** '약정 계약금'이라고 봄이 타당하므로, 매도인이 계약금의 일부로서 지급받은 금원의 배액을 상환하는 것으로는 매매계약을 해제할 수 없다(대판 2015. 4. 23. 2014다231378).

기출확인 2018년 6회 기출

甲은 2018. 2. 1. 자신의 소유인 X주택을 매매대금 10억 원에 乙에게 매각하는 매매계약을 체결하면서, 계약금은 1억 원으로 약정하였다. 乙은 甲에게 계약금 1억 원 중 3,000만 원은 계약 당일에 지급하였고, 나머지 7,000만 원은 2018. 2. 15. 지급하기로 약정하였다. 다음 각 독립된 물음에 답하시오. (40점)

(1) 甲이 2018. 2. 10. 계약금에 기하여 매매계약을 해제하고자 할 때, 계약금의 법적 의미와 甲은 얼마의 금액을 乙에게 지급하고 매매계약을 해제할 수 있는지에 관하여 설명하시오. (20점)

(2) 乙은 甲에게 2018. 2. 15. 지급하기로 한 나머지 계약금 7,000만 원을 지급하였다. 한편, 위 매매계약에서 중도금 3억 원은 2018. 6. 1. 지급하기로 약정하였다. 乙은 X주택의 시가 상승을 예상하면서 2018. 5. 1. 甲을 만나 중도금 3억 원의 지급을 위하여 자기앞수표를 교부하였으나, 甲은 이의 수령을 거절하였다. 그 후 甲은 2018. 5. 5. 수령한 계약금의 2배인 2억 원의 자기앞수표를 乙에게 교부하면서 매매계약 해제의 의사표시를 하였다. 乙은 이의 수령을 거절하였으며, 甲은 2억 원을 공탁하였다. 이러한 경우, 매매계약이 해제되었는지 여부에 관하여 설명하시오. (20점)

[물음 1] (20점)

Ⅰ 논점 정리

1. 계약금의 성질과 관련하여 약정해제권을 발생시키는 해약금으로 인정할 수 있는지가 문제이다.

2. 계약금의 일부만 지급한 경우에도 계약금계약이 성립하는지 및 이때 해제를 위하여 甲이 상환하여야 하는 금액이 얼마인지가 문제이다.

Ⅱ 해약금 추정

1. 계약금의 의의

(1) 계약을 체결할 때에 계약에 부수하여 당사자 일방이 상대방에 대하여 교부하는 금전 기타의 유가물을 계약금이라 한다.

(2) 계약금계약은 매매의 종된 계약으로서 요물계약이다.

2. 해약금 추정

(1) 해약금이란 해제권을 유보하기 위하여 수수된 계약금을 말하며, 해약금에 기하여 각 당사자에게는 **약정해제권이 발생**한다.

(2) 계약금은 특별한 사정이 없는 한 **해약금으로 추정**되므로, 당사자의 일방이 이행에 착수할 때까지 교부자는 이를 포기하고 수령자는 그 배액을 상환하여 매매계약을 해제할 수 있다(제565조 제1항).

Ⅲ 계약금의 일부만 지급한 경우

1. 계약금의 일부만을 지급하고 잔액은 나중에 지급하기로 한 경우, 계약금의 전부를 지급하지 않는 한 계약금계약은 성립하지 않는다(대판 2008. 3. 13. 2007다73611).

2. 계약금 일부만 지급된 경우 수령자가 매매계약을 해제할 수 있다고 하더라도 해약금의 기준이 되는 금원은 '실제 교부받은 계약금'이 아니라 '약정 계약금'이라고 보아야 한다(대판 2015. 4. 23. 2014다231378).

Ⅳ 사안의 해결

1. 甲과 乙은 계약금을 1억 원으로 약정하였음에도, 그 일부인 3천만 원을 지급하였을 뿐이므로 계약금계약은 성립하지 않았다.

2. 그럼에도 甲이 해약금에 기해 매매계약을 해제하려면, 원래의 약정 계약금을 기준으로 상환하여야 한다. 따라서 이미 지급받은 3천만 원에 더하여 약정 계약금인 1억 원을 상환하여야만 해제할 수 있다(총 1억 3천만 원).

[물음 2] (20점)

Ⅰ 논점 정리

甲의 해약금에 기한 해제는 '당사자 일방의 이행착수 전'에만 가능하므로, 乙의 중도금 지급이 '이행착수'에 해당하는지가 문제이다.

Ⅱ 해약금에 기한 해제

1. 의의 및 요건

당사자의 일방이 이행에 착수할 때까지 계약금의 교부자는 이를 포기하고, 수령자는 그 배액을 상환하여 매매계약을 해제할 수 있다(제565조 제1항).

2. 이행착수의 의미

(1) 이행착수란 객관적으로 외부에서 인식할 수 있는 정도로 **이행행위의 일부**를 하거나, 이행하기 위하여 **필요한 전제행위**를 하는 경우를 말하며, 단순히 이행의 준비를 하는 것만으로는 부족하다(대판 2008. 10. 23. 2007다72274).

(2) 특별한 사정이 없는 한 **이행기 전의 이행착수도** 여기의 이행착수에 해당한다(대판 2006. 2. 10. 2004다11599).

Ⅲ 사안에의 적용

1. 자기앞수표의 제공

매매대금은 현금으로 제공하여야 하지만, 자기앞수표는 **현금과 동일한** 결제수단이므로 적법한 이행제공이다. 따라서 甲은 그 수령을 거절할 수 없다.

2. 중도금 지급기일 전의 지급

乙이 기한의 이익을 포기할 수 있다. 따라서 중도금 지급기일(2018. 6. 1.) 이전에 이행한 것은 '이행행위의 일부'에 해당하여 적법한 '이행착수'이므로, 甲은 더 이상 해약금에 기한 해제를 할 수 없다.

3. 결론

甲은 해약금에 기한 해제를 할 수 없으므로, 매매계약은 해제되지 않았다.

02

기출확인 **2023년 11회 기출**

甲과 乙은 A시에 건설될 아파트에 대한 분양계약을 체결하였는데, 그 계약서에는 다음과
같은 내용이 포함되어 있었다. 다음 독립된 물음에 답하시오. (40점)

> 제2조 […] ② 계약금은 공급대금의 5%로 하며, 계약체결과 동시에 지불한다. 중도금은 공
> 급대금의 45%로 하며, 계약체결일로부터 1년이 되는 날에 지불한다.
> ③ 수분양자 乙은 분양자 甲의 귀책사유로 인해 입주예정일로부터 3월 이내에 입주할
> 수 없게 되는 경우 이 계약을 해제할 수 있다. […]
> 제3조 […] ② 제2조 제3항에 해당하는 사유로 이 계약이 해제된 때에는 甲은 수분양자 乙
> 에게 공급대금 총액의 10%를 위약금으로 지급한다.
> ③ 제1항과 제2항의 경우 甲은 수분양자 乙에게 이미 납부한 대금에 대하여는 각각 그
> 받은 날로부터 반환일까지 연리 3%에 해당하는 이자를 가산하여 수분양자 乙에게 환급
> 한다. […]

(1) 2006년 4월 1일 乙은 甲과 분양계약을 체결함과 동시에 계약금 전부를 지불하였다.
2006년 5월 1일 발표된 정부정책으로 인하여 A시에 개발호재가 발생하여, 주변 아파트
시세가 상승하였다. 이에 甲은 乙에게 분양대금의 증액을 요구하였다. 그러나 乙은 이
를 거절하고, 2006년 5월 10일 甲의 계좌로 중도금을 송금하였다. 이 경우 甲은 乙에
게 계약금의 배액을 지급하고 乙과의 계약을 해제할 수 있는지 설명하시오. (20점)

Ⅰ 논점 정리

사안의 경우 甲이 乙에게 계약금의 배액을 지급하고 乙과의 계약을 해제하기 위해서는 甲이
제565조의 해약금에 의한 해제권을 행사할 수 있는지가 문제된다. 특히 2006년 5월 10일 甲의
계좌로 乙의 중도금 송금이 이행기 전의 이행착수로 당사자 일방의 이행착수에 해당하는지
가 문제된다.

Ⅱ 甲의 해약금에 의한 해제인정 여부

1. 성립요건

해약금에 기한 해제의 효과가 인정되기 위해서는 ① 계약금을 교부하였을 것, ② 다른 약정이
없을 것, ③ 당사자 일방이 이행에 착수하기 전에 ④ 교부자는 포기하고 수령자는 배액을 상
환하여, ⑤ 해제의 의사표시(도달)를 하였을 것이 필요하다(제565조 제1항).

사안의 경우 2006년 4월 1일 분양계약을 체결함과 동시에 乙이 계약금 전부를 지불하였는
바, ①의 요건은 충족한다.

2. 다른 약정이 없을 것

사안의 분양계약 제3조는 계약금에 대한 위약금 약정을 한 것이 아니라, **약정해제권과 관련된 분양계약 제2조 제3항에 대한 위약금 약정일 뿐이므로 제565조의 다른 약정에 해당하지 않아** 다른 약정은 없는 경우이다.

3. 당사자 일방의 이행착수 전

(1) 당사자 일방의 의미

당사자 일방이란 매매 쌍방 중 어느 일방을 지칭하는 것이고, **상대방이라 국한하여 해석할 것이 아니다.** 즉, 매매계약의 일부 이행에 착수한 당사자뿐만 아니라, 어느 일방이 착수한 경우에는 그 상대방도 해제권을 행사할 수 없다.

(2) 이행착수의 의미

① 이행의 착수란 단순히 이행의 준비를 하는 것만으로는 부족하고, 중도금의 제공 등과 같이 채무의 이행행위의 일부를 행하거나 이행에 필요한 전제행위를 하는 것을 말한다(2002다46492).

② 이행기의 약정이 있다 하더라도 당사자가 채무의 이행기 전에는 착수하지 아니하기로 하는 특약을 하는 등 특별한 사정이 없는 한 그 이행기 전에 이행에 착수할 수도 있으며 매매계약 체결 후 매매계약의 대상인 부동산의 시가가 상승하자 매도인이 매매대금의 인상을 요청한 사실만으로 이행기 전 이행착수를 불허할 만한 특별한 사정이 있는 것도 아니라고 하였다(대판 2006. 2. 10. 2004다11599).

(3) 사안의 경우

2006년 5월 1일 주변 아파트 시세가 상승하자 乙에게 분양대금의 증액을 요구한 **甲의 행위는** 이행에 착수하였다고 볼 수 없을 뿐만 아니라 이행기 전의 이행착수를 불허할 만한 특별한 사정으로 인정되지도 않는다.

그러나 甲의 분양대금의 증액 요구를 거절하고 바로 2006년 5월 10일 **甲의 계좌로 송금한 乙의 행위는 이행착수로 볼 수 있고**, 비록 **이행기**(계약체결일로부터 1년이 되는 날인 2007. 4. 15.) **전의 이행착수라도 인정**된다.

따라서 甲은 일방의 이행착수 전에만 행사할 수 있는 제565조의 해약금에 의한 해제는 할 수 없다.

Ⅲ 사안의 해결(3점)

사안의 경우 ① 甲은 2006년 4월 1일 계약 당일 乙로부터 계약금 전부를 지급받았고, ② 분양 계약 규정 제3조는 계약금에 대한 위약금 약정을 한 것이 아니라, **약정해제권과 관련된** 분양 계약 규정 **제2조 제3항에 대한 위약금 약정일 뿐이므로 제565조의 다른 약정에 해당하지 않고**, ③ 2006년 5월 1일 주변 아파트 시세가 상승하자 乙에게 분양대금의 증액 요구한 **甲의 행위는** 이행에 착수하였다고 볼 수 없을 뿐만 아니라 이행기 전의 이행착수를 불허할 만한 특별한 사정으로 인정되지도 않는다. 그러나 甲의 분양대금의 증액 요구를 거절하고 바로 2006년 5월 10일 甲의 계좌로 송금한 乙의 행위는 이행착수로 볼 수 있고, 비록 **이행기**(계약체결일로부터 1년이 되는 날인 2007. 4. 15.) **전의 이행착수라도 인정**된다. 따라서 ③ 요건을 충족하지 못하여, 甲이 계약금의 배액을 지급하고 乙 사이의 분양계약을 **해제할 수 없다.**

사례형 출제예상

甲은 2022. 5. 15. 乙에게 자기 소유의 X토지를 10억 원에 매도하면서, 계약금 1억 원은 계약 당일, 중도금 4억 원은 2022. 6. 15.에 각각 지급받고, 잔금 5억 원은 2022. 7. 15. 소유권이전등기에 필요한 서류의 교부와 동시에 지급받기로 하는 내용의 매매계약을 체결하였다. 이에 따라 甲은 위 계약 당일 乙로부터 계약금 1억 원을 지급받았다. 이와 같은 사실관계를 기초로 아래 각 문항에 답하시오(각 문항은 상호관련성이 없고, 공휴일 여부는 고려하지 말 것).

(1) (위 기본 사안에 추가하여) 甲은 위 계약 당일 乙로부터 계약금 1억 원을 수령하면서, '만약 매도인이 위약하면 매도인은 계약금의 배액을 매수인에게 상환하고, 매수인이 위약하면 매도인은 매수인의 계약금을 몰수한다.'는 취지의 약정도 하였다. 이에 甲은 2022. 6. 10. 乙에게 찾아가 계약금의 배액인 2억 원을 제공하면서 위 매매계약을 해제한다는 의사표시를 하였다. 이 경우 위 매매계약이 해제되었는지 여부와 그 이유에 관하여 서술하시오. (20점)

(2) (위 기본 사안에 추가하여) 乙은 위 매매계약에 따라 2022. 6. 15. 甲에게 중도금 4억 원을 지급하였다. 한편, 乙은 X토지의 주변지역 개발계획이 곧 발표될 것이라는 소문을 듣고 위 매매계약을 체결하게 되었는데, 중도금 지급 며칠 후 개발계획이 무산되었다는 소식을 듣고 2022. 6. 30. 甲에게 계약금을 포기하고 위 매매계약을 해제한다는 의사표시를 하였다. 이 경우 위 매매계약이 해제되었는지 여부와 그 이유에 관하여 서술하시오. (10점)

[물음 1] (20점)

Ⅰ 논점 정리(2점)

사안의 경우 매매계약 체결과 더불어 계약금이 지급된 바, **제564조의 해약금에 의한 해제로 인정될 수 있는지 여부**가 문제된다. 특히 위약금 약정이 있는 경우에도 적용될 수 있는지 문제된다. 즉 **위약금 약정이 다른 약정에 해당하는지와 이행기 전의 이행착수도 당사자 일방의 이행착수에 해당하는지**가 문제된다.

Ⅱ 해약금에 의한 해제인정 여부(15점)

1. 성립요건

해약금에 기한 해제의 효과가 인정되기 위해서는 ① 계약금을 교부하였을 것 ② 다른 약정이 없을 것 ③ 당사자 일방이 이행에 착수하기 전에 ④ 교부자는 포기하고 수령자는 배액을 상환하여 ⑤ 해제의 의사표시(도달)를 하였을 것이 필요하다(제565조 제1항).

2. 위약금 약정이 다른 약정에 해당하는지 여부

제565조에 의하여 계약금은 해약금으로 추정된다는 것이 판례인데, 당사자 사이에 위약의 특약을 한 경우 여전히 해약금으로 추정될 수 있는지가 문제된다.

(1) 판례의 입장

판례는 위약금 약정이 있는 것만으로는 해약금 추정을 배제하는 묵시적 합의가 있는 것으로 볼 수 없으며, 계약금은 해약금과 손해배상 예정의 성질을 겸한다고 하여(91다2151), 위약금 약정을 제565조의 다른 약정으로 보지 않는다.

(2) 사안의 경우

위약금 약정이 있는 것만으로는 해약금 추정을 배제하는 묵시적 합의가 있는 것으로 볼 수 없다. 사안의 경우에도 위약금 약정이 있는 것만으로 해약금의 추정을 번복할 수 없다.

3. 당사자 일방의 이행착수 전

(1) 당사자 일방의 의미

당사자 일방이란 매매 쌍방 중 어느 일방을 지칭하는 것이고, **상대방이라 국한하여 해석할 것이 아니다.** 즉, 매매계약의 일부 이행에 착수한 당사자뿐만 아니라, 어느 일방이 착수한 경우에는 그 상대방도 해제권을 행사할 수 없다.

(2) 이행착수의 의미

① 이행의 착수란 단순히 이행의 준비를 하는 것만으로는 부족하고, 중도금의 제공 등과 같이 채무의 이행행위의 일부를 행하거나 이행에 필요한 전제행위를 하는 것을 말한다(2002다46492).

② 이행기의 약정이 있다 하더라도 당사자가 채무의 이행기 전에는 착수하지 아니하기로 하는 특약을 하는 등 **특별한 사정이 없는 한 그 이행기 전에 이행에 착수할 수도 있으며** 매매계약 체결 후 매매계약의 대상인 부동산의 시가가 상승하자 **매도인이 매매대금의 인상을 요청한 사실만으로 이행기 전 이행착수를 불허할 만한 특별한 사정이 있는 것도 아니다**(2004다11599).

4. 교부자는 포기하고 수령자는 배액 상환

계약금 교부자는 해제의 의사표시를 한 경우에는 당연히 계약금 포기의 효력이 생기므로 계약금 포기의 의사표시를 별도로 할 필요는 없지만 해약금 배액제공은 해제권 발생요건으로 해약금을 받은 자는 배액을 제공하지 않으면 해제하지 못한다.

5. 해제의 의사표시와 도달

계약해제의 의사표시를 해야 하며, 의사표시가 도달되어야 한다.

Ⅲ 사안의 해결(3점)

사안의 경우는 ① 甲은 2022. 5. 15. 계약 당일 乙로부터 계약금 1억 원을 지급받았고, ② 甲과 乙 사이에 위약금 약정이 있어도 해약금 해제를 배제하는 약정은 아니며, ③ 양 당사자 모두 이행을 하지 않았으며, ④ 甲이 2022. 6. 10. 乙에게 찾아가 계약금의 배액인 2억 원을 제공하면서 ⑤ 위 매매계약을 해제한다는 의사표시를 하였으므로 **甲과 乙 사이의 매매계약이 해제되었다.**

[물음 2] (10점)

Ⅰ 해약금에 의한 해제가능성여부(4점)

해약금에 기한 해제의 효과가 인정되기 위해서는 ① 계약금을 교부하였을 것, ② 다른 약정이 없을 것, ③ 당사자 일방이 이행에 착수하기 전에 ④ 교부자는 포기하고 수령자는 배액을 상환하여 ⑤ 해제의 의사표시(도달)를 하였을 것이 필요하다(제565조 제1항).

사안의 경우는 甲과 乙은 계약금 1억 원을 지급하기로 약정하였으나, 2022. 5. 15. 계약 당일 乙로부터 계약금 1억 원을 지급받았고, ② 다른 약정이 없으며, ④ 매수인 乙이 2022. 6. 30. 甲에게 계약금을 포기하고 ⑤ 위 매매계약을 해제한다는 의사표시를 하였다. 따라서 ③ **해제하려는 자인 乙이 위 매매계약에 따라 2022. 6. 15. 甲에게 중도금 4억 원을 지급한 것도 당사자 일방의 이행에 착수에 해당하는지가** 문제된다.

Ⅱ 당사자 일방의 이행착수 전(4점)

위 [물음 1]에서 본 바와 같이 계약금 해제를 위해서는 당사자 일방의 이행착수 전이여야 하는데, 판례는 제565조 제1항에서 말하는 당사자의 일방이라는 것은 매매 쌍방 중 어느 일방을 지칭하는 것이고, **상대방이라 국한하여 해석할 것이 아니므로,** 비록 상대방인 매도인이 매매계약의 이행에는 전혀 착수한 바가 없다 하더라도 **매수인이 중도금을 지급하여 이미 이행에 착수한 이상 매수인은 565조에 의하여 계약금을 포기하고 매매계약을 해제할 수 없다고 한다**(99다62074).

Ⅲ 사안의 해결(2점)

매수인 乙은 위 매매계약에 따라 2022. 6. 15. 甲에게 중도금 4억 원을 지급하였으므로 이는 이행의 착수라 할 것이고, 상대방뿐만 아니라 이행에 착수한 당사자인 乙 또한 제565조 제1항에 기해 매매계약을 해제할 수 없다.

제3관 매매의 효력

01 매매의 기본적 효력

약술형 출제예상

매도인과 매수인의 의무에 대해 약술하시오. (20점)

Ⅰ 매도인의 재산권이전의무

1. 매도인은 매수인에게 매매의 목적이 된 권리를 이전하여야 한다. 매매의 목적인 권리가 물권인 경우에는 <u>소유권이전등기 또는 인도까지</u> 하여야 한다.

2. 완전한 소유권의 이전이어야 하므로, 가압류나 저당권 등기가 되어 있는 경우에는 이를 말소하여야 한다.

3. 매수인의 대금지급의무와는 특약이나 관습이 없으면 **동시이행관계에** 있다(제568조 제2항).

Ⅱ 매수인의 대금지급의무

매수인은 매도인에게 대금을 지급할 의무를 부담한다(제563조). 특약이 없으면 다음에 의한다.

1. 대금지급기일

당사자 일방에 대한 의무이행의 기한이 있는 때에는 상대방의 의무이행에 대하여도 동일한 기한이 있는 것으로 추정한다(제586조).

2. 대금지급장소

목적물의 인도와 동시에 대금을 지급할 경우에는 그 인도장소에서 이를 지급하여야 한다(제586조).

3. 대금지급거절권

목적물에 대하여 <u>권리를 주장하는 자</u>가 있는 경우에 매수인이 매수한 권리의 전부나 일부를 잃을 염려가 있는 때에는 매수인은 그 위험의 한도에서 대금의 전부나 일부의 지급을 거절할 수 있다. 그러나 매도인이 <u>상당한 담보</u>를 제공한 때에는 그러하지 아니하다(제588조).

Ⅲ 과실의 귀속과 이자의 지급

1. 원칙

(1) 목적물 인도 전 과실취득

매매대금이 완급되지 않는 한, 매도인은 목적물을 인도하기까지의 과실을 취득할 수 있다(제587조). 대금의 일부만을 지급한 경우에도 과실수취권은 매도인에게 있다.

(2) 목적물 인도 전 대금이자 불발생

매수인은 목적물의 인도를 받은 날로부터 대금의 이자를 지급하여야 한다(제587조). 목적물을 인도받기 전까지는 소유권이전등기를 경료받았더라도 대금의 이자를 지급할 필요가 없다.

2. 예외

매매대금을 모두 지급한 때에는 그 이후의 과실은 목적물의 인도 전이더라도 매수인에게 속한다(대판 1993. 11. 9. 93다28928).

Ⅰ 논점의 정리

제587조에 의하면 매도인 甲은 목적물을 인도하기까지 과실을 취득할 수 있는바, 매수인 乙이 대금을 완납한 경우에도 과실수취권이 있는지가 문제된다.

Ⅱ 매매 목적물 인도 전 과실의 귀속

1. 제587조의 내용

(1) 목적물 인도 전 과실의 매도인 귀속

매매대금이 완급되지 않는 한, 매도인은 목적물을 인도하기까지의 과실을 취득할 수 있다(제587조). 대금의 일부만을 지급한 경우에도 과실수취권은 매도인에게 있다.

(2) 목적물 인도 전 대금이자 불발생

매수인은 목적물의 인도를 받은 날로부터 대금의 이자를 지급하여야 한다(제587조).

2. 제587조의 전제

(1) 제587조는 매수인이 이행기 이후에도 대금지급의무를 이행하지 않는 것을 전제로 매매목적물의 사용이익과 매매대금의 이자를 간편하게 정산하려는 취지의 규정이다.

(2) 따라서 매수인이 매매대금을 모두 지급한 경우에는 제587조의 적용이 없으며 그 이후의 과실은 목적물을 인도하기 전이더라도 매수인에게 귀속한다(대판 1993. 11. 9. 93다28928).

3. 사안의 경우

乙은 중도금과 잔금을 약정기일에 모두 지급하였으므로, 제587조는 적용되지 않는다. 따라서 甲은 잔금지급기일 이후부터는 목적물의 과실을 수취할 권한이 없다.

Ⅲ 사안의 해결

1. 甲은 乙로부터 약정기일에 대금을 전부 지급받고도 자신의 채무를 이행하지 않았으므로 이행지체로 인한 손해배상책임을 진다(제390조).

2. 손해배상의 범위는 잔금기일에 이행하였다면 乙이 얻을 수 있었을 이행이익, 즉 3개월간의 차임 상당의 손해배상금이다.

3. 결국 乙의 3개월간의 차임 상당의 손해배상금 청구는 타당하지만, 매매대금 전액에 대한 이자청구는 타당하지 않다.

02 매도인의 담보책임

1. 채무불이행책임과 담보책임 비교

구분	채무불이행책임	담보책임
과실유무	과실책임	무과실책임
매수인의 선악	매수인의 선악 불문	매수인의 선악에 따라 책임 내용 상이
책임의 내용	해제, 손해배상, 강제이행	대금감액, 손해배상, 해제, 완전물급부, 비용상환
해제 시 최고요부	이행지체 시 최고 要	최고 不要
소멸시효 적용여부	손해배상 – 소멸시효 ○	권리의 하자 1년, 물건의 하자 6월의 제척기간이 적용 or 제척기간이 적용되지 않음

2. 권리의 하자에 있어 매도인의 담보책임(매수인의 권리) → 경매 ○

구분	대금감액	손해배상	해제권	제척기간
전부 타인의 권리 (제570조)		선의 ○	선의 ○	없음
		악의 ×	악의 ○	
일부 타인의 권리 (제572조, 제573조)	선의 ○	선의 ○	(잔존 부분이라고 매수 ○) × (잔존 부분이라고 매수 ×) ○	안 날부터 1년
	악의 ○	악의 ×	악의 ×	계약날부터 1년
수량부족 · 일부멸실 (제574조)	선의 ○	선의 ○	(잔존 부분이라고 매수 ○) × (잔존 부분이라고 매수 ×) ○	안 날부터 1년
	악의 ×	악의 ×	악의 ×	
제한물권의 존재 등 (제575조)		선의 ○	(목적달성 가능) × (목적달성 불가능) ○	안 날부터 1년
		악의 ×	악의 ×	
저당권 등의 행사 (제576조, 제577조)		선의 ○	선의 ○	없음
		악의 ○	악의 ○	

3. 물건의 하자(하자담보책임) → 경매 ×

구분	대금감액	손해배상	해제권	제척기간
특정물 하자 (제580조)	×	선의+무과실 ○	선의+무과실 ○	안 날부터 6월
		악의 ×	악의 ×	
종류물 하자 (제581조)	× ※ 완전물급부청구권 ○ (선의+무과실)	선의+무과실 ○	선의+무과실 ○	안 날부터 6월
		악의 ×	악의 ×	

4. 매도인의 담보책임의 내용

⑴ 해제권

모든 경우에 해제권은 존재한다. 계약목적달성이 불가능한 경우에만 행사 가능하며 최고가 불필요하다. 선의의 매수인이 행사 가능함이 원칙이나, 예외적으로 전부 타인권리 매매(제570조)와 저당권 등 실행 시 담보책임(제576조)의 경우에는 매수인이 악의더라도 해제권 행사가 가능하다.

⑵ 손해배상청구권

모든 경우에 존재하나 선의자에 한하여 행사가능하다. 단, 저당권 등 실행 시 담보책임인 제576조의 경우에는 악의도 행사가능하다. 이는 다른 청구권과 함께 행사 가능한데, 예외적으로 완전물급부청구권의 행사가 가능한 제581조의 경우에는 손해배상청구권 행사가 불가하다.

⑶ 대금감액청구권

이는 계약의 일부해제로서의 성격을 지닌다. 양적 하자의 경우만 인정되는 것으로 일부 타인권리의 경우, 선악불문하고 행사 가능하나, 수량부족 또는 일부멸실의 경우에는 선의자만 행사 가능하다. 주의할 것은 제한물권 있는 경우 실행 시는 불가능하고 물건의 하자에도 적용되지 않는다는 점이다.

⑷ 완전물급부청구권

종류매매의 담보책임(제581조)에만 적용되는 규정이다.

⑸ 제척기간

물건은 6월, 나머지의 경우 1년의 제척기간이 존재하는 것이 원칙이나, 예외적으로 전부 타인권리와 저당권 등 실행 시 담보책임의 경우에는 제척기간이 없다.

5. 담보책임의 내용

해제권	원칙	선의의 매수인만 가능
	예외	**악의자도 가능 – 제570조**(전부 타인권리) **제576조**(저당권 등의 실행)
손해배상	원칙	선의의 매수인만 가능
	예외	**악의자도 가능 – 제576조**(저당권 등의 실행)
대금감액청구 (양적 하자에서만 가능)	**(제572조) 일부 타인의 권리**	선의·**악의** 불문(제572조 제1항, 제3항 해석상)
	(제574조) 수량부족, 일부멸실	선의의 매수인만 가능(제574조 해석상)
제척기간	無	제570조, 제576조, 제577조는 제척기간이 없다.
	有	물건은 6월, 나머지는 1년

약술형 출제예상

권리의 전부가 타인에게 속한 경우의 담보책임에 대해 설명하시오. (20점)

제569조【타인의 권리의 매매】
매매의 목적이 된 권리가 타인에게 속한 경우에는 매도인은 그 권리를 취득하여 매수인에게 이전하여야 한다.

제570조【동전 – 매도인의 담보책임】
전조의 경우에 매도인이 그 권리를 취득하여 매수인에게 이전할 수 없는 때에는 매수인은 계약을 해제할 수 있다. 그러나 매수인이 계약당시 그 권리가 매도인에게 속하지 아니함을 안 때에는 손해배상을 청구하지 못한다.

제571조【동전 – 선의의 매도인의 담보책임】
① 매도인이 계약당시에 매매의 목적이 된 권리가 자기에게 속하지 아니함을 알지 못한 경우에 그 권리를 취득하여 매수인에게 이전할 수 없는 때에는 매도인은 손해를 배상하고 계약을 해제할 수 있다.
② 전항의 경우에 매수인이 계약당시 그 권리가 매도인에게 속하지 아니함을 안 때에는 매도인은 매수인에 대하여 그 권리를 이전할 수 없음을 통지하고 계약을 해제할 수 있다.

Ⅰ 의의

1. 매매의 목적인 권리의 흠결 또는 그 권리의 객체인 물건에 하자가 있는 경우에 매매계약의 등가성을 보장하기 위하여 매도인이 지는 책임을 매도인의 담보책임이라고 한다.

2. 매도인의 고의·과실을 묻지 않는 무과실책임이다.

Ⅱ 책임의 요건

타인권리의 매매도 매매계약은 유효하며(제569조), 매도인이 그 권리를 취득하여 매수인에게 이전할 수 없는 때에는 담보책임이 발생한다(제570조).

Ⅲ 책임의 내용

1. 해제권 및 손해배상청구권

(1) 매수인의 선·악의를 불문하고 계약해제권이 인정되나(제570조 본문), 손해배상청구권은 선의의 매수인에게만 인정된다(제570조 단서).

(2) 매도인은 선의의 매수인에 대하여 **불능 당시의 시가를 기준**으로 계약이 **완전히 이행된 것과 동일한** 경제적 이익을 배상할 의무, 즉 이행이익의 배상을 한다(대판 1967. 5. 18. 66다2618 전원합의체).

2. 제척기간

권리의 흠결에서 매도인의 담보책임은 1년의 제척기간이 적용됨이 일반적이지만(제573조), 권리의 전부가 타인에게 속한 경우에는 제척기간의 제한을 받지 않는다.

Ⅳ 선의의 매도인 해제권

1. 선의의 매도인이 매매의 목적이 된 권리를 취득하여 이전할 수 없는 때에는, 매도인은 손해를 배상하고 계약을 해제할 수 있다(제571조 제1항).

2. 매수인이 악의일 때에는 선의의 매도인은 손해배상 없이 계약을 해제할 수 있다(제2항).

> **기출확인** 2022년 10회 기출
>
> X토지가 甲소유임을 알고 있는 乙은 자신의 명의로 X토지를 丙에게 매도하기로 하는 계약을 체결하였다. 乙과 丙 사이에 체결된 X토지에 대한 매매계약의 효력 및 乙이 X토지의 소유권을 丙에게 넘겨주지 못하는 경우에 丙이 乙에게 물을 수 있는 담보책임의 내용에 관하여 설명하시오. (20점)

Ⅰ 논점의 정리

1. 매도인 乙이 X토지가 자기 소유가 아닌 甲소유임을 알면서도 丙과 매매계약을 체결한바, 매매목적물의 권리 전부가 타인에게 속하는 경우로 매매계약이 무효가 되는지가 문제된다.

2. 매매계약이 유효라고 한다면 매도인 乙이 X토지의 소유권을 丙에게 넘겨주지 못하는 경우, 매수인 丙은 매도인 乙에게 어떠한 담보책임을 물을 수 있는지가 문제된다.

Ⅱ 전부 타인권리 매매의 효력

1. 매매계약은 처분행위가 아니라 의무부담행위이므로 처분권한이 없는 자의 계약도 유효하다.

2. 우리 민법도 제569조에서 **타인권리의 매매가 유효**함을 전제로, 재산권이전의무를 규정하고 있다.
   매매의 목적이 된 권리가 매도인이 아닌 타인에게 속한 경우에도 매도인은 매매계약을 체결할 수 있고, 이때 매도인은 그 권리를 취득하여 매수인에게 이전하여야 할 의무를 부담한다(제569조). 이와 같은 법리는 매매의 목적이 된 권리가 매도인과 타인의 공유라고 해도 마찬가지이다(대판 2021. 6. 24. 2021다220666).

3. 사안의 경우 타인인 甲소유임을 알면서도 乙이 자신의 명의로 X토지를 丙에게 매도하기로 하는 계약이라도 乙과 丙사이의 매매계약은 유효하다.

Ⅲ 매도인 乙의 매수인 丙에 대한 담보책임

1. 매도인의 담보책임의 의의

(1) 매매의 목적인 권리의 흠결 또는 그 권리의 객체인 물건에 하자가 있는 경우에 매매계약의 등가성을 보장하기 위하여 매도인이 지는 책임을 매도인의 담보책임이라고 한다.

(2) 매도인의 고의·과실을 묻지 않는 무과실책임이다.

2. 전부 타인권리 매매의 담보책임의 요건

타인권리의 매매도 매매계약은 유효하며(제569조), 매도인이 그 권리를 취득하여 매수인에게 이전할 수 없는 때에는 담보책임이 발생한다(제570조).

3. 전부 타인권리 매매의 담보책임의 내용

(1) 해제권 및 손해배상청구권

① 매수인의 선·악의를 불문하고 계약해제권이 인정되나(제570조 본문), 손해배상청구권은 선의의 매수인에게만 인정된다(제570조 단서).

② 매도인은 선의의 매수인에 대하여 불능 당시의 시가를 기준으로 계약이 완전히 이행된 것과 동일한 경제적 이익을 배상할 의무, 즉 이행이익의 배상을 한다(대판(전) 1967. 5. 18. 66다2618).

(2) 제척기간

권리의 흠결에서 매도인의 담보책임은 1년의 제척기간이 적용됨이 일반적이지만(제573조), 권리의 전부가 타인에게 속한 경우에는 제척기간의 제한을 받지 않는다.

4. 사안의 적용

乙이 X토지의 소유권을 丙에게 넘겨주지 못하는 경우에 丙이 乙에게 매도인의 담보책임을 물을 수 있다. 丙이 선의라면 해제권과 손해배상청구권이 인정되고, 악의라면 해제권만 인정된다. 이러한 권리는 제척기간의 제한도 없다.

Ⅳ 사안의 해결

1. 乙과 丙 사이의 매매계약은 유효하다.

2. 乙이 X토지의 소유권을 취득하여 丙에게 이전하지 못하는 경우, 丙은 매매계약을 해제할 수 있다. 만일 丙이 선의라면 손해배상도 함께 청구할 수 있다.

> **기출확인** 2016년 4회 기출
>
> 2016. 9. 1. 甲(매도인)은 별장으로 이용하는 X건물에 대하여 乙(매수인)과 매매계약을 체결하였다. 이 계약에 따라 乙은 계약체결 당일에 계약금을 지급하였고, 2016. 9. 30. 乙의 잔금지급과 동시에 甲은 乙에게 소유권이전에 필요한 서류를 교부해주기로 하였다. 다음 각 독립된 물음에 답하시오. (40점)
>
> (1) 2016. 9. 1. 계약체결 당시 위 X건물이 甲의 소유가 아니라 제3자 丙의 소유인 경우에, 위 매매계약의 효력 및 甲과 乙 사이의 법률관계에 관하여 논하시오. (20점)

Ⅰ 논점 정리

1. 권리의 전부가 타인에게 속하는 경우, 매매계약이 무효인지 여부를 먼저 확정한다.

2. 매매계약이 유효라고 한다면 매도인 甲이 그 권리를 취득하여 이전하지 못하였을 경우, 甲의 담보책임을 살펴본다.

Ⅱ 타인권리 매매의 효력

1. 매매계약은 처분행위가 아니라 의무부담행위이므로 처분권한이 없는 자의 계약도 유효하다.

2. 민법 제569조에서 타인권리의 매매가 유효함을 전제로, 재산권이전의무를 규정하고 있다.

Ⅲ 매도인의 담보책임

1. 요건

매도인이 그 권리를 취득하여 매수인에게 이전할 수 없는 때에는 담보책임이 발생한다 (제570조).

2. 해제권 및 손해배상청구권

(1) 매수인의 선·악의를 불문하고 계약해제권이 인정되나(제570조 본문), 손해배상청구권은 선의의 매수인에게만 인정된다(제570조 단서).

⑵ 매도인은 선의의 매수인에 대하여 **불능 당시의 시가를 기준**으로 계약이 **완전히 이행된 것과 동일한** 경제적 이익을 배상할 의무, 즉 이행이익의 배상을 한다(대판 1967. 5. 18. 66다2618 전원합의체).

3. 제척기간

권리의 흠결에서 매도인의 담보책임은 1년의 제척기간이 적용됨이 일반적이지만(제573조), 권리의 전부가 타인에게 속한 경우에는 제척기간의 제한을 받지 않는다.

Ⅳ 선의의 매도인 해제권

1. 선의의 매도인이 매매의 목적이 된 권리를 취득하여 이전할 수 없는 때에는, 매도인은 손해를 배상하고 계약을 해제할 수 있다(제571조 제1항).

2. 매수인이 악의일 때에는 선의의 매도인은 손해배상 없이 계약을 해제할 수 있다(제2항).

Ⅴ 사안의 해결

1. 甲과 乙 사이의 매매계약은 유효하다.

2. 甲이 X건물의 소유권을 취득하여 乙에게 이전하지 못하는 경우, 乙은 매매계약을 해제할 수 있다. 만일 乙이 선의라면 손해배상도 함께 청구할 수 있다.

3. 甲이 X건물이 자신에게 속하지 아니함을 몰랐던 경우라면, 甲은 계약을 해제할 수 있다. 이 경우 乙이 선의라면 손해배상을 해주어야 한다.

甲(매도인)은 乙(매수인)과 丙 소유의 건물에 대한 매매계약을 체결하였으나, 그 후 丙 명의의 소유권이전등기가 원인무효로 밝혀져 진정 소유자가 제기한 소유권이전등기 말소등기청구소송에서 丙이 패소함으로써 위 매매계약에 기한 건물의 소유권이전이 불능으로 되었다. 이 경우 乙이 甲에게 주장할 수 있는 권리에 관하여 설명하시오. (20점)

Ⅰ 논점의 정리

1. 매도인 甲이 자기 소유가 아닌 丙 소유의 건물에 대한 매매계약을 체결한바, 매매목적물의 권리 전부가 타인에게 속하는 경우로 매매계약이 무효가 되는지가 문제된다.

2. 매매계약이 유효라고 한다면 매도인 甲이 건물이전의무가 후발적 불능이 된 경우, 매수인 乙은 매도인 甲에게 담보책임과 채무불이행책임을 주장할 수 있는지 여부가 문제된다.

Ⅱ 전부 타인권리 매매의 효력

1. 민법의 규정

우리 민법도 제569조에서 타인권리의 매매가 유효함을 전제로, 재산권이전의무를 규정하고 있다. 매매계약은 처분행위가 아니라, 의무부담행위이므로 처분권한이 없는 자의 계약도 유효하다.

2. 사안의 경우

매매의 목적이 된 권리가 매도인 甲이 아닌 타인에게 속한 경우에도 매도인은 매매계약을 체결할 수 있고(유효), 이때 매도인 甲은 그 권리를 취득하여 매수인 乙에게 이전하여야 할 의무를 부담한다(대판 2021. 6. 24. 2021다220666).

Ⅲ 매도인 甲의 담보책임

1. 매도인의 담보책임의 의의

(1) 매매의 목적인 「권리」의 흠결 또는 그 권리의 객체인 「물건」에 하자가 있는 경우에 매매계약의 등가성을 보장하기 위하여 매도인이 지는 책임을 매도인의 담보책임이라고 한다.

(2) 매도인의 고의·과실을 묻지 않는 무과실책임이다.

2. 전부 타인권리 매매의 담보책임(제570조)의 요건

① 매매 목적물은 현존하나, ② 타인의 권리에 속하기 때문에 그 권리를 취득하여 매수인에게 이전할 수 없어야 한다. ③ 이때 매도인의 귀책사유는 묻지 않는다.

3. 전부 타인권리 매매의 담보책임의 내용

(1) 해제권 및 손해배상청구권

① 매수인의 선·악의를 불문하고 계약해제권이 인정되나(제570조 본문), 손해배상청구권은 선의의 매수인에게만 인정된다(제570조 단서).
② 매도인은 선의의 매수인에 대하여 불능 당시의 시가를 기준으로 계약이 완전히 이행된 것과 동일한 경제적 이익을 배상할 의무, 즉 이행이익의 배상을 한다(대판(전) 1967. 5. 18. 66다2618).

(2) 제척기간

권리의 흠결에서 매도인의 담보책임은 1년의 제척기간이 적용됨이 일반적이지만(제573조), 권리의 전부가 타인에게 속한 경우에는 제척기간의 제한을 받지 않는다.

4. 사안의 적용

건물은 존재하나 소유권을 乙에게 넘겨주지 못하는 경우이므로 매수인 乙이 甲에게 매도인의 담보책임을 물을 수 있다. 乙이 선의라면 해제권과 손해배상청구권이 인정되고, 악의라면 해제권만 인정된다. 이러한 권리는 제척기간의 제한도 없다.

Ⅳ 매도인 甲의 채무불이행책임 성립여부

1. 채무불이행책임의 경합여부

타인의 권리를 매매의 목적으로 한 경우에 있어서 그 권리를 취득하여 매수인에게 이전하여야 할 매도인의 의무가 매도인의 귀책사유로 인하여 이행불능이 되었다면 매수인이 매도인의 담보책임에 관한 민법 제570조 단서의 규정에 의해 손해배상을 청구할 수 없다 하더라도 채무불이행 일반의 규정(민법 제546조, 제390조)에 좇아서 계약을 해제하고 손해배상을 청구할 수 있다(대판 1993. 11. 23. 93다37328).

2. 사안의 경우

사안의 경우 丙의 소유권 상실로 인한 후발적 불능으로 매도인 甲의 귀책사유는 보이지 않는 바 매도인 甲에게 채무불이행으로 인한 권리는 인정될 수 없다.

Ⅴ 사안의 해결

甲과 乙 사이의 매매계약은 유효하다. 甲이 소유권을 취득하여 乙에게 이전하지 못한 것이 甲의 귀책사유로 없어 채무불이행책임을 물을 수 없다 하여도, 담보책임에 기해 乙은 매매계약을 해제할 수 있다. 또한 乙이 선의라면 손해배상도 함께 청구할 수 있다.

약술형 출제예상

권리의 일부가 타인에게 속한 경우의 담보책임에 대해 설명하시오. (20점)

제572조【권리의 일부가 타인에게 속한 경우와 매도인의 담보책임】
① 매매의 목적이 된 권리의 일부가 타인에게 속함으로 인하여 매도인이 그 권리를 취득하여 매수인에게 이전할 수 없는 때에는 매수인은 그 부분의 비율로 대금의 감액을 청구할 수 있다.
② 전항의 경우에 잔존한 부분만이면 매수인이 이를 매수하지 아니하였을 때에는 선의의 매수인은 계약 전부를 해제할 수 있다.
③ 선의의 매수인은 감액청구 또는 계약해제 외에 손해배상을 청구할 수 있다.

Ⅰ 의의

1. 매매의 목적인 권리의 흠결 또는 그 권리의 객체인 물건에 하자가 있는 경우에 매매계약의 등가성을 보장하기 위하여 매도인이 지는 책임을 매도인의 담보책임이라고 한다.

2. 매도인의 고의·과실을 묻지 않는 무과실책임이다.

Ⅱ 책임의 요건

매매의 목적이 된 권리의 일부가 타인에게 속하기 때문에 매도인이 그 부분의 권리를 취득하여 매수인에게 이전할 수 없는 경우이어야 한다(제572조).

Ⅲ 책임의 내용

1. 해제권·대금감액청구권 및 손해배상청구권

(1) 매수인은 선·악의를 불문하고 권리의 일부가 타인에게 속한 부분의 비율로 **대금감액**을 청구할 수 있다(제572조 제1항). 그리고 선의의 매수인에 한하여, 잔존한 부분만이면 이를 매수하지 아니하였을 때에는 계약전부의 **해제**를 할 수 있다(제2항).

(2) 선의의 매수인에 한해, 대금감액 또는 계약해제와 아울러 **손해배상**을 청구할 수 있다(제3항).

2. 제척기간

매수인이 선의인 경우에는 '사실을 안 날'로부터 1년, 악의인 경우에는 '계약한 날'로부터 1년 내에 행사하여야 한다(제573조).

02

약술형 출제예상

목적물의 수량부족 · 일부멸실의 경우의 담보책임에 대해 설명하시오. (20점)

제574조【수량부족, 일부멸실의 경우와 매도인의 담보책임】
전2조의 규정은 수량을 지정한 매매의 목적물이 부족되는 경우와 매매목적물의 일부가 계약당시에 이미 멸실된 경우에 매수인이 그 부족 또는 멸실을 알지 못한 때에 준용한다.

Ⅰ 의의

1. 매매의 목적인 권리의 흠결 또는 그 권리의 객체인 물건에 하자가 있는 경우에 매매계약의 등가성을 보장하기 위하여 매도인이 지는 책임을 매도인의 담보책임이라고 한다.

2. 매도인의 고의 · 과실을 묻지 않는 무과실책임이다.

Ⅱ 책임의 요건

1. 수량을 지정한 매매에 있어서 목적물이 부족하거나 목적물의 일부가 **계약당시에 이미 멸실된** 경우에 담보책임이 발생한다.

2. 수량을 지정한 매매란 당사자가 매매의 목적인 특정물이 일정한 수량을 가지고 있다는 데 주안을 두고 대금도 그 수량을 기준으로 하여 정한 경우를 말한다(**예** 부동산매매에서 평수에 따라 평당 가액으로 매매대금을 정한 경우). 아파트분양계약이 이에 해당한다(대판 2002. 11. 8. 99다58136).

Ⅲ 적용범위

1. 수량 지정 매매는 **특정물**매매에서만 인정된다(불특정물매매에서 수량이 부족한 때에는 채무불이행이 될 뿐이다).

2. **원시적 일부불능**의 경우에 한하여 적용된다. 원시적 전부불능은 무효이고 계약체결상의 과실책임(제535조)이 문제가 될 뿐이며, 후발적 불능은 채무불이행이나 위험부담의 문제로 귀착된다.

Ⅳ 책임의 내용

매수인이 수량부족 또는 멸실을 알지 못한 때에 한하여, 권리의 일부가 타인에게 속한 경우의
담보책임 규정을 준용한다(제574조).

1. 해제권·대금감액청구권 및 손해배상청구권

(1) 매수인은 선의인 경우에 한하여 대금감액을 청구할 수 있으며(제572조 제1항). 잔존한 부분만
이면 이를 매수하지 아니하였을 때에는 계약전부를 해제할 수 있다(제2항).

(2) 선의의 매수인에 한하여, 대금감액 또는 계약해제와 이울러 **손해배상을** 청구할 수 있다(제
3항).

2. 제척기간

매수인은 '사실을 안 날'로부터 1년 내에 행사하여야 한다(제573조).

약술형 출제예상

저당권·전세권 행사의 경우의 담보책임에 대해 설명하시오. (20점)

제576조 【저당권, 전세권의 행사와 매도인의 담보책임】
① 매매의 목적이 된 부동산에 설정된 저당권 또는 전세권의 행사로 인하여 매수인이 그 소유권을 취득할 수 없거나 취득한 소유권을 잃은 때에는 매수인은 계약을 해제할 수 있다.
② 전항의 경우에 매수인의 출재로 그 소유권을 보존한 때에는 매도인에 대하여 그 상환을 청구할 수 있다.
③ 전2항의 경우에 매수인이 손해를 받은 때에는 그 배상을 청구할 수 있다.

제577조 【저당권의 목적이된 지상권, 전세권의 매매와 매도인의 담보책임】
전조의 규정은 저당권의 목적이 된 지상권 또는 전세권이 매매의 목적이 된 경우에 준용한다.

Ⅰ 의의

1. 매매의 목적인 권리의 흠결 또는 그 권리의 객체인 물건에 하자가 있는 경우에 매매계약의 등가성을 보장하기 위하여 매도인이 지는 책임을 매도인의 담보책임이라고 한다.

2. 매도인의 고의·과실을 묻지 않는 무과실책임이다.

Ⅱ 책임의 요건

1. 매매의 목적이 된 부동산에 설정된 저당권 또는 전세권의 실행으로 매수인이 그 소유권을 취득할 수 없거나 취득한 소유권을 상실한 경우에 담보책임이 발생한다(제576조).

2. **가등기에 기한 본등기**가 경료된 경우(대판 1992. 10. 27. 92다21784) 또는 **가압류에 기한 강제집행**으로 소유권을 상실한 경우(대판 2011. 5. 13. 2011다1941)에는 저당권·전세권의 행사로 소유권을 상실한 경우와 유사하므로, 제576조의 규정이 준용된다.

Ⅲ 책임의 내용

1. 해제권·상환청구권 및 손해배상청구권(→ 해, 상, 손)

매수인은 선·악의를 불문하고 ① 계약을 해제할 수 있고, ② 매수인의 출재로 피담보채무를 변제하면 그 상환을 청구할 수 있고(제576조 제2항), ③ 이와 함께 손해배상도 청구할 수 있다.

2. 제척기간

권리의 흠결에서 매도인의 담보책임은 1년의 제척기간이 적용됨이 일반적이지만(제573조), 저당권·전세권의 행사로 인한 담보책임에는 제척기간의 제한을 받지 않는다.

약술형 출제예상

경매의 담보책임에 대해 설명하시오. (20점)

제578조【경매와 매도인의 담보책임】
① 경매의 경우에는 경락인은 전8조의 규정에 의하여 채무자에게 계약의 해제 또는 대금감액의 청구를 할 수 있다.
② 전항의 경우에 채무자가 자력이 없는 때에는 경락인은 대금의 배당을 받은 채권자에 대하여 그 대금전부나 일부의 반환을 청구할 수 있다.
③ 전2항의 경우에 채무자가 물건 또는 권리의 흠결을 알고 고지하지 아니하거나 채권자가 이를 알고 경매를 청구한 때에는 경락인은 그 흠결을 안 채무자나 채권자에 대하여 손해배상을 청구할 수 있다.

Ⅰ 의의

1. 경매의 목적인 **권리에 흠결**이 있는 경우 채무자 등은 경락인에게 담보책임을 진다.

2. 경매는 채무자 의사와 무관하게 국가기관이 실행한다는 **특수성이 있어 특칙**이 적용된다.

Ⅱ 책임의 요건

1. 경매는 사법상 매매의 성질을 가진다. 경락인은 매수인의 지위에, 채무자는 매도인의 지위에 있다. 경매의 특칙 적용을 받는 경매는 **공경매**에 한한다.

2. 경매는 **유효하여야** 하며, 경매가 무효인 경우에는 담보책임이 적용되지 않는다(대판 1993. 5. 25. 92다15574).

3. 경매에서의 담보책임은 **권리의 흠결에서만** 인정되며, 물건의 하자에는 담보책임을 물을 수 없다(제580조 제2항). **법률상 장애는 물건의 하자로 본다**(대판 2000. 1. 18. 98다18506).

Ⅲ 책임의 내용

1. 해제권·대금감액청구권

⑴ 권리의 흠결 유형별로 그에 관한 담보책임 규정이 준용되어, 경락인은 해제권·대금감액청구권을 행사할 수 있다(제578조 제1항).

⑵ **채무자는 1차적 책임**을 지고, 배당받은 **채권자**는 채무자가 자력이 없는 경우에 한하여 **2차적**으로 대금반환의 책임을 진다(제2항).

2. 손해배상청구권

⑴ **원칙적 부정**

손해배상책임은 <u>원칙적으로 생기지 않는다</u>. 본래 경매가 채무자의 의사에 의하지 않은 매매이기 때문이다.

⑵ **예외적 긍정**

채무자나 채권자가 악의인 경우, 즉 물건 또는 권리의 흠결을 알고 고지하지 아니하거나 그 흠결을 알고서 경매를 청구한 경우에는 손해배상책임을 진다(제578조 제3항). 채무자와 채권자가 모두 악의인 경우에는 연대책임을 진다.

3. 제척기간

제570조 내지 제575조에서 정한 제척기간이 준용된다.

예상문제

채권매매의 담보책임에 대해 설명하시오. (20점)

제579조【채권매매와 매도인의 담보책임】
① 채권의 매도인이 채무자의 자력을 담보한 때에는 매매계약 당시의 자력을 담보한 것으로 추정한다.
② 변제기에 도달하지 아니한 채권의 매도인이 채무자의 자력을 담보한 때에는 변제기의 자력을 담보한 것으로 추정한다.

Ⅰ 의의

채권을 매매한 경우에서 채권의 하자란 매수인이 채권을 행사하여 만족을 얻지 못하는 것, 즉 채무자의 무자력을 말한다.

Ⅱ 채권매도인의 담보책임

1. 원칙적 부정

채권의 매도인은 채권의 존재와 채권액에 대해서는 담보책임을 지나, 채무자의 변제 자력에 대해서는 책임을 지지 않는 것이 원칙이다.

2. 예외적 긍정

(1) 요건

매도인이 매수인에 대하여 채무자의 자력을 담보한다는 특약을 한 경우에는 책임을 진다.

(2) 자력담보의 시기

어느 시기를 표준으로 한 채무자의 자력을 담보한 것인지에 대하여 ① 변제기가 도래한 채권의 경우에는 매매계약 당시의 자력을 담보한 것으로 추정하고, ② 변제기에 도달하지 아니한 채권의 경우에는 변제기의 자력을 담보한 것으로 추정한다(제579조).

(3) 자력담보의 효과

채무자의 무자력으로 인해 변제되지 못한 부분을 매도인이 대신해서 변제하여야 한다.

출제예상

甲은 30년 동안의 직장생활 결과 아파트 구입자금을 마련할 수 있었다. 이에 거동이 불편한 노부모 2인, 자신의 배우자 1인, 눈에 넣어도 아프지 않을 밤톨 같은 성인 자녀 2인(딸과 아들)과 함께 총 6인 가족이 거주할 수 있는 33평형 아파트를 평당 1천만 원으로 乙회사와 분양계약을 체결하고 분양대금(총 3억 3천만 원)도 완납하였다. 드디어 아파트 입주일에 이사했는데, 공간이 매우 비좁게 느껴졌다. 이에 조사해 보니 자신에게 분양된 아파트는 방 2개, 화장실 1개가 구비된 23평 아파트라는 사실을 알게 되었다.

(1) 甲이 乙에게 물을 수 있는 담보책임에 대하여 설명하시오(채무불이행책임 및 불법행위책임 등은 논하지 말고, 사기나 착오에 의한 분양계약의 취소 등도 언급하지 말 것).

(20점)

Ⅰ 논점 정리(+1)

1. 甲이 乙과 체결한 아파트 분양계약이 수량을 지정한 매매에 해당하는지 여부가 문제된다.

2. 수량지정 매매에서 매도인의 담보책임을 검토한다.

Ⅱ 담보책임의 의의 및 성질(3점)

1. 매도인의 담보책임이란 매매의 목적인 권리의 흠결 또는 그 권리의 객체인 물건에 하자가 있는 경우에 **매매계약의 등가성을** 보장하기 위하여 매도인이 지는 책임을 말한다.

2. 매도인의 고의·과실을 묻지 않는 무과실책임이다.

3. 아파트 분양계약은 유상계약이므로 매도인의 담보책임이 준용된다(제567조).

Ⅲ 수량지정 매매에서 담보책임 요건(7점)

1. 수량지정 매매에 해당할 것(5점)

(1) 판례[9]에 의하면, 수량을 지정한 매매란 당사자가 매매의 목적인 특정물이 일정한 수량을 가지고 있다는 데 주안을 두고 대금도 그 수량을 기준으로 하여 정한 경우를 말한다.

(2) 사안의 경우 아파트분양계약은 평수가 중요하고, 대금도 평수에 의하여 결정되므로 수량을 지정한 매매에 해당한다.

---

9 대판 2002. 11. 8. 99다58136

2. 목적물의 부족 또는 일부 멸실이 있을 것(2점)

(1) 수량을 지정한 매매에 있어서 목적물이 부족하거나 목적물의 일부가 계약당시에 이미 멸실 된 경우에 담보책임이 발생한다.

(2) 사안의 경우 乙이 인도한 아파트 23평은 약정한 33평에 미치지 못하여 부족하다.

Ⅳ 담보책임의 내용(6점)

매수인이 수량부족 또는 멸실을 알지 못한 때에 한하여, 권리의 일부가 타인에게 속한 경우의 담보책임 규정을 준용한다.[10]

1. 해제권 · 대금감액청구권 및 손해배상청구권(4점)

(1) 매수인은 선의인 경우에 한하여 대금감액을 청구할 수 있으며,[11] 잔존한 부분만이면 이를 매수하지 아니하였을 때에는 계약전부를 해제할 수 있다.[12]

(2) 선의의 매수인에 한하여, 대금감액 또는 계약해제와 아울러 손해배상을 청구할 수 있다.[13]

2. 제척기간(2점)

매수인은 '사실을 안 날'로부터 1년 내에 행사하여야 한다.[14]

Ⅴ 사안의 해결(4점)

1. 사안의 분양계약은 수량지정 매매에 해당하고, 甲은 수량부족(평수 부족)에 대하여 선의이므로 乙에게 담보책임을 물을 수 있다.

2. 당해 아파트는 3대에 걸친 성인 6인 가족이 편안하게 거주하기 곤란하여, 甲이 30년간이나 계획하고 준비한 계약의 목적을 달성할 수 없으므로 해제권이 인정된다.

3. 따라서 甲은 분양계약을 해제하거나 또는 10평 대금(1억 원)의 감액을 청구할 수 있다. 손해배상은 이와 별도로 청구할 수 있다.

---

[10] 제574조
[11] 제572조 제1항
[12] 제572조 제2항
[13] 제572조 제3항
[14] 제573조

기출확인 2018년 6회 기출

물건의 하자에 대한 매도인의 담보책임의 성립요건과 책임의 내용을 설명하시오. (20점)

Ⅰ 의의

1. 매매의 목적인 권리의 흠결 또는 그 권리의 객체인 물건에 하자가 있는 경우에 매매계약의 등가성을 보장하기 위하여 매도인이 지는 책임을 매도인의 담보책임이라고 한다.

2. 매도인의 고의·과실을 묻지 않는 무과실책임이다.

Ⅱ 책임의 요건

1. 특정물 매매의 경우

(1) 매매의 목적물에 하자가 있어야 하며, 하자란 해당 종류의 물건이 거래에서 요구되는 통상의 품질이나 성능을 갖추지 못한 경우를 말한다.

(2) 하자의 존부는 '매매계약 성립 시'를 기준으로 판단한다.

(3) 매수인은 **선의·무과실**이어야 하며, 그 증명책임은 매도인이 진다(통설).

2. 종류물 매매의 경우

(1) 매매의 목적물은 종류로 지정하였는데, 그 후 특정된 목적물에 하자가 있어야 한다.

(2) 나머지 요건은 특정물 매매에서와 같다.

Ⅲ 책임의 내용

1. 특정물 매매의 경우

(1) 계약의 목적을 달성할 수 없는 경우 계약을 해제할 수 있다(해제권).

(2) 계약해제와 별도로 손해가 있으면 **손해배상**을 청구할 수 있다(손해배상청구권).

2. 종류물 매매의 경우

(1) 특정물의 하자담보책임이 준용되어 해제권과 손해배상청구권이 인정된다.

(2) 매수인은 계약해제권 또는 손해배상청구권을 행사하지 않고 하자 없는 **완전물의 급부**를 청구할 수 있다(완전물급부청구권). 계약해제권·손해배상청구권과 완전물급부청구권은 선택적 관계에 있다.

(3) 완전물급부청구가 다른 구제방법에 비하여 지나치게 큰 불이익이 발생하는 경우에는 공평의 원칙상 허용되지 않는다(대판 2014. 5. 16. 2012다72582).

3. 제척기간

매수인은 매매 목적물에 하자가 있음을 안 날로부터 6월 내에 위의 권리를 행사하여야 한다(제582조).

사례형 출제예상

〈사실관계〉 甲은 2010. 10. 1. 수입자동차 판매회사 乙로부터 '2010년형 BMW 520d 자동차 1대'를 6천만 원에 매수하는 계약을 체결하고 자동차를 인도받았다. 그러나 자동차를 인도받은 지 1주일이 지나지도 않았는데 자동차 계기판의 속도계가 작동하지 않았고, 점검결과 계기판 자체의 기계적 고장이 있는 것으로 확인되었다.

※ 계기판의 속도계 부분의 바늘은 움직이지 않았지만, 헤드업 디스플레이 장치를 통해 자동차의 앞 유리에 자동차의 속도가 화면으로 표시되기 때문에 운전자는 굳이 계기판 속도계를 보지 않고도 앞을 보고 운전하는 상태에서 속도를 확인할 수 있다.

※ 이 자동차의 계기판을 수리하기 위해서는 '계기판 모듈' 전체를 교체하여야 하지만, 그 탈착작업은 간단한 도구로 흠집 없이 가능하고, 몇 분 만에 교체가 가능하고, 교체비용은 140만 원 정도가 들고, 정비 후에는 계기판 전체가 정상적인 상태로 회복될 수 있다.

※ 고가의 승용차는 감가상각이 다른 자동차에 비하여 상대적으로 크기에, 주행거리가 1km인 경우에도 가격하락분이 약 1,000만 원에 달한다.[15]

(1) 甲은 고가의 승용차에 하자가 있는 것에 매우 마음이 상하여, 신차로 교환해 줄 것을 乙에게 요구하였고, 乙은 '나 모르쇠'로 일관하고 있다. 甲이 취할 수 있는 구제방법에 대하여 설명하라. (30점)

Ⅰ 논점 정리(2점)

1. 甲이 乙에 대하여 매도인의 담보책임(제581조, 제580조)을 물어 완전물급부청구권 등을 행사할 수 있는지 검토한다.

2. 甲이 乙에 대하여 채무불이행책임(제390조)을 물을 수 있는지도 간단히 검토한다.

Ⅱ 종류물 매매에서 乙의 담보책임(23점)

1. 담보책임의 의의 및 성질(2점)

(1) 매도인의 담보책임이란, 매매의 목적인 **권리**의 흠결 또는 그 권리의 객체인 **물건**에 하자가 있는 경우에 매매계약의 등가성을 보장하기 위하여 매도인이 지는 책임을 말한다.

(2) 매도인의 고의·과실을 묻지 않는 무과실책임이다.

---

15 대법원 2014. 5. 16. 선고 2012다72582 사례

2. 종류물의 하자담보책임 요건(유, 하, 선) (8점)

(1) 유효한 매매계약의 존재(1점)

① 매매계약이 유효하게 존재하여야 한다.

② 계약이 원시적·객관적·전부불능인 경우에는 처음부터 무효이므로, 담보책임은 문제가 되지 않고 계약체결상의 과실책임(제535조)이 적용될 수 있을 뿐이다.

(2) 물건의 하자(4점)

① 이행을 위하여 특정된 목적물에 하자가 있어야 하며, 여기서의 하자란 해당 종류의 물건이 거래에서 요구되는 **통상의 품질이나 성능을** 갖추지 못한 경우를 말한다.

② 하자의 존부는 '**매매계약 성립 시**'를 기준으로 판단한다(원시적 하자).

(3) 매수인의 선의·무과실(2점)

매수인이 하자의 존재에 대하여 **선의·무과실**이어야 한다.[16]

(4) 사안의 경우(1점)

사안의 자동차 매매계약은 유효하고, 계기판 고장이라는 하자가 존재하며, 매수인의 선의·무과실이 인정되므로 乙은 甲에게 담보책임을 진다(제581조, 제580조).

3. 종류물의 하자담보책임 내용(해, 손, 완, 제) (10점)

(1) 계약해제권(2점)

계약의 목적을 달성할 수 없는 경우, 매수인은 계약을 해제할 수 있다.

(2) 손해배상청구권(1점)

계약해제와 별도로 손해가 있으면 손해배상을 청구할 수 있다.

(3) 완전물급부청구권(5점)

① 매수인은 계약해제권 또는 손해배상청구권을 행사하지 않고 **하자 없는 완전물의 급부를** 청구할 수 있다(완전물급부청구권).

② **판례**는 완전물급부청구가 다른 구제방법에 비하여 **지나치게 큰 불이익이** 발생하는 경우에는 **공평의 원칙상** 허용되지 않는다고 판시한 바 있다.[17]

(4) 제척기간(2점)

매수인은 매매 목적물에 '하자가 있음을 안 날'로부터 6월 내에 위의 권리를 행사하여야 한다.[18]

---

16 제581조, 제580조 제1항 단서
17 대판 2014. 5. 16. 2012다72582
18 제582조

4. 사안의 경우(3점)

(1) 계기판 모듈의 교체만으로도 정상적인 기능을 회복할 수 있어 계약의 목적을 달성할 수 있으므로, 甲의 계약해제권은 인정되지 않는다.

(2) 甲은 乙에게 계기판 교체비용 상당의 손해배상(약 140만 원)을 청구할 수 있다.

(3) 甲의 신차교환청구는 완전물급부청구에 해당하는데, 간단한 부품교체만으로도 별다른 훼손 없이 정상적인 상태로 회복할 수 있음에도 신차교환을 청구하는 것은 乙에게 지나치게 큰 불이익이 발생하므로 신의칙상 허용되지 않는다.

Ⅲ 乙의 채무불이행책임(4점)

1. 채무불이행책임의 인정 여부(3점)

(1) 채무자가 **채무의 내용에 좇은 이행을 하지 아니한** 때에는 채무불이행책임을 진다(제390조).

(2) **채무자의 고의 또는 과실**이 있어야 하며, 그에 대한 증명책임은 채무자가 부담한다.

(3) 사안의 경우 乙은 계기판이 고장난 자동차를 판매하였으므로 채무의 내용에 좇은 이행을 하지 않았다(**불완전이행**). 그러나 그러한 불완전이행에 乙의 고의·과실을 인정하기는 어렵다. 따라서 乙은 채무불이행책임을 지지 않는다.

2. 채무불이행책임과 담보책임의 경합(1점)

(1) 판례는 채무불이행책임(불완전이행책임)과 담보책임의 경합을 긍정한다. 다만, 채무자[19]의 귀책사유가 인정되어야만 한다.

(2) 사안은 채무자 乙의 귀책사유가 인정되기 어려우므로, 양 책임의 경합은 문제가 되지 않는다.

Ⅳ 사안의 해결(1점+2)

1. 甲은 乙에게 담보책임으로서 계기판 교체비용 140만 원 상당의 손해배상을 청구할 수 있다. 계약해제권 및 완전물급부청구권(신차교환청구권)은 인정되지 않는다.

2. 乙의 고의·과실을 인정하기는 어려우므로, 甲이 乙에게 채무불이행책임을 물을 수는 없다.

---

19 매도인

제4관 환매

✦ 환매와 재매매의 예약 비교

구분	환매	재매매의 예약
기능	주로 매도담보에 결부되어 담보 기능을 한다.	
법적 성질	환매권은 형성권이다.	예약완결권은 형성권이다.
체결시기	매매계약과 **동시**에 하여야 한다.	매매계약 **후**에도 가능하다.
행사기간	부동산은 5년·동산은 3년	예약완결권은 10년의 제척기간
등기의 종류	환매 **등기**	청구권 보전을 위한 **가등기**
권리의 행사	대금제공을 요건으로 한다.	대금제공을 요건으로 하지 않는다.

02

甲은 乙에게 금전을 차용하기 위하여 2016년 5월 2일 자신의 1억 상당의 X토지를 乙에게 8천만 원에 매도하는 계약을 체결한 후에 등기도 이전에 주었다. 그 후 2016년 5월 12일에 甲과 乙은 X토지를 3년 후에 甲에게 다시 매도할 것을 약정하는 계약을 체결하고, 이 청구권을 보전하기 위하여 甲은 가등기를 하였다. 甲은 2019년 5월 13일에 乙에게 8천만 원을 제시하면서 X토지를 자신에게 매도할 것을 요구하고 있다. 이에 대하여 甲은 본 약정은 환매계약이라고 주장하고, 乙은 재매매의 예약이라고 주장하고 있다. **환매와 재매매의 예약과의 차이점**에 관하여 설명하고, 甲의 주장이 타당한지 검토하시오. (20점)

Ⅰ 의의

1. 환매

환매란 매도인이 매매계약과 동시에 환매할 권리를 보유하고, 일정기간 내에 그 환매권을 행사하여 매매목적물을 다시 매수하는 것을 말한다(제590조).

2. 재매매의 예약

재매매의 예약이란 매도인이 매매계약을 통하여 목적물의 소유권을 이전한 뒤에, 장차 그 목적물을 다시 매수할 것을 예약하는 것을 말한다(제564조).

Ⅱ 차이점(→ 동, 대, 공, 존)

1. 동시성

환매의 특약은 매매계약과 동시에 하여야 하지만(제590조 제1항), 재매매의 예약에는 그러한 제한이 없으므로 매매계약 이후에도 가능하다.

2. 대금 및 권리행사 방법

환매대금은 특별한 사정이 없는 한 그 영수한 대금 및 매수인이 부담한 매매비용으로 정해지지만(제590조), 재매매의 예약에는 특별한 규정이 없으므로 당사자의 약정에 의하여 정하여진다. 환매권의 행사에는 환매대금의 제공을 요건으로 하지만(제594조), 재매매의 예약에 따른 예약완결권의 행사에는 대금제공을 요건으로 하지 않는다.

3. 제3자에 대한 공시방법

환매의 경우에는 환매권 등기를 할 수 있으나(제592조), 재매매의 예약의 경우에는 청구권 보전의 가등기를 할 수 있을 뿐이다.

4. 존속기간

(1) 환매기간은 부동산은 5년, 동산은 3년을 넘지 못하지만(제591조 제1항), 재매매의 예약에 따른 예약완결의 의사표시는 그 행사기간에 특별한 제한이 없다.

(2) 매매의 예약으로 발생하는 예약완결권은 형성권이므로, 예약이 성립한 때로부터 10년의 제척기간이 적용된다는 것이 판례이다.

Ⅲ 문제의 해결

甲과 乙은 X토지를 3년 후에 甲에게 다시 매도할 것을 약정하는 계약을 원 매매계약이 체결된 2016년 5월 2일 당시가 아니라, 이후 2016년 5월 12일에 체결된 것으로 환매에 해당하지 않고, 재매매의 예약이라고 보아야 한다. 따라서 본 약정을 환매계약이라고 하는 甲의 주장은 타당하지 않다.

결국 2019년 5월 13일에 乙에게 8천만 원을 제시하면서 X토지를 자신에게 매도할 것을 요구하고 甲은 재매매의 예약에 따른 예약완결권의 행사로서 이로 인하여 두 번째 매매계약이 성립하게 된다. 따라서 서로 매매계약상 이행의무를 지게 된다.

제3절 교환

제4절 소비대차

약술형 출제예상

소비대차의 효력에 대해 설명하시오. (20점)

Ⅰ 의의

소비대차는 당사자 일방이 금전 기타 대체물의 소유권을 상대방에게 이전할 것을 약정하고, 상대방은 동종·동질·동량의 물건을 반환할 것을 약정함으로써 성립하는 계약이다(제598조).

Ⅱ 대주의 의무

1. 목적물의 소유권이전의무

대주는 차주에게 목적물의 소유권을 이전하여 소비의 방법으로 이용할 수 있게 할 채무를 부담한다(제598조).

2. 담보책임

(1) **이자부 소비대차의 경우**

목적물에 하자가 있고 차주가 선의·무과실인 경우(제580조 제1항, 제581조 제1항) 대주는 매도인의 담보책임을 진다(제581조 제2항).

(2) **무이자 소비대차의 경우**

대주가 목적물의 하자 있음을 알고 차주에게 고지하지 않은 때에만 담보책임을 진다(제602조).

Ⅲ 차주의 의무

1. 목적물반환의무

원칙 - 차주는 대주로부터 빌린 것과 동종·동질·동량의 물건을 반환하여야 한다(제598조).

(1) 반환시기의 약정이 있는 경우

㉠ 약정시기에 반환해야 하나(제603조 제1항), ㉡ 기한의 이익을 포기할 수 있다(제153조 제2항).

(2) 반환시기의 약정이 없는 경우

차주는 언제든지 반환할 수 있으나, 대주는 상당한 기간을 정하여 반환을 최고하여야 한다(제603조 제2항).

2. 이자지급의무

이자가 있는 소비대차는 차주가 목적물의 인도를 받은 때로부터 이자를 계산하여야 한다(제600조).

준소비대차의 의의, 성립요건 및 효과에 관하여 설명하시오. (20점)

Ⅰ 의의

준소비대차란 소비대차에 의하지 아니하고 다른 계약에 의하여 당사자 일방이 금전 기타 대체물을 지급할 의무가 있는 경우에, 당사자 사이에 그 목적물을 소비대차의 목적으로 한다는 합의를 말한다(제605조).

Ⅱ 요건(→ 당, 기, 합)

1. 당사자

기존채무의 당사자와 준소비대차계약의 당사자가 일치하여야 한다.

2. 기존채무가 유효할 것

기존채무가 무효이거나 부존재하면 준소비대차는 성립하지 않는다(대판 1962. 1. 18. 4294민상493). 기존채무가 소비대차상의 채무인 경우에도 성립할 수 있다(대판 1994. 5. 13. 94다8400).

3. 합의

기존채무의 목적을 소비대차의 목적으로 한다는 합의가 있어야 한다.

Ⅲ 효과

1. 구채무의 소멸 · 신채무의 성립

준소비대차는 소비대차의 효력이 생긴다(제605조). 그리하여 기존채무는 소멸하고 소비대차에 의하여 신채무가 성립한다.

2. 구채무와 신채무의 동일성

(1) **기존존채무와 신채무는 원칙적으로 동일성**이 있으므로, 기존채무에 관하여 존재하는 담보·보증 및 동시이행의 항변권은 그대로 존속한다.

(2) 대환의 경우

현실적인 자금의 수수 없이 형식적으로만 신규대출을 하여 기존채무를 변제하는 대환은 특별한 사정이 없는 한 **형식적으로는** 대출이지만, **실질적으로는** 기존채무의 변제기의 연장에 불과하므로 준소비대차로 보아야 한다(대판 2003. 8. 19. 2003다11516).

(3) 소멸시효의 독립성

소멸시효는 준소비대차에 따른 신채무를 기초로 결정된다.

제5절 사용대차

Ⅰ 의의

사용대차는 당사자 일방이 상대방에게 무상으로 사용, 수익하게 하기 위하여 목적물을 인도하고 상대방은 이를 사용, 수익한 후 그 물건을 반환할 것을 약정한 계약이다(제609조).

Ⅱ 대주의 의무(→ 목, 담, 비)

1. 목적물인도의무

대주는 차주가 사용·수익할 수 있도록 목적물을 인도할 의무를 가진다(제609조).

2. 담보책임

사용대차는 무상계약이므로 증여의 담보책임에 관한 규정이 준용된다. 따라서 대주가 목적물의 흠결을 알고도 차주에게 고지하지 않은 경우에만 담보책임을 진다(제612조, 제559조).

3. 비용상환의무

(1) 필요비 상환의무

① 임대차와 달리, 사용대차의 대주는 인도 후에 차주의 사용·수익을 방해하지 않을 **소극적 의무**만을 부담한다. 따라서 통상의 필요비의 상환의무는 지지 않는다(제611조 제1항).
② 차주가 차용물을 보존하기 위하여 통상적이지 않은 필요비를 지출한 경우, 대주는 그 상환의무를 진다(제612조).

(2) 유익비 상환의무

① 차주가 차용물을 개량하기 위하여 지출한 유익비에 관하여는 그 가액의 증가가 현존한 경우에 한하여 대주의 선택에 좇아 그 지출금액이나 증가액의 상환의무를 진다(제612조).
② 장기간의 무상 사용대차의 경우에는 **유익비상환청구권을 포기**한다는 묵시적 약정이 있다고 해석하는 것이 당사자의 진정한 의사에 부합한다(대판 2018. 3. 27. 2015다3914, 3921, 3938).

(3) 존속기간

차주의 비용상환청구는 대주가 물건의 반환을 받은 날로부터 6월 내에 하여야 한다(제617조).

약술형 출제예상

사용대차 차주의 의무에 대해 설명하시오. (20점)

Ⅰ 의의

사용대차는 당사자 일방이 상대방에게 무상으로 사용·수익하게 하기 위하여 목적물을 인도하고 상대방은 이를 사용·수익한 후 그 물건을 반환할 것을 약정한 계약이다(제609조).

Ⅱ 대주의 의무

1. 용법에 따른 사용·수익의무

(1) 차주는 계약 또는 목적물의 성질에 의하여 정하여진 용법으로 사용·수익하여야 한다(제610조 제1항).

(2) 차주는 대주의 승낙이 없으면 제3자에게 차용물을 사용·수익하게 하지 못한다(제2항).

(3) 차주가 위의 의무를 위반한 경우, 대주는 계약을 해지할 수 있다(제3항).

2. 차용물 보관의무

차용물은 특정물이므로 차주는 선량한 관리자의 주의의무로 차용물을 보관하여야 한다(제374조).

3. 차용물 반환의무 및 원상회복의무

사용대차를 종료하면 차주는 차용물 그 자체를 반환하여야 한다. 이때 차주는 원상회복하여야 하며, 부속시킨 물건은 철거할 수 있다(제615조).

4. 공동차주의 연대의무

수인이 공동으로 물건을 차용한 때에는 연대하여 그 의무를 부담한다(제616조). 분할채권관계의 원칙(제408조)에 대한 특칙이다.

5. 손해배상의무

차주는 계약 또는 목적물의 성질에 위반한 사용·수익으로 인한 손해배상의무를 진다. 그 손해배상청구는 대주가 물건의 반환을 받은 날로부터 6월 내에 하여야 한다(제617조).

제654조 【준용규정】
제610조 제1항(사용대차 차주의 사용, 수익권), 제615조 내지 제617조(원상회복, 철거의무, 공동차주의 연대채무, 손해 및 비용상환의무)의 규정은 임대차에 이를 준용한다.

제6절 임대차

제1관 총설

✦ **임대차 비교**

구분	임차권	주임법	상임법
대항력	등기한 경우	인도＋주민등록 이전	인도＋사업자등록
우선변제권	×	대항력＋확정일자	대항력＋확정일자
법정갱신	전 임차권과 동일조건(존속기간 제외)		
	존속기간		
	그 정함이 없는 것으로 본다.	2년으로 본다.	1년으로 본다.
	각 당사자는 언제든지 소멸을 통고 가능	임차인은 언제든지 계약해지의 통고 가능(임대인 ×)	
	통고를 받은 날부터 임대인 : 6개월, 임차인 : 1개월 경과	→ 통고를 받은 날부터 3개월 경과	
비용상환청구권	필요비 ○, 유익비 ○		
매수청구권	(건물)부속물매수청구권 ○	부속물매수청구권 ○	부속물매수청구권 ○
	(토지)지상물매수청구권 ○	지상물매수청구권 ×	지상물매수청구권 ×
양도의 자유	×(임대인의 동의 ○)		
임차권등기명령	×	○	○
보증금 일정액 보호		○	○
계약갱신요구권		1회(2년)	○(10년) (금액초과상가인정)
사실혼보호		○	×
대상	금액초과, 비영업용 토지 임대차	주택	일정액 이하 상가

※ 금액초과상가
　예외적 적용
┌ 3기 연체 − 해지
└ 계약갱신요구권

┌ 대항력
├ **표준계약서**
└ 권리금회수보호

임대인의 수선의무에 대해 설명하시오. (20점)

Ⅰ 의의

임대인은 임대차기간 중 임대목적물의 사용·수익에 필요한 상태를 유지해야 할 적극적인 의무를 부담하는데, 이를 수선의무라 한다(제623조).

Ⅱ 수선의무의 범위(→ 범, 면, 인)

1. 임차물에 장해가 생긴 경우 ① 임차인이 손쉽게 고칠 수 있을 정도의 사소한 것(소규모 수선)이면 수선의무를 부담하지 않지만, ② **임대차 목적에 따라 사용·수익할 수 없는** 정도의 것(대규모 수선)이라면, 임대인이 수선의무를 부담한다.

2. 수선의무는 임대인의 **귀책사유 없는** 훼손인 경우에도 인정된다(대판 2010. 4. 29. 2009다96984).

Ⅲ 면제특약의 효력

① 임대인의 수선의무를 면제하는 특약도 일단 유효하다. 그러나 ② 그 특약의 효력범위는 특별한 약정이 없는 한 소규모의 수선에 한한다(대판 1994. 12. 9. 94다34692).

Ⅳ 임차인의 인용의무

1. 임대인이 임대물의 보존에 필요한 행위를 하는 때에는 임차인은 이를 거절하지 못한다(제624조).

2. 임대인이 임차인의 의사에 반하여 보존행위를 하는 경우, 임차인이 이로 인하여 임차의 목적을 달성할 수 없는 때에는 계약을 해지할 수 있다(제625조).

✦ 부속물매수청구권과 비용상환청구권의 비교

구분		부속물매수청구권	비용상환청구권
공통점		목적물의 객관적 편익을 가져와야 한다. 따라서 임차인의 특수목적을 위한 것은 부속물매수청구도 불가능하고, 비용상환청구도 인정되지 않는다.	
차이점	성질	형성권	청구권
	요건	① 독립성 여부: 부속물은 건물과는 독립된 물건으로서, 임대인의 동의를 얻어 부속시키거나 임대인으로부터 매수한 것이어야 한다. 반면, 독립성을 상실하여 건물의 구성 부분을 이루는 경우에는 비용상환청구권으로 해결한다. 비용상환청구권은 임대인의 동의나 임대인으로부터 매수한 것일 필요는 없다. ② 임차인의 채무불이행에 의한 계약해지 시: 비용상환청구권은 인정되나, 부속물매수청구는 인정되지 않는다(판례).	
	발생 시기	임대차 종료 시	필요비는 즉시 유익비는 임대차 종료 시
	유치권	부정	인정
	성격	강행규정(제652조)	임의규정(제652조 참조)
	적용 범위	일시사용을 위한 임대차의 경우에는 적용되지 않는다.	일시사용을 위한 임대차의 경우에도 적용된다.

02

약술형 출제예상

임차인의 비용상환청구권에 대해 설명하시오. (40점)

Ⅰ 의의

1. 필요비

필요비란 임차물의 수선비 등과 같이 그 보존을 위하여 지출한 비용을 말한다. 필요비는 임대인의 사용·수익하게 할 의무의 한 부분이므로 마땅히 임대인이 부담하여야 한다.

2. 유익비

유익비란 임차물의 보존을 위하여 반드시 필요한 것은 아니지만, 목적물의 본질을 변화시키지 않고 개량하기 위하여 지출한 비용을 말한다.

Ⅱ 요건 및 효과

1. 필요비

필요비는 유익비와 달리, ① 지출한 즉시 상환청구를 할 수 있으며, ② 가액의 현존 여부와 상관없이 지출비용 전액을 청구할 수 있다.

2. 유익비

(1) 요건

① 임차물의 객관적 가치를 증가케 하는 것이어야 하고(임차인 자신의 주관적 목적상 지출한 비용 ×), ② 그 지출에 의한 개량이 임차물의 구성 부분이 되어 그 소유권이 임대인에게 귀속되어야 한다(독립성의 상실). ③ 임대차 종료 시에 그 가액증가가 현존하여야 한다(제626조 제1항). 음식점 영업을 위한 내부공사비(91다15591, 91다15591), 간판설치비(94다20389)는 유익비에 해당하지 않는다.

(2) 효과

임차인이 지출한 금액이나 그 증가액을 상환하여야 한다. 이 경우 법원은 임대인의 청구에 의하여 상당한 상환기간을 허여할 수 있다(제626조 제2항).

Ⅲ 존속기간

임차인의 필요비·유익비 상환청구권은 임대인이 목적물을 반환받은 날로부터 6개월 내에 행사하여야 한다(제654조, 제617조). 즉, 6개월의 제척기간에 걸린다.

Ⅳ 기타

1. 임의규정

(1) 필요비·유익비 상환청구권에 관한 규정은 임의규정이다. 이를 포기하는 특약은 유효하다.

(2) 임차인이 일체 비용을 부담하여 **원상복구하기로 약정한 경우**, 유익비의 상환청구권을 포기하는 특약으로 본다(대판 1994. 9. 30. 94다20389).

2. 유치권

임차인은 비용상환청구권에 관하여 유치권을 취득할 수 있다(제320조). 다만 필요비·유익비 상환청구권을 포기하거나(대판 1975. 4. 22. 73다2010), 유익비상환에 대하여 법원이 임대인에게 기간을 허락한 경우에는 유치권이 인정되지 않는다(제320조 제2항 참고).

기출확인 2014년 2회 기출

임차인의 유익비상환청구권에 대하여 약술하시오. (20점)

Ⅰ 임차인의 유익비상환청구권의 의의

1. 유익비

유익비란 임차물의 보존을 위하여 반드시 필요한 것은 아니지만, 목적물의 본질을 변화시키지 않고 개량하기 위하여 지출한 비용을 말한다.

2. 유익비상환청구권

임차인이 유익비를 지출한 경우에는 임차인은 임대차 종료 시에 그 가액의 증가가 현존한 때에 한하여 임대인에게 지출한 금액이나 증가액의 상환을 청구할 수 있다.

Ⅱ 요건 및 효과

1. 요건

① 임차물의 객관적 가치를 증가게 하는 것이어야 하고(임차인 자신의 주관적 목적상 지출한 비용 ×), ② 그 지출에 의한 개량이 임차물의 구성부분으로 되어 그 소유권이 임대인에게 귀속되어야 한다(독립성의 상실). ③ 임대차 종료 시에 그 가액증가가 현존하여야 한다(제626조 제1항). 음식점 영업을 위한 내부공사비(91다15591, 91다15591), 간판설치비(94다20389)는 유익비에 해당하지 않는다.

2. 효과

임차인이 지출한 금액이나 그 증가액을 상환하여야 한다. 이 경우 법원은 임대인의 청구에 의하여 상당한 상환기간을 허여할 수 있다(제626조 제2항).

Ⅲ 존속기간

임차인의 필요비·유익비 상환청구권은 임대인이 목적물을 반환받은 날로부터 6개월 내에 행사하여야 한다(제654조, 제617조). 즉, 6개월의 제척기간에 걸린다.

Ⅳ 기타

1. 임의규정·포기특약의 효력

(1) 필요비·유익비 상환청구권에 관한 규정은 임의규정이다. 이를 **포기하는 특약은 유효**하다.

(2) 임차인이 일체 비용을 부담하여 **원상복구하기로 약정한 경우**, 유익비의 상환청구권을 포기하는 특약으로 본다(대판 1994. 9. 30. 94다20389).

2. 유치권

임차인은 비용상환청구권에 관하여 유치권을 취득할 수 있다(제320조). 다만 필요비·유익비 상환청구권을 포기하거나(대판 1975. 4. 22. 73다2010), 유익비상환에 대하여 법원이 임대인에게 기간을 허락한 경우에는 유치권이 인정되지 않는다(제320조 제2항 참고).

임차인의 부속물매수청구권의 의의와 요건 및 효과에 관하여 설명하시오. (20점)

Ⅰ 임차인의 부속물매수청구권의 의의

1. 의의

건물 기타 공작물의 임차인이 임대인의 동의를 얻어 부속하거나 임대인으로부터 매수한 부속물이 있는 경우, 임대차의 종료 시에 임대인에 대하여 그 매수를 청구할 수 있는 권리이다 (제646조).

2. 법적 성질

부속물매수청구권은 형성권이며 편면적 강행규정이다(제652조). 일시사용을 위한 임대차의 경우에는 적용되지 않는다(제653조).

Ⅱ 발생 요건(→ 객, 독, 동, 매, 종)

1. 건물의 객관적인 편익을 위해 부속시킨 독립된 물건일 것

(1) 건물에 부속된 물건으로 임차인의 소유에 속하고 건물의 구성 부분을 이루지 않는 독립한 물건이어야 한다.

(2) 오로지 임차인 자신의 특수목적에 사용하기 위하여 부속된 것일 때는 부속물매수청구권의 대상이 되지 못하며 건물 자체의 구성 부분을 이루어 독립된 물건이라고 할 수 없는 경우에는 부속물매수청구권의 대상이 되지 않는다(대판 1983. 2. 22. 80다589).

2. 임대인의 동의를 얻어 부속시켰거나, 임대인으로부터 매수하였을 것

3. 임대차가 종료하였을 것

임대차가 종료하여야 한다. 판례는 **임차인의 채무불이행으로** 해지된 경우에는 부속물매수청구권을 인정하지 않는다(대판 1990. 1. 23. 88다카7245, 7252).

Ⅲ 행사의 효과

1. 매매계약의 성립

부속물매수청구권은 **형성권**이므로, 임차인의 일방적 의사표시에 의하여 부속물에 대한 **매매계약이 성립**한다. 매매대금은 매수청구권을 행사할 때의 시가로 본다.

2. 유치권 및 동시이행관계

부속물매매대금채권을 확보하기 위한 유치권은 인정되지 않는다(대판 1977. 12. 13. 77다115). 다만, 그 매매대금을 지급받을 때까지 부속물의 인도를 거절할 수 있는 **동시이행의 항변권**이 인정된다.

기출확인 2017년 5회 기출

乙 소유의 X건물은 5층 건물로서 1층과 2층의 공부상 용도는 음식점이었다. 甲은 乙로부터 X건물의 1층과 2층을 5년간 임차하여 대중음식점을 경영하면서 음식점 영업의 편익을 위하여 乙의 동의를 얻어 건물과는 별개인 차양과 유리 출입문 등 영업에 필요한 시설을 1층에 부속시켰다. 한편 甲은 임차한 지 얼마 되지 않아 음식점영업이 부진하자 丙에게 그 건물의 2층에 대한 임차권을 양도하였다. 다음 각 독립된 물음에 답하시오. (40점)

(1) 甲은 임대차 종료 시 위 차양과 유리 출입문 등 영업에 필요한 시설에 대하여 부속물 매수청구권을 행사할 수 있는지 여부를 설명하시오. (20점)

Ⅰ 논점 정리

甲이 1층 임대차와 관련하여 부속시킨 차양과 유리 출입문 등이 부속물에 해당하는지, 부속물매수청구권의 요건을 충족하는지가 문제이다.

Ⅱ 부속물매수청구권의 요건

1. 건물의 객관적인 편익을 위해 부속시킨 독립된 물건일 것

(1) 건물에 부속된 물건으로 임차인의 소유에 속하고 건물의 구성 부분을 이루지 않는 독립된 물건이어야 한다.

(2) 오로지 임차인 자신의 특수목적에 사용하기 위하여 부속된 것일 때는 부속물매수청구권의 대상이 되지 못하며, 건물 자체의 구성 부분을 이루어 독립된 물건이라고 할 수 없는 경우에는 부속물매수청구권의 대상이 되지 않는다(대판 1983. 2. 22. 80다589).

2. 임대인의 동의를 얻어 부속시켰거나, 임대인으로부터 매수하였을 것

3. 임대차가 종료하였을 것

임대차가 종료하여야 한다. 판례는 **임차인의 채무불이행으로** 해지된 경우에는 부속물매수청구권을 인정하지 않는다(대판 1990. 1. 23. 88다카7245, 7252).

Ⅲ 행사의 효과

1. 매매계약의 성립

부속물매수청구권은 **형성권**이므로, 임차인의 일방적 의사표시에 의하여 부속물에 대한 **매매계약이 성립**한다. 매매대금은 매수청구권을 행사할 때의 시가로 본다.

2. 유치권 및 동시이행관계

부속물매매대금채권을 확보하기 위한 유치권은 인정되지 않는다(대판 1977. 12. 13. 77다115). 다만, 그 매매대금을 지급받을 때까지 부속물의 인도를 거절할 수 있는 **동시이행의 항변권**은 인정된다.

Ⅳ 사안의 해결

1. 사안의 차양과 유리 출입문 등은 임대인 乙의 동의를 얻어 부속시킨 것으로서, 독립성을 유지하고 있고, 1층 건물의 객관적 편익을 위해 부속시킨 것이다. 따라서 甲은 1층 건물의 임대차 종료 시에 부속물매수청구권을 행사할 수 있다.

2. 甲이 부속물매수청구권을 행사하면, 차양과 유리 출입문 등에 관한 시가 상당액으로 매매계약이 성립한다. 따라서 甲은 이 물건의 소유권을 이전해 주어야 하고, 乙은 매매대금을 지급하여야 한다. 양자는 동시이행의 관계에 있다.

예상문제

〈사실관계〉 甲은 乙로부터 乙 소유의 건물을 계약기간 2년, 보증금 1억 원, 임대료 월 100만 원으로 임차하면서, "임차인은 임대인의 승인 하에 건물을 개축 또는 변개할 수 있으나, 임대기간 종료 시에는 원상복구를 하여야 하며, 부속물매수청구를 하지 아니한다"는 특약을 맺었다. 위 건물의 공부상 용도는 음식점이고 상하수도, 화장실, 전기배선 등 기본시설만 되어 있었는데, 甲은 乙의 동의를 얻어 벽체보수비용으로 500만 원, 천장도색 및 도배비용으로 500만 원, 주방시설설치비용으로 1,000만 원, 유리출입문과 새시를 설치하는 비용으로 500만 원, 식탁 및 의자 구입 비용으로 500만 원을 각 지출하여 음식점을 개업하고 영업을 계속하였으나, 영업이 잘 안되자 임대기간이 만료됨과 동시에 음식점을 폐쇄하였다. 그 후 乙이 甲에게 건물인도를 구하는 소를 제기하였다.

(1) 이 경우 乙(임대인)의 청구가 인정될 수 있는지 여부와 이에 대해 甲(임차인)이 대항할 수 있는 법적 수단과 당부를 근거와 함께 논하시오. (45점)

Ⅰ 논점 정리(2점)

乙과 甲 사이의 임대차계약 종료 시 임대인 乙은 甲에 대해서 임대차계약 종료로 인한 건물인도청구를 할 수 있는지 여부와 이에 대해서 임차인 甲이 乙의 위 청구에 대해서 대항할 수 있는 법적 수단을 검토하기로 한다.

Ⅱ 乙의 건물명도청구권의 발생(3점)

사안에서 乙은 甲에 대해서 임대차계약 종료로 인한 건물인도청구를 하였으므로 ① 임대차계약의 체결, ② 목적물의 인도, 임대차계약의 종료 사실이 인정될 것을 요건으로 한다. 사안에서 ① 乙과 甲은 임대차 계약을 체결하였고, ② 乙이 건물을 인도하였으며, ③ 임대기간이 만료되어 임대차가 종료되었다. 따라서 乙은 甲의 항변에 대한 이유가 없는 한, 건물인도청구권이 발생한다.

행정사 | 백운정 민법(계약)
핵심요약집

Ⅲ 甲의 대항 수단(38점)

1. 甲의 보증금반환청구권의 행사(8점)

(1) 甲의 보증금반환청구권의 발생

사안에서 임대차계약이 종료되었으므로 甲은 乙에게 임대차보증금반환청구를 할 수 있다. 이때 甲이 임차보증금반환청구를 하면서 乙에게 대항할 수 있는 권리가 무엇인지 살펴본다.

(2) 임차물반환과 동시이행관계여부

엄밀히 말하면 임차인의 임차물반환의무와 임대인의 보증금반환의무는 하나의 쌍무계약에서 발생한 채무는 아니지만 양자는 불가분의 관계로 부종하는 성질상 이를 분리하여 취급하는 것은 부당하다 할 것이므로, 판례는 양 채무의 동시이행관계를 인정한다.[20] 따라서 甲은 乙이 보증금 1억 원을 반환할 때까지 건물반환을 거절할 수 있고 甲이 임차물을 계속 점유하는 것은 불법점유가 아니므로 부당이득반환은 물론, 불법점유를 이유로 한 손해배상책임을 지지 않는다.

(3) 사안의 경우

甲은 乙의 건물인도청구에 대하여 보증금반환청구권을 가지고 동시이행항변권을 행사할 수 있다.

2. 甲의 비용상환청구권의 행사(20점)

(1) 甲의 필요비 상환청구권

① 의의 및 성립요건

필요비란 임차인이 임차물의 보존을 위하여 지출한 비용을 말한다. 이때 필요비 상환청구를 하기 위해서는 ㉠ 임차목적물의 보존에 관하여 비용을 지출하였을 것, ㉡ 임대인이 부담할 비용일 것을 요한다(제626조 제1항). 다만 임대인의 승낙이나 이득을 필요로 하지 않는다.

임차물의 수선을 위하여 지출한 비용이라 하더라도 필요비로 인정할 수 있는지 여부는 임대인의 수선의무와의 관계에서 구체적으로 판단하여야 한다. 이미 사용·수익에 알맞은 상태에 있는 임차물의 사용·수익 그 자체에 필요한 비용은 임차인이 부담하여야 하는 비용이므로 필요비에 속하지 않는다.

---

[20] 대판 2005. 9. 28. 2005다8323, 8330

② 사안의 경우

사안의 경우 벽체보수비용은 임차목적물의 가치를 보존하기 위하여 지출한 것이고, 이는 임대인에게 수선의무가 있는 것으로 임대인이 부담하여야 할 비용이라고 할 것이므로 필요비에 해당하며, 필요비를 지출하면 지출한 비용 전액에 대하여 곧바로 청구할 수 있다. 따라서 甲은 그 비용 500만 원의 상환을 乙에게 청구할 수 있다.

(2) 甲의 유익비상환청구권

① 성립요건

임차인이 지출한 비용을 유익비로써 임대인에게 상환청구 하기 위해서는, ㉠ 임차인이 임차물에 부가한 물건이 독립성을 갖지 않아 임차물에 부합되어야 하고(만일 독립성을 갖는다면 부속물매수청구권의 대상이 된다), ㉡ 임차물의 객관적 가치를 증가시키기 위한 비용이어야 하며, ㉢ 그 가액의 증가가 현존하여야 한다. 임차인이 유익비를 지출한 때에는 임대차가 종료한 때에 그 가액의 증가가 현존한 경우에 한하여 임차인이 지출한 금액이나 그 증가액 중의 하나를 상환하여야 한다(제626조 제2항).

② 사안의 경우

사안의 경우는 건물의 용도가 처음부터 음식점이었으므로 천장도색 및 도배비용, 주방시설 설치비용, 식탁 및 의자 구입비용은 모두 임차물의 객관적 가치를 증가시키기 위하여 투입한 비용이라고 할 수 있다. 그러나 식탁 및 의자 그리고 주방시설과 유리문, 새시는 건물의 구성 부분이라고는 볼 수 없고 독립성을 가지므로 유익비상환청구의 대상이 될 수 없다. 따라서 甲은 천장도색 및 도배비용 500만 원 부분에 대해서만 그 가액이 현존한 경우 乙에게 청구할 수 있을 것이다.

(3) 원상회복 특약의 효력

한편 甲과 乙은 임대차계약체결 시에 원상회복의 특약을 하였는데 이러한 특약의 효력이 문제 된다. 이에 대해서 판례는 비용상환청구권에 관한 규정은 임의규정(제652조)이므로 특약에 의해 포기 또는 제한 가능하다고 본다.[21]

(4) 소결

甲과 乙은 비용상환청구권을 배제하는 특약을 맺었으므로 비용상환청구를 할 수 없다. 따라서 이를 전제로 한 유치권도 당연히 인정될 수 없다.

---

21 대판 1983. 2. 22. 80다589

3. 甲의 부속물매수청구권의 행사(10점)

(1) 성립요건

임차인의 부속물매수청구권이 성립하기 위해서는 ① 건물 기타 공작물의 임대차일 것, ② 임차인이 건물 기타 공작물의 사용의 편익을 위하여 부가시켰을 것, ③ 임대인의 동의를 얻어 부속물을 부가하였거나 임대인으로부터 부속물을 매수하였을 것, ④ 부속물이 임차인의 소유에 속하고 건물의 구성 부분으로 되어서는 안 되며 독립성을 유지할 것, ⑤ 임대차가 종료하였을 것 등의 요건이 필요하다(제646조).

사안의 경우 건물에 설치한 주방시설 및 유리문, 새시는 임대인 乙의 동의를 얻어 부속시켰고, 甲이 음식점으로 건물을 사용하는 데 편익을 위하여 부가하였으며 건물의 구성 부분까지는 되지 아니하고 독립성을 유지하고 있다고 보인다. 따라서 甲은 임대차가 종료된 시점에서 부속물인 주방시설 등에 대해서 매수청구권을 행사할 수 있다. 한편 위 사안에서 식탁 및 의자는 임차인이 원하기만 하면 건물로부터 쉽게 분리할 수 있는 독립된 물건이므로 부속물매수청구권의 대상에 포함되지 않는다.

(2) 부속물매수청구권 배제특약의 효력

임차인의 부속물매수청구권을 규정한 제646조는 강행규정이므로(제652조), 임차인의 부속물매수청구권을 배제 또는 제한함으로써 임차인에게 불리한 특약을 맺는 것은 원칙적으로 효력이 없다. 사안의 경우 위 포기특약이 임차인에게 불리하지 않다고 볼 특별한 사정(예컨대 부속물매수청구권을 포기하는 대신에 차임을 현저하게 감면받은 경우 등)도 보이지 않으므로, 위 포기특약은 무효이다. 따라서 甲은 특약의 효력을 부정하여 부속물매수청구권을 행사할 수 있다.

(3) 동시이행항변권 또는 유치권 인정 여부

부속물매수청구권은 형성권이므로 임차인이 매수청구를 하면 임대인의 승낙을 기다릴 것도 없이 바로 매매계약이 성립된다. 따라서 부속물매수대금(매수청구권 행사 당시의 시가 상당)의 지급과 부속물의 인도는 동시이행의 관계에 있다. 이에 더하여 부속물매수대금의 지급과 건물 기타 공작물의 명도도 동시이행의 관계에 있는가 하는 점이 문제가 되나, 판례는 '연기적 항변권'이라는 표현을 하면서 동시이행항변권을 인정하고 있다.[22]

그러나 부속물매수대금청구권에 대하여 유치권까지 인정할 것인가에 관하여 판례는 부속물매수대금청구권을 건물 기타 공작물 자체에 대하여 생긴 권리라고 볼 수는 없다고 함으로써 부정하고 있다.[23]

---

22 대판 1981. 10. 11. 81다378
23 대판 1977. 12. 13. 77다115

(4) 사안의 경우

甲은 乙의 건물명도청구에 대하여 주방시설 및 유리문, 새시의 매수청구를 할 수 있고, 동시
이행항변권을 행사하여 매수대금 지급이 있기까지 건물의 인도를 거부할 수 있다.

Ⅳ **사안의 해결(1점+2)**

甲은 乙의 건물인도청구에 대하여 보증금반환청구권을 가지고 동시이행항변권을 행사할 수
있다. 또한 甲은 乙의 건물명도청구에 대하여 주방시설 및 유리문, 새시의 매수청구를 할 수
있고, 동시이행항변권을 행사하여 매수대금 지급이 있기까지 건물의 인도를 거부할 수 있다.

> **기출확인** 2023년 11회 기출
>
> 건물의 소유를 목적으로 한 토지임차인의 지상물매수청구권에 관하여 설명하시오.
>
> (20점)

Ⅰ 의의

토지임차인은 임대차 기간이 만료한 경우에 건물·수목 기타 지상시설이 현존한 때에는 임대인에게 계약의 갱신을 청구할 수 있고(제643조, 제283조 제1항), 임대인이 그 갱신을 거절한 경우에는 지상물의 매수를 청구할 수 있다(제643조, 제283조 제2항).

Ⅱ 법적 성질

1. 계약갱신청구권은 **청구권**일 뿐이므로 임대인이 거절할 수 있으나, 지상물매수청구권은 **형성권**이다.

2. 계약갱신청구권 및 지상물매수청구권은 **편면적 강행규정**이다(제652조). 따라서 포기특약은 원칙적으로 임차인에게 불리한 약정이기 때문에 강행규정 위반으로 무효이다.

Ⅲ 발생 요건

1. 당사자

(1) **청구권자는 지상물인 건물의 소유자인 임차인**이며(대판 1993. 7. 27. 93다6386), **상대방**은 원칙적으로 임차권이 **소멸할 당시의 토지소유자인 임대인**이다.

(2) 임대목적 토지가 양도된 경우에는 임차인이 대항력을 갖춘 경우에 한하여 양수인(임대인 지위의 승계인)에 대하여 매수청구권을 행사할 수 있다.

2. 임대차 기간만료로 종료할 것

(1) 임대차 **기간만료로** 종료하여야 한다. 기간을 정하지 않은 임대차에서 임대인의 **해지통고로** 소멸한 경우에도 인정된다.

(2) 임차인의 차임연체 등 **채무불이행으로** 임대차계약이 해지된 경우에는 임차인이 계약갱신을 청구할 수 없으므로 이를 전제로 하는 지상물의 매수청구도 할 수 없다(대판 1997. 4. 8. 96다54249).

3. 지상물인 건물의 현존

허가를 받지 않은 부적법한 건물이라도 그 대상이 되며(대판 1997. 12. 23. 97다37753), 임대인의 동의를 얻어 신축한 것에 한정되지 않는다(대판 1993. 11. 12. 93다34589).

4. 갱신청구에 대한 임대인의 갱신거절

임대인이 그 갱신을 거절한 경우에는 지상물의 매수를 청구할 수 있다.

Ⅳ 행사의 효과

형성권이므로 그 행사의 **매매계약이** 성립한다. 임차인의 지상물의 소유권이전의무와 임대인의 대금지급의무는 **동시이행관계에** 있다(대판 1998. 5. 8. 98다2389).

02

기출확인 2015년 3회 기출

토지임차인의 지상물매수청구권의 의의와 법적 성질, 그 권리의 행사로 발생하는 법률관계를 설명하고, 임대차 종료 전에 임차인이 그 지상물매수청구권을 포기하기로 하는 임대인과 약정한 경우 그 약정의 효력에 관하여 약술하시오. (20점)

Ⅰ 의의

토지임차인은 임대차 기간이 만료한 경우에 건물·수목 기타 지상시설이 현존한 때에는 임대인에게 계약의 갱신을 청구할 수 있고(제643조, 제283조 제1항), 임대인이 그 갱신을 거절한 경우에는 지상물의 매수를 청구할 수 있다(제643조, 제283조 제2항).

Ⅱ 법적 성질

① 계약갱신청구권은 청구권일 뿐이므로 임대인이 거절할 수 있으나, 지상물매수청구권은 형성권이다. ② 계약갱신청구권 및 지상물매수청구권은 편면적 강행규정이다(제652조).

Ⅲ 발생 요건

1. 당사자

(1) 청구권자는 지상물의 소유자인 임차인이며(대판 1993. 7. 27. 93다6386), 상대방은 원칙적으로 임차권이 소멸할 당시의 토지소유자인 임대인이다.

(2) 임대목적 토지가 양도된 경우에는 임차인이 대항력을 갖춘 경우에 한하여 양수인(임대인 지위의 승계인)에 대하여 매수청구권을 행사할 수 있다.

2. 기간만료로 종료할 것

(1) 임대차 기간만료로 종료하여야 한다. 기간을 정하지 않은 임대차에서 임대인의 해지통고로 소멸한 경우에도 인정된다.

(2) 임차인의 차임연체 등 채무불이행으로 임대차계약이 해지된 경우에는 임차인이 계약갱신을 청구할 수 없으므로 이를 전제로 하는 지상물의 매수청구도 할 수 없다(대판 1997. 4. 8. 96다54249).

3. 지상물의 현존

허가를 받지 않은 부적법한 건물이라도 그 대상이 되며(대판 1997. 12. 23. 97다37753), 임대인의 동의를 얻어 신축한 것에 한정되지 않는다(대판 1993. 11. 12. 93다34589).

Ⅳ 행사의 효과

1. 매매계약의 성립

형성권이므로 그 행사로 매매계약이 성립한다. 임차인의 지상물의 소유권이전의무와 임대인의 대금지급의무는 동시이행관계에 있다(대판 1998. 5. 8. 98다2389).

2. 부당이득반환의무 인정 여부

민법 제643조 소정의 매수청구권을 행사한 후에 그 임대인인 대지의 소유자로부터 매수대금을 지급받을 때까지 그 지상건물 등의 인도를 거부할 수 있다고 하여도, 지상건물 등의 점유·사용을 통하여 그 부지를 계속하여 점유·사용하는 한 그로 인한 부당이득으로서 부지의 임료 상당액은 이를 반환할 의무가 있다(대판 2001. 6. 1. 99다60535).

Ⅴ 지상권매수청구권의 포기특약

토지임차인의 지상물매수청구권에 관한 규정은 강행규정이며, 이에 위반하는 것으로서 임차인에게 불리한 약정은 그 효력이 없다(제652조). 토지 임대인과 임차인 사이에 임대차기간 만료 후 임차인이 지상건물을 철거하여 토지를 인도하고, 만약 지상건물을 철거하지 아니할 경우에는 그 소유권을 임대인에게 이전하기로 한 약정은, 민법 제643조 소정의 임차인의 **지상물매수청구권을 배제키로 하는 약정으로서 임차인에게 불리한 것이므로** 민법 제652조의 규정에 의하여 **무효**이다(대판 1991. 4. 23. 90다19695). 그러나 임대차계약의 과정을 전체적으로 살펴보아 그러한 특약이 실질적으로 임차인에게 불리하지 않은 것이라면 그 특약은 유효하다.

기출확인 2018년 6회 기출

甲은 乙이 소유한 X토지상에 건물을 지어 음식점을 경영할 목적으로, 乙의 X토지에 대한 임대차계약을 체결하였다. 그 후 甲은 건물을 신축하여 음식점을 경영하고 있다. 한편, 임대차 계약서에는 '임대차 기간 만료 시 甲은 X토지상의 건물을 철거하고 원상회복하여 X토지를 반환한다'는 특약이 기재되어 있다. 이러한 경우 임대차기간이 만료된 때에, 甲이 신축한 건물과 관련하여 乙에게 주장할 수 있는 지상물매수청구권에 관하여 설명하시오.

(20점)

Ⅰ 논점의 정리

토지임차인은 임대차기간이 만료한 경우에 건물·수목 기타 지상시설이 현존한 때에는 임대인에게 계약의 갱신을 청구할 수 있고(제643조, 제283조 제1항), 임대인이 그 갱신을 거절한 경우에는 지상물의 매수를 청구할 수 있다(제643조, 제283조 제2항). 사안의 경우 특히 지상물매수청구권 포기특약이 있어 이러한 약정의 유효성이 문제된다.

Ⅱ 지상물매수청구권 법적 성질과 포기특약의 유효성

1. 법적 성질

① 계약갱신청구권은 청구권일 뿐이므로 임대인이 거절할 수 있으나, 지상물매수청구권은 형성권이다. ② 계약갱신청구권 및 지상물매수청구권은 편면적 강행규정이다(제652조).

2. 지상권매수청구권의 포기특약의 유효성

토지임차인의 지상물매수청구권에 관한 규정은 강행규정이며, 이에 위반하는 것으로서 임차인에게 불리한 약정은 그 효력이 없다(제652조). 토지 임대인과 임차인 사이에 임대차기간 만료 후 임차인이 지상건물을 철거하여 토지를 인도하고, 만약 지상건물을 철거하지 아니할 경우에는 그 소유권을 임대인에게 이전하기로 한 약정은, 민법 제643조 소정의 임차인의 **지상물매수청구권을 배제키로 하는 약정으로서 임차인에게 불리한 것이므로** 민법 제652조의 규정에 의하여 **무효이다**(대판 1991. 4. 23. 90다19695). 그러나 임대차계약의 과정을 전체적으로 살펴보아 그러한 특약이 실질적으로 임차인에게 불리하지 않은 것이라면 그 특약은 유효하다.

Ⅲ 성립요건

1. 당사자

(1) 청구권자는 지상물의 소유자인 임차인이며(대판 1993. 7. 27. 93다6386), 상대방은 원칙적으로 임차권이 소멸할 당시의 토지소유자인 임대인이다.

(2) 임대목적 토지가 양도된 경우에는 임차인이 대항력을 갖춘 경우에 한하여 양수인(임대인 지위의 승계인)에 대해 매수청구권을 행사할 수 있다.

2. 임대차 기간만료로 종료할 것

(1) 임대차 기간만료로 종료하여야 한다. 기간을 정하지 않은 임대차에서 임대인의 해지통고로 소멸한 경우에도 인정된다.

(2) 임차인의 차임연체 등 채무불이행으로 임대차계약이 해지된 경우에는 임차인이 계약갱신을 청구할 수 없으므로 이를 전제로 하는 지상물의 매수청구도 할 수 없다(대판 1997. 4. 8. 96다54249).

3. 지상물의 현존

허가를 받지 않은 부적법한 건물이라도 그 대상이 되며(대판 1997. 12. 23. 97다37753), 임대인의 동의를 얻어 신축한 것에 한정되지 않는다(대판 1993. 11. 12. 93다34589).

4. 갱신청구에 대한 임대인의 갱신거절

임대인이 그 갱신을 거절한 경우에는 지상물의 매수를 청구할 수 있다.

Ⅳ 행사의 효과

1. 매매계약의 성립

형성권이므로 그 행사로 매매계약이 성립한다. 임차인의 지상물의 소유권이전의무와 임대인의 대금지급의무는 동시이행관계에 있다(대판 1998. 5. 8. 98다2389).

2. 부당이득반환의무 인정 여부

민법 제643조 소정의 매수청구권을 행사한 후에 그 임대인인 대지의 소유자로부터 매수대금을 지급받을 때까지 그 지상건물 등의 인도를 거부할 수 있다고 하여도, 지상건물 등의 점유·사용을 통하여 그 부지를 계속하여 점유·사용하는 한 그로 인한 부당이득으로서 부지의 임료 상당액은 이를 반환할 의무가 있다(대판 2001. 6. 1. 99다60535).

Ⅴ 사안의 해결

건물 소유를 위한 토지임대차 계약을 체결한 甲은 계약체결 시 '임대차 기간 만료 시 甲은 X토지상의 건물을 철거하고 원상회복하여 X토지를 반환한다'는 특약 즉 지상물매수청구권 포기특약을 하였다. 그러나 이러한 특약은 임차인의 불리한 약정으로 편면적 강행규정 위반으로 무효이다. 따라서 임차인 甲은 위 성립요건을 충족한다면 지상물매수청구권을 주장할 수 있다.

약술형 출제예상

임차권의 양도에 대해 설명하시오. (30점)

Ⅰ 의의

1. 임차권의 양도란 임차권의 동일성을 유지하면서 제3자에게 이전하는 계약이다.

2. 임차인은 임대인의 동의 없이 임차권을 양도하지 못한다(제629조 제1항). 건물의 소부분을 양도함에는 임대인의 동의를 요하지 않는다(제632조).

Ⅱ 임대인의 동의가 있는 양도

1. 임차권은 동일성을 유지하면서 양수인에게 확정적으로 이전하고, 전 임차인은 임대차관계에서 벗어난다(임대차관계의 승계).

2. 연체차임지급의무나 기타 의무 위반으로 인한 손해배상의무, 보증금반환채권 등은 특약이 없는 한 양수인에게 이전되지 않는다.

Ⅲ 임대인의 동의가 없는 양도(무단양도)

1. 양도인(임차인)과 양수인 관계

(1) **양도계약 자체는 유효**하다(대판 1986. 2. 25. 85다카1812). 양수인은 임차권을 취득하지만, 임대인(및 제3자)에게 대항할 수 없다.

(2) 양도인은 **임대인의 동의를 얻어줄 의무**를 부담하고, 양수인에게 담보책임을 진다(제567조).

2. 임대인과 양수인 관계

(1) 양수인은 임대인에게 임차권을 주장할 수 없다. 양수인의 점유는 **불법점유**가 된다.

(2) 임대인은 임대차계약을 해지하지 않는 한, 목적물을 직접 자기(임대인)에게 반환할 것을 청구할 수 없고 '임차인에게 반환하라'는 내용으로 **방해배제청구**를 할 수 있다(제213조).

(3) 임대인은 여전히 양도인에게 차임을 청구할 수 있으므로, 양수인에게 불법점유를 이유로 한 **손해배상이나 부당이득반환을** 청구할 수 없다.

3. 임대인과 양도인(임차인) 관계

(1) 임대인은 임대차 계약을 해지할 수 있다.

(2) 해지하지 않는 한 여전히 차임을 청구할 수 있다.

Ⅰ 논점 정리

1. 임차인은 임대인의 동의 없이 임차권을 양도하지 못한다(제629조 제1항). 건물의 소부분을 양도함에는 임대인의 동의를 요하지 않는다(제632조).

2. 甲은 2층 건물의 임차권을 양도하였는 바, 이는 건물의 소부분이라 할 수 없으므로 乙의 동의가 필요하다.

Ⅱ 乙의 동의가 있는 경우

1. 임차권은 동일성을 유지하면서 丙에게 확정적으로 이전하고, 甲은 임대차관계에서 벗어난다(임대차관계의 승계).

2. 연체차임지급의무나 기타 의무 위반으로 인한 손해배상의무, 보증금반환채권 등은 특약이 없는 한 丙에게 이전되지 않는다.

Ⅲ 乙의 동의가 없는 경우

1. 양도인과 양수인 관계

(1) 양도계약 자체는 유효하다(대판 1986. 2. 25. 85다카1812). 丙은 임차권을 취득하지만, 乙에게 대항할 수 없다.

(2) 甲은 乙의 동의를 얻어줄 의무를 부담하고, 丙에게 담보책임을 진다(제567조).

2. 임대인과 양수인 관계

(1) 丙은 乙에게 임차권을 주장할 수 없다. 丙의 점유는 불법점유가 된다.

(2) 乙은 임대차계약을 해지하지 않는 한, 丙에게 목적물을 직접 자기에게 반환할 것을 청구할 수 없고 '임차인에게 반환하라'는 내용으로 방해배제청구를 할 수 있다(제213조).

(3) 乙은 여전히 甲에게 차임을 청구할 수 있으므로, 丙에게 불법점유를 이유로 한 손해배상이나 부당이득반환을 청구할 수 없다.

3. 임대인과 양도인 관계

(1) 乙은 채무불이행을 이유로 임대차계약을 해지할 수 있다.

(2) 乙은 임대차계약을 해지하지 않는 한 甲에게 여전히 차임을 청구할 수 있다.

약술형 출제예상

임차물의 전대에 대해 설명하시오. (30점)

Ⅰ 의의

1. 임차인이 임대차관계를 유지하면서 임대차 목적물을 제3자에게 사용·수익하도록 하는 계약을 말한다. 임차권의 양도와 달리 임차인이 그 법적 지위를 그대로 유지한다.

2. 임차인은 임대인의 동의 없이 임차물을 전대하지 못한다(제629조 제1항). 건물의 소부분을 전대함에는 임대인의 동의를 요하지 않는다(제632조).

Ⅱ 임대인의 동의가 있는 전대

1. 전대인(임차인)과 전차인의 관계

(1) **전대차 계약의 내용에** 따라 정해진다.

(2) 전차인이 임대인에게 차임을 지급하면 그 범위에서 전대인에 대한 **차임지급의무를** 면한다.

(3) 임대차와 전대차가 동시에 종료하여 전차인이 임대인에게 임차물을 반환하면, 전차인은 전대인에 대한 **반환의무를** 면한다(대판 1995. 12. 12. 5다23996).

2. 임대인과 전대인(임차인) 관계

이들의 임대차관계는 전대차가 성립하여도 **아무런 영향을** 받지 않으므로 임대인은 임차인에게 차임청구 등 임대차계약상의 권리를 행사를 할 수 있다.

3. 임대인과 전차인 관계

(1) 전차인의 임대인에 대한 의무
① 임대인과 전차인 사이에는 **계약관계가 없으므로**, 전차인이 임대인에게 계약상 권리를 주장할 수 없다. 그러나 임대인에게 직접 의무를 부담한다(제630조 제1항 제1문).
② 전차인은 **전대인에 대한 차임의 지급**으로써 임대인에게 대항하지 못한다(제2문).

(2) 전차인의 보호

① 임대인과 임차인의 **합의로 계약을 종료**한 때에도 전차인의 권리는 소멸하지 아니하며(제631조), 임대차계약이 **해지의 통고로 종료**된 경우에는 임대인은 전차인에게 그 사유를 통지하지 아니하면 전차인에게 대항하지 못한다(제638조).

② 전대차가 종료한 경우 전차인은 임대인에 대하여 **부속물매수청구권**(제647조) 및 **지상물매수청구권**(제644조)을 행사할 수 있다.

Ⅲ 임대인의 동의가 없는 전대(무단전대) * 무단양도의 법률관계와 동일함

1. 전대인(임차인)과 전차인 관계

(1) **전대차계약은 유효**하다(대판 1986. 2. 25. 85다카1812).

(2) 전대인은 **임대인의 동의를 얻어줄 의무**를 부담하고, 전차인에게 담보책임을 진다(제567조).

2. 임대인과 전차인 관계

(1) 전차인은 임대인에게 임차권을 주장할 수 없다. 전차인의 점유는 **불법점유**가 된다.

(2) 임대인은 임대차계약을 해지하지 않는 한, 목적물을 직접 자기(임대인)에게 반환할 것을 청구할 수 없고 '임차인에게 반환하라'는 내용으로 **방해배제청구**를 할 수 있다(제213조).

(3) 임대인은 여전히 전대인에게 차임을 청구할 수 있으므로, 전차인에게 불법점유를 이유로 한 **손해배상이나 부당이득반환**을 청구할 수 없다.

3. 임대인과 전대인(임차인) 관계

(1) 임대인은 임대차계약을 해지할 수 있다.

(2) 해지하지 않는 한 여전히 차임을 청구할 수 있다.

甲(임대인)의 동의 없이 乙(임차인)이 임대목적물을 제3자 丙에게 전대(轉貸)한 경우에 甲, 乙, 丙 사이의 법률관계에 관하여 설명하시오. (20점)

Ⅰ 임대인의 동의가 없는 전대(무단전대)

1. 전대란 임차인이 임대차관계를 유지하면서 임대차 목적물을 제3자에게 사용・수익하도록 하는 계약을 말한다. 임차권의 양도와 달리 임차인이 그 법적 지위를 그대로 유지한다.

2. 임차인은 임대인의 동의 없이 임차물을 전대하지 못한다(제629조 제1항). 따라서 甲(임대인)의 동의 없이 乙(임차인)이 임대목적물을 제3자 丙에게 전대(轉貸)한 경우 이들의 법률관계가 문제가 된다.

Ⅱ 甲(임대인), 乙(임차인), 丙(전차인) 사이의 법률관계

1. 전대인(임차인) 乙과 전차인 丙의 관계

(1) 전대차계약은 전대인(임차인) 乙과 전차인 丙 간에는 유효하다(대판 1986. 2. 25. 85다카1812).

(2) 전대인 乙은 임대인 甲의 동의를 얻어줄 의무를 부담하고, 전차인 丙에게 담보책임을 진다(제567조).

2. 임대인 甲과 전차인 丙의 관계

(1) 전차인 丙은 임대인 甲에게 임차권을 주장할 수 없다. 전차인 丙의 점유는 불법점유가 된다.

(2) 임대인 甲은 임대차계약을 해지하지 않는 한, 목적물을 직접 자기(임대인)에게 반환할 것을 청구할 수 없고 '임차인에게 반환하라'는 내용으로 방해배제청구를 할 수 있다(제213조).

(3) 임대인 甲은 여전히 전대인에게 차임을 청구할 수 있으므로, 전차인 丙에게 불법점유를 이유로 한 손해배상이나 부당이득반환을 청구할 수 없다.

3. 임대인 甲과 전대인(임차인) 乙의 관계

(1) 임대인 甲은 무단전대를 이유로 임대차계약을 해지할 수 있다. 그러나 임차인의 무단전대가 임대인에 대한 배신행위가 아니라고 인정되는 특별한 사정이 있는 때에는 임대인은 해지할 수 없다.

(2) 해지하지 않는 한 여전히 차임을 청구할 수 있다.

02

임대차종료의 원인과 효과에 대해 설명하시오. (30점)

Ⅰ 임대차의 종료원인(→ 기, 통, 즉)

1. 기간의 만료

존속기간을 약정한 경우에는 그 기간의 만료로 종료한다. 다만 갱신합의·법정갱신이 성립하면 임대차는 존속한다.

2. 해지통고

(1) 존속기간의 약정이 없는 경우

① 존속기간의 약정이 없는 때에 당사자는 **언제든지** 해지의 통고를 할 수 있다.
② 상대방이 해지의 통고를 받은 날로부터 ⊙ 토지, 건물 기타 공작물에 대해서는 임대인이 해지를 통고한 경우에는 6월, 임차인이 해지를 통고한 경우에는 1월, ⓒ 동산에 대해서는 5일의 **해지통고기간이 경과**하면 임대차가 종료한다(제635조).

(2) 존속기간의 약정이 있는 경우

① 임대차기간의 약정이 있는 경우에도 당사자 일방 또는 쌍방이 그 기간 내에 **해지할 권리를 보류한 때**에는 언제든지 해지의 통고를 할 수 있다.
② 해지통고의 기간은 '기간의 정함이 없는 임대차'의 경우와 같다(제636조).

3. 즉시 해지

(1) 의의

채무불이행 등의 사유가 있는 경우에는 즉시 해지할 수 있다.

(2) 사유(→ 의, 일, 동, 차)

① 임대인이 임차인의 **의사에 반하여 보존행위**를 함으로써 임대차의 목적을 달성할 수 없는 때(제625조), ② 임차물의 **일부**가 임차인의 과실 없이 멸실한 경우에 그 잔존 부분만으로는 임차의 목적을 달성할 수 없는 때(제627조 제2항), ③ 임차인이 임대인의 **동의 없이** 양도·전대한 때(제629조 제2항), ④ **차임연체액이 2기**의 차임액에 달하는 때(제640조, 제641조), ⑤ 그 밖에 당사자 일방의 채무불이행이 있는 때(제544조, 제546조) 등이다.

(3) 효과

즉시 해지의 경우에는 제635조 제2항의 일정기간의 경과를 기다리지 않고, 해지의 의사표시가 도달된 때 즉시 해지의 효력이 발생한다.

Ⅱ 임대차종료의 효과(→ 장, 원)

1. 장래효

임대차는 계속적 계약이므로, 그 종료의 효과는 장래에 대하여 생길 뿐이다.

2. 원상회복의무 등

임대차종료 시 임차인은 ① 목적물을 **원상으로 회복하여** 임대인에게 반환하여야 하며, ② **유익비상환청구, 부속물매수청구** 등을 할 수 있다.

약술형 출제예상

임대차 보증금에 대해 설명하시오. (30점)

Ⅰ 의의

임대차 보증금은 임대차에 있어서 임대인의 채권을 담보하기 위하여 임차인이나 제3자가 임대인에게 교부하는 금전 기타의 유가물을 말한다.

Ⅱ 법적 성질

1. 보증금은 임대차종료 또는 목적물 반환 시에 임차인의 채무불이행이 없는 것을 정지조건으로 한 반환채무를 수반하는 금전소유권의 이전이라고 보는 것이 통설이다(정지조건설).

2. 보증금계약은 요물계약이며, 임대차계약의 종된 계약이다.

Ⅲ 효력

1. 담보적 효력

보증금은 차임의 연체, 목적물의 보존의무 위반 등 임대차 기간 중 발생할 수 있는 임차인의 채무뿐만 아니라, 임대차종료 후 목적물반환 전에 발생한 채무도 담보한다.

2. 임대차 존속 중의 효력

(1) 임대인의 공제권

임차인의 차임연체의 경우, 임대인은 임대차종료 전이라도 보증금으로써 연체차임에 충당할 수 있다. 연체차임에 충당할 것인지 여부는 임대인의 자유이다.

(2) 임차인의 공제주장 가부

임차인은 보증금이 있음을 이유로 연체차임의 지급을 거절할 수 없다(대판 1999. 7. 27. 99다24881).

3. 임대차종료 후의 효력(→ 보, 증, 동, 유)

(1) 보증금반환청구권

보증금반환청구권은 임대차종료 후 목적물반환 시에 임차인의 채무를 공제한 잔액에 관하여 임대인의 별도의 의사표시 없이도 당연히 발생한다(대판 1988. 1. 19. 87다카1315).

(2) 증명책임

① 임대차보증금에서 공제될 차임채권 등의 발생원인에 관한 주장·증명책임은 임대인이 지고, ② 그 발생한 채권의 소멸에 관한 주장·증명책임은 임차인이 진다(대판 2005. 9. 28. 2005다8323).

(3) 동시이행관계

임대차계약의 종료에 의한 임차인의 임차목적물 반환의무와 연체차임 등 명도 시까지 생긴 임차인의 모든 채무를 공제한 임대인의 보증금반환의무는 동시이행의 관계에 있다(대판 1977. 9. 28. 77다1241).

(4) 유치권의 성립 여부

보증금반환청구권은 '그 물건에 관하여 생긴 채권(제320조)'이 아니므로 임차목적물에 대하여 유치권을 행사할 수 없다(대판 1976. 5. 11. 75다1305).

Ⅳ 임차물의 양도와 보증금의 승계

1. 대항력 있는 임대차의 경우

양수인은 임대인의 지위를 승계하므로, 보증금에 관한 권리·의무도 함께 양수인에게 이전한다(대판 1996. 11. 22. 96다38216).

2. 대항력 없는 임대차의 경우

양수인은 임대인의 지위를 승계하지 않으므로, 임차인은 양도인(임대인)에 대하여만 보증금의 반환청구를 할 수 있고, 양수인에 대해서는 반환청구를 할 수 없다.

제2관 특별법에 의한 임대차 관계의 규율

01 주택임대차보호법상의 주택임대차

약술형 출제예상

주택임대차보호법의 적용 범위에 대해 설명하시오. (20점)

Ⅰ 서설

주택임대차보호법은 주거용 건물의 임대차에 관하여 민법에 대한 특례를 규정함으로써 국민 주거생활의 안정을 보장함을 목적으로 한다(주택임대차보호법 제1조).

Ⅱ 적용범위

1. 주거용 건물

(1) 의의

주거용 건물(이하 '주택이라 함)의 전부 또는 일부에 관한 임대차에 관하여 적용되며, 그 임차 주택의 일부가 주거 외의 목적으로 사용되는 경우에도 적용된다(제2조).

(2) 판단기준

주거용 건물에 해당하는지 여부는 공부상의 표시가 아니라 **실제 용도에 따라** 정하여야 한다(대판 1996. 6. 14. 96다7595). 미등기 무허가주택의 임대차에도 적용될 수 있다(대판 2009. 8. 20. 2009다26879).

2. 임차인이 법인인 경우

① 주임법에 의한 임차인의 보호는 법인인 임차인에게는 인정되지 않는다(대판 1997. 7. 11. 96다7236). 다만 ② **전세임대주택을 지원하는** 대통령령이 정하는 법인의 경우(동법 제3조 제2항) 및 **중소기업이 직원의 주거용으로** 임차한 경우(동법 제3조 제3항)에는 적용된다.

3. 일시사용을 위한 임대차

일시사용을 위한 임대차임이 명백한 경우에는 적용되지 아니한다(제11조).

주택임대차보호법상 대항력에 대해 설명하시오. (20점)

I 의의

주택임차인이 주택의 인도와 주민등록을 마친 때에는 그다음 날부터 제3자에 대하여 효력이 생긴다(주택임대차보호법 제3조 제1항 전단).

II 요건

1. 적법한 주택임대차 계약이 있을 것

(1) 임대차계약을 체결할 수 있는 권한을 가진 자와의 적법한 주택임대차 계약이 있어야 한다.

(2) 매매 목적물을 인도받은 미등기매수인은 소유자는 아니지만 적법한 임대차계약을 체결할 수 있는 권한이 있다(대판 1999. 4. 23. 98다49753).

2. 주택의 인도와 주민등록을 마칠 것

주택의 인도 및 주민등록은 **계속 존속하고 있어야** 한다(대판 1998. 1. 23. 97다43468).

(1) **주택의 인도**

주택의 인도에는 임차인이 직접점유뿐만 아니라 **간접점유를** 취득(임차인이 전대를 하는 경우)한 경우도 포함된다. 다만 **직접점유자가** 주민등록을 마쳐야 한다(대판 2001. 1. 19. 2000다55645).

(2) **주민등록**

① 전입신고를 한 때 주민등록이 된 것으로 본다(제3조 제1항 후단).

② 가족과 함께 일시적이나마 다른 곳으로 주민등록을 이전하였다면, 대항력이 소멸되고, **재전입한 때부터** 새로운 대항력이 발생한다(대판 1998. 1. 23. 97다43468).

(3) **임차권등기명령**

임대차가 끝난 후 보증금을 반환받지 못한 임차인이 임차권등기명령에 따라 임차권등기를 마치면, 제3조 제1항의 대항요건을 상실하더라도 대항력 및 우선변제권을 상실하지 아니한다(제3조의3).

Ⅲ 효과

1. 대항력 취득시기

주택의 임차인이 주택의 인도와 주민등록을 마친 때에는, '**그다음 날부터**' 제3자에 대하여 효력이 생기며, 그다음 날 오전 0시부터 대항력이 생긴다는 의미이다(제3조 제1항 전단).

2. 대항력의 내용

임차주택의 양수인은 임대인의 지위를 승계한 것으로 본다(제3조 제4항).

약술형 출제예상

임차권등기명령에 대해 설명하시오. (20점)

Ⅰ 의의

임대차가 끝난 후 보증금을 반환받지 못한 임차인이 법원으로부터 임차권등기명령을 받아 경료하는 임차권등기제도이다(주택임대차보호법 제3조의3).

Ⅱ 요건

1. 임대차가 종료되고, 보증금을 반환받지 못한 경우이어야 한다.

2. 법원에 임차권등기명령을 신청하여야 임차권등기명령에 따라 임차권등기를 경료하여야 한다.

Ⅲ 효과(→ 대, 우, 소, 담)

1. 대항력과 우선변제권의 취득 및 유지

(1) 임차권등기 이후에는 주택의 인도와 주민등록의 요건을 구비하지 못하였더라도 대항력 및 우선변제권을 취득한다(제3조의3 제5항 본문).

(2) 임차권등기 이후에는 주택의 인도와 주민등록의 요건을 상실하더라도 기존의 대항력 및 우선변제권이 그대로 유지된다(단서).

2. 소액보증금 최우선변제권의 배제

임차권등기명령에 따른 임차권등기가 끝난 주택을 **그 이후에 임차한 임차인에게는** 소액보증금 최우선변제권이 인정되지 않는다(제6항).

3. 담보적 효력

임차권등기명령에 의한 임차권등기는 담보적 기능을 하므로, 임대인의 보증금반환의무가 임차인의 임차권등기 말소의무보다 **먼저 이행되어야** 할 의무이다(대판 2005. 6. 9. 2005다4529).

2020년 8회 기출

X주택의 임대인 甲이 임대차 종료 후 정당한 사유 없이 보증금을 반환하지 아니하자 임차인 乙이 임차권등기명령을 신청하여 임차권등기가 이루어진 경우, 그 효과에 관하여 설명하시오. (20점)

Ⅰ 임차권등기명령에 기한 임차권등기제도

임대차가 끝난 후 보증금을 반환받지 못한 임차인 乙이 법원으로부터 임차권등기명령을 받아 경료하는 임차권을 등기할 수 있는 제도이다(주택임대차보호법 제3조의3).

Ⅱ 요건

1. 임대차가 종료되고, 보증금을 반환받지 못한 경우이어야 한다.

2. 법원에 임차권등기명령을 신청하여야 한다.

3. 그 임차권등기명령에 따라 임차권등기를 경료하여야 한다.

Ⅲ 효과(→ 대, 우, 소, 담)

1. 대항력과 우선변제권의 취득 및 유지

(1) 임차권등기 이후에는 주택의 인도와 주민등록의 요건을 구비하지 못하였더라도 대항력 및 우선변제권을 취득한다(제3조의3 제5항 본문).

(2) 임차권등기 이후에는 주택의 인도와 주민등록의 요건을 상실하더라도 기존의 대항력 및 우선변제권이 그대로 유지된다(단서).

2. 소액보증금 최우선변제권의 배제

임차권등기명령에 따른 임차권등기가 끝난 주택을 그 이후에 임차한 임차인에게는 소액보증금 최우선변제권이 인정되지 않는다(제6항).

3. 담보적 효력

임차권등기명령에 의한 임차권등기는 담보적 기능을 하므로, 임대인의 보증금반환의무가 임차인의 임차권등기 말소의무보다 먼저 이행되어야 할 의무이다(대판 2005. 6. 9. 2005다4529).

Ⅳ 사안의 적용

① 임대인 甲이 임대차 종료 후 정당한 사유 없이 보증금을 반환하지 아니하여, ② 임차인 乙이 임차권등기명령을 신청하여 ③ 임차권등기가 이루어진 경우이므로, 이러한 임차권등기에 의해 임차인 乙은 주택의 인도와 주민등록의 요건을 구비하지 못하였더라도 대항력 및 우선변제권을 취득하며, 임차권등기 이후에는 주택의 인도와 주민등록의 요건을 상실하더라도 기존의 대항력 및 우선변제권이 그대로 유지된다. 또한 임차권등기의 담보적 기능을 하므로, 임대인의 보증금반환의무가 임차인의 임차권등기 말소의무보다 먼저 이행되어야 한다.

사례형 출제예상

甲은 2019. 2. 20. 乙로부터 그 소유의 주택을 임대차보증금 5,000만 원, 임대차기간 2019. 2. 21.부터 2년으로 정하여 임차하고, 2019. 2. 21. 乙에게 임대차보증금을 모두 지급하고 위 주택을 인도받은 뒤, 2019. 2. 22. 전입신고를 하고 임대차계약서에 확정일자도 받았다. 한편 위 주택에 관하여 2020. 2. 19. 丙 명의의 채권최고액 1억 원의 근저당권 설정등기가 마쳐졌다. 甲은 위 임대차기간의 만료 후에도 임대차보증금을 반환받지 못하고 있던 중인 2021. 5. 14. 관할 법원에 임차권등기명령을 신청한 다음 2021. 5. 16. 가족과 함께 다른 곳으로 이사 및 전입신고를 마쳤고, 임차권등기는 2021. 5. 18.에 마쳐졌다.

(1) 위의 사례에서 2021. 8. 19. 丙의 신청에 따라 개시된 담보권 실행을 위한 경매절차에서 丁이 위 주택을 낙찰받아 2022. 4. 17. 매각대금을 완납한 경우, 甲은 丁에 대하여 임차권으로 대항할 수 있는지 여부와 그 근거를 간략히 설명하시오. (30점)

[I] **결론(2점)**

甲은 丁에게 임차권으로 대항할 수 없다.

[II] **근거(28점)**

1. 甲의 대항력 취득 여부(5점)

주택임차인은 등기를 하지 않은 경우에도 ① 임차주택을 인도받고 ② 해당 주택으로 주민등록을 마치면 그 다음날부터 제3자에 대하여 대항력을 가진다(주택임대차보호법 제3조 제1항). ③ 나아가 대항요건과 임대차계약서상에 확정일자를 받으면 해당 주택의 매각대금에서 우선하여 보증금을 변제받을 수 있다(주택임대차보호법 제3조 제2항). 이러한 실체적 요건 이외에도 ④ 절차상으로 임차인이 매각대금에 대하여 배당요구 또는 우선권 행사의 신고를 하여야 한다. 사안에서 甲은 乙과 임대차계약을 체결하고, 위 주택을 인도받은 뒤 2019. 2. 22. 전입신고를 하였고 확정일자도 받은 바, 그 다음 날인 2019. 2. 23.부터 대항력과 우선변제권을 취득하였다. 한편 丙 명의의 근저당권 설정등기는 2020. 2. 19. 경료되었으므로 甲의 임차권이 丙의 근저당권보다 앞선다.

2. 주택의 인도와 주민등록이 대항력 유지를 위한 존속요건인지 여부(7점)

(1) 주택임대차보호법이 제3조 제1항에서 주택임차인에게 주택의 인도와 주민등록을 요건으로 명시하여 등기된 물권에 버금가는 강력한 대항력을 부여하고 있는 취지에 비추어 볼 때 달리 공시방법이 없는 주택임대차에 있어서 주택의 인도 및 주민등록이라는 **대항요건은** 그 대항력취득 시에만 구비하면 족한 것이 아니고 그 대항력을 유지하기 위해서도 **계속 존속하고 있어야 한다.**

(2) 주택의 임차인이 그 주택의 소재지로 전입신고를 마치고 그 주택에 입주함으로써 일단 임차권의 대항력을 취득한 후 어떤 이유에서든지 그 가족과 함께 일시적이나마 다른 곳으로 주민등록을 이전하였다면 이는 전체적으로나 종국적으로 주민등록의 이탈이라고 볼 수 있으므로 그 대항력은 그 전출 당시 이미 대항요건의 상실로 소멸되는 것이고, 그 후 그 임차인이 얼마 있지 않아 다시 원래의 주소지로 주민등록을 재전입하였다 하더라도 이로써 소멸되었던 대항력이 당초에 소급하여 회복되는 것이 아니라 그 재전입한 때부터 그와는 동일성이 없는 새로운 대항력이 재차 발생하는 것이다(97다43468).

3. 주택임대차보호법 제3조의3의 임차권등기명령(13점)

(1) 의의 및 취지

임대차가 종료되어도 보증금을 반환받지 못하면 임차인은 대항력과 우선변제권을 잃을 염려 때문에 이사를 할 사정이 생겨도 하지 못하게 된다. 판례에 따르면 주택의 인도와 주민등록은 대항력의 존속요건이기도 하기 때문이다. 따라서 주임법은 임차권등기가 되면 대항력 및 우선변제권을 그대로 유지케 함으로써 임차인을 보호하고 있다.

(2) 방법

임대차가 종료된 후 보증금을 반환받지 못한 임차인은 임차주택의 소재지를 관할하는 법원에 임차권등기명령을 신청한다(주임법 제3조의3 제1항).

(3) 효과

① 임차권등기를 마치면, 주임법 제3조의3 제5항에 따라 이전의 대항력 및 우선변제권을 그대로 유지된다.

② 효력발생의 시기 : 그러나 이러한 효과는 **임차권등기의 경료 시부터 발생**하므로, **임차권등기명령을 신청한 후 곧바로 이사나 전출을 한 경우에는 이미 취득한 대항력 또는 우선변제권을 상실**하고, 임차권등기명령이 발령된 후 임차권등기가 마쳐지기 전에 곧바로 이사나 전출을 한 경우에도 마찬가지이다. 그러나 그 후 임차권등기가 마쳐진 경우에는 그 때부터 대항력 및 우선변제권을 다시 취득한다.

4. 사안의 경우(3점)

甲은 2019. 2. 23. 일단 대항력 및 우선변제권을 취득하였으나, 임대차기간 종료 후 2021. 5. 16. 다른 곳으로 이사 및 전입신고를 하여 기존의 대항력을 상실하였다가 임차권등기를 마친 2021. 5. 18. 이를 다시 취득하였으므로 甲의 임차권이 丙의 근저당권보다 뒤지게 되었다. 甲은 丁에게 대항할 수 없고, 우선변제권도 丙보다 뒤지게 된다.

약술형 출제예상

양수인의 임대인 지위승계에 대해 설명하시오. (20점)

Ⅰ 의의

주택임차인이 주임법상 대항력을 갖춘 경우, 주택의 양수인은 임대인의 지위를 승계하는 것으로 본다(주택임대차보호법 제3조 제4항).

Ⅱ 요건(→ 대, 양, 즉)

1. 대항력의 존재

임차인이 주택의 양도 이전에 대항력을 취득하였어야 한다. 즉, ① 민법상 임차권등기를 하거나(민법 제621조), ② 주임법상 주택의 인도와 주민등록(주임법 제3조 제2항), ③ 임차권등기명령에 의한 임차권등기를 경료하였어야 한다(제3조의3).

2. 임차물의 양수인

① 강제경매에 있어서의 경락인(대판 1992. 7. 14. 92다12827), 미등기건물의 양수인(대판 1987. 3. 24. 86다카164)은 여기의 양수인에 해당하지만, ② 임차권에 우선하는 저당권에 기하여 경락을 받은 자(대판 1987. 2. 24. 86다카1936)는 여기의 양수인이 아니다.

3. 임차인의 즉시 해지

임차인이 임대차관계의 <u>승계를 원하지 아니할 때에는</u> 임대차계약을 즉시 해지함으로써 임대차를 종료시킬 수 있다(대판 1996. 7. 12. 94다37646).

Ⅲ 효과(→ 보, 연)

1. 보증금반환채무의 면책적 이전

임대차보증금반환채무도 임차물의 소유권과 결합하여 일체로서 이전하므로, <u>양도인의 보증금반환채무는 소멸한다</u>(대판 1987. 3. 10. 86다카1114).

2. 연체차임채권의 불승계

임차물이 양도되기 전에 이미 발생한 연체차임은 원칙적으로 **양수인에게 이전되지 않고** 임대인만(양도인)이 임차인에게 청구할 수 있다(대판 2017. 3. 22. 2016다218874).

사례형 출제예상

甲은 X주택을 신축한 후 소유권보존등기를 마치고, 2016. 9. 1. 乙에게 임대하였다(보증금 1억 원, 월차임 100만 원은 매월 말일 지급). 乙은 2016. 9. 1. 주민등록을 마치고 X주택을 인도받아 주거로 사용해오고 있으나, 처음 몇달간은 차임을 제때 지급하였지만, 2017년 1월분부터 차임을 연체하기 시작하였다.

한편, 2017. 7. 1. 甲은 X주택을 丙에게 매도하고 소유권이전등기를 경료해 주었는데, 丙이 X건물을 매수한 후에도 차임연체는 계속되었다. 이에 2017. 12. 1. 丙은 乙에게 차임연체를 이유로 임대차계약을 해지하였다.

(1) 2017. 12. 1. 현재 연체차임채권이 누구에게 귀속되는지를 설명하라. 또한 乙이 보증금과 관련하여 주장할 수 있는 항변을 검토하라. (40점)

Ⅰ 논점 정리(2점)

1. 임대차의 차임채권의 귀속관계와 관련해서는, X주택의 양도로 인하여 임대인의 지위가 丙에게 승계되는지 여부가 문제되며, 그 임대인지위의 승계 시 연체차임도 丙에게 이전되는지가 문제된다.

2. 임대차종료 시 乙의 보증금액수가 얼마인지가 문제되고, 그에 대한 동시이행의 항변관계가 문제된다.

Ⅱ 임대인 지위의 승계 여부(10점)

1. 의의(2점)

주택임차인이 주임법상 대항력을 갖춘 경우, 주택의 양수인은 임대인의 지위를 승계하는 것으로 본다.[24]

2. 요건(6점)

(1) 대항력이 존재할 것

① 주택이 양도되기 이전에 주택임차인이 대항력을 취득하고 있어야 한다.

---

24 주택임대차보호법 제3조 제4항

② 여기서 대항력을 갖추었다고 보려면, ⊙ 민법상 임차권등기를 하거나[25], ⓒ 주임법상 주택의 인도와 주민등록을 마쳤거나(주임법 제3조 제2항), ⓒ 임차권등기명령에 의한 임차권등기를 경료하였어야 한다.[26]

(2) 임차주택을 양수할 것

① 강제경매에 있어서의 경락인[27], 미등기건물의 양수인[28]은 여기의 양수인에 해당하지만, ② 임차권에 우선하는 저당권에 기하여 경락을 받은 자[29]는 여기의 양수인이 아니다.

3. 사안의 경우(2점)

(1) 乙은 ① 주택의 소유자인 甲과 적법한 임대차계약을 체결하였고, ② 주택의 인도와, ③ 주민등록을 마쳤으므로, 2016. 9. 2. 오전 0시에 대항력을 취득하였다(주임법 제3조 제2항).

(2) 따라서 양수인 丙은 임대인의 지위를 승계한다.

Ⅲ 임대인 지위 승계의 효과(10점)

1. 보증금반환채무의 승계(3점)

임대차보증금반환채무도 임차물의 소유권과 결합하여 일체로서 양수인에게 이전한다. 양도인의 보증금반환채무는 소멸한다.[30]

2. 연체차임 채권의 불승계(5점)

임차물이 양도되기 전에 이미 발생한 연체차임은 양수인에게 이전되지 않으므로, 여전히 양도인이 임차인에게 청구할 수 있다.[31]

---

25 민법 제621조
26 주택임대차보호법 제3조의3
27 대판 1992. 7. 14. 92다12827
28 대판 1987. 3. 24. 86다카164
29 대판 1987. 2. 24. 86다카1936
30 대판 1987. 3. 10. 86다카1114
31 대판 2017. 3. 22. 2016다218874

3. 사안의 경우(2점)

(1) 丙은 임대인의 지위를 승계한 결과 보증금 1억 원의 반환채무도 승계한다.

(2) 그러나 연체차임채권은 승계하지 않으므로 ① 2017년 1월분부터 6개월 간의 연체차임 채권 (600만 원)은 甲에게 귀속되며, ② 2017년 7월분부터 5개월 간의 연체차임 채권(500만 원)은 丙에게 귀속된다.

Ⅳ 보증금과 관련한 乙의 항변(15점)

1. 보증금반환청구권(8점)

(1) 보증금반환청구권은 임대차 종료 후 목적물반환 시에 임차인의 채무를 공제한 잔액에 관하여 임대인의 별도의 의사표시 없이[32] 당연히 발생한다.[33]

(2) 임대인의 지위를 승계하기 전까지 발생한 연체차임이나 관리비 등도 특별한 사정이 없는 한 임대차보증금에서 당연히 공제된다(판례).[34]

(3) ① 임대차보증금에서 공제될 차임채권 등의 존재에 관한 주장·증명책임은 임대인이 지고, ② 그 발생한 차임채권 등의 소멸에 관한 주장·증명책임은 임차인이 진다.[35]

2. 동시이행의 항변권(3점)

임대차계약의 종료에 의한 임차인의 임차목적물 반환의무와 연체차임 등 명도 시까지 생긴 임차인의 모든 채무를 공제한 임대인의 보증금반환의무는 동시이행의 관계에 있다.[36]

---

[32] 임대차 종료시에 임대인이 반환할 보증금에서 연체차임채권액을 상계하겠다는 상계의 의사표시를 하지 않아도 당연히 공제된다는 의미이다. 반면에 임대차 존속중에는 나중에 반환할 보증금에서 연체차임을 상계하겠다는 상계의 의사표시를 하여야만 차임과 보증금이 대등액에서 소멸하는 효과가 발생한다.

[33] 대판 1988. 1. 19. 87다카315

[34] 대판 2017. 3. 22. 2016다218874; 임차건물의 양수인이 건물 소유권을 취득한 후 임대차관계가 종료되어 임차인에게 임대차보증금을 반환해야 하는 경우에 **임대인의 지위를 승계하기 전까지 발생한 연체차임**이나 관리비 등이 있으면 이는 특별한 사정이 없는 한 임대차보증금에서 당연히 공제된다. 일반적으로 임차건물의 양도 시에 연체차임이나 관리비 등이 남아있더라도 나중에 임대차관계가 종료되는 경우 임대차보증금에서 이를 공제하겠다는 것이 당사자들의 의사나 거래관념에 부합하기 때문이다.

[35] 대판 2005. 9. 28. 2005다8323

[36] 대판 1977. 9. 28. 77다1241

3. 유치권의 인정 여부(2점)

보증금반환청구권은 '그 물건에 관하여 생긴 채권'[37]이 아니므로 임차물에 대하여 유치권을 행사할 수 없다.[38]

4. 사안의 경우(2점)

乙은 보증금 1억 원 중에서 연체차임 1,100만 원(600+500)을 공제한 8,900만 원에 관하여 주택의 인도와 동시이행의 항변을 할 수 있다.

Ⅴ 사안의 해결(3점+1)

1. 연체차임채권은 丙에게 승계되지 않으므로 ① 2017년 1월분부터 6개월 간의 연체차임 채권(600만 원)은 甲에게 귀속되며, ② 2017년 7월분부터 5개월 간의 연체차임 채권(500만 원)은 丙에게 귀속된다.

2. 乙은 보증금 1억 원 중에서 연체차임 1,100만 원(600+500)을 공제한 8,900만 원에 관하여 주택의 인도와 동시이행의 항변을 할 수 있다.

---

37 민법 제320조(유치권의 내용) ① 타인의 물건 또는 유가증권을 점유한 자는 그 물건이나 유가증권에 관하여 생긴 채권이 변제기에 있는 경우에는 변제를 받을 때까지 그 물건 또는 유가증권을 유치할 권리가 있다.
38 대판 1976. 5. 11. 75다1305

약술형 출제예상

주택임대차보호법상 보증금의 우선변제권에 대해 설명하시오. (20점)

Ⅰ 의의

대항요건과 확정일자를 갖춘 주택임차인은 경매 또는 공매의 경우, 주택(대지를 포함한다)의 환가대금에서 후순위권리자나 그 밖의 채권자보다 우선하여 보증금을 변제받을 권리가 있다 (주임법 제3조의2 제2항).

Ⅱ 요건

1. 대항요건 및 확정일자를 갖출 것

주택임차인이 대항력 요건(주택의 인도·주민등록)을 갖추고 임대차계약증서에 확정일자를 받아야 한다.

2. 배당요구의 종기까지 존속할 것

우선변제 요건은 경매절차의 **배당요구의 종기인** 경락기일까지 계속 존속하여야 한다(대판 2002. 8. 13. 2000다61466).

3. 배당요구를 할 것

보증금반환채권은 당연배당채권(당연배당채권)이 아니므로, 임차인이 **경락기일까지 배당요구를 한 경우에 한하여** 배당을 받을 수 있다(대판 1998. 10. 13. 98다12379).

Ⅲ 효과

1. 순위에 따른 우선변제

(1) 경매(또는 공매) 시 임차주택의 환가대금에서 **후순위권리자나 그 밖의 채권자보다** 우선하여 보증금을 변제받는다(제3조의2 제2항). **대지의 환가대금에** 대하여도 우선변제권이 인정된다.

(2) 우선변제 순위는 **확정일자를 기준**(대판 1992. 10. 13. 92다30597)으로 하지만, 대항요건이 확정 일자보다 나중에 구비된 경우에는 '대항요건을 갖춘 그 다음날'을 기준(대판 1999. 3. 23. 98다 46938)으로 한다.

2. 대항력과 우선변제권의 선택

양수인에게 대항하여 임대차관계의 존속을 주장할 수 있는 권리와 보증금의 우선변제를 받을 수 있는 두 가자 권리를 겸유하므로, **그중 하나를 선택하여** 행사할 수 있다(대판 1993. 12. 24. 93다39676).

3. 보증금반환채권을 양도한 경우

임차권과 분리된 임차보증금반환채권만을 양수한 양수인은 주택임대차보호법상의 우선변제권을 행사할 수 있는 임차인에 해당하지 않는다(대판 2010. 5. 27. 2010다10276).

약술형 출제예상

주택임대차보호법상 소액보증금의 최우선변제권에 대해 설명하시오. (20점)

Ⅰ 의의

임차인은 보증금 중 일정액을 순위를 따지지 않고 다른 담보물권자보다 우선하여 변제받을 권리가 있다(주임법 제8조). 이를 소액임차인의 최우선변제권이라 한다.

Ⅱ 요건

1. 소액임차인일 것

대통령령으로 정하는 일정액의 범위 내의 소액임차인이어야 한다(예 서울시 1억 1천만 원 이하의 소액임차인)

2. 대항요건을 갖출 것

경매신청의 등기 전에 제3조 제1항의 대항력(주택의 인도와 주민등록)을 갖추어야 한다(주임법 제8조 1항 2문). 그러나 확정일자까지 갖추어야 하는 것은 아니다.

Ⅲ 효과

1. 최우선변제권

(1) 다른 담보물권이 성립하여 있더라도 그 성립의 순서에 관계없이 '보증금 중 일정액'을 최우선 변제를 받는다(예컨대, 서울시 최대 3천 700만 원 이하).

(2) 소액임차인들의 '보증금 중 일정액'이 주택가액의 2분의 1을 초과하는 경우에는 주택가액의 2분의 1에 해당하는 금액까지만 최우선 우선변제권이 인정된다(시행령 제10조 제2항).

2. 확정일자까지 갖춘 경우

대항요건과 확정일자를 갖춘 임차인들이 소액임차인의 지위를 겸하는 경우에는, ① 먼저 소액임차인으로서 보호받는 일정액을 최우선 배당하고, ② 나머지 임차보증금채권액에 대하여는 순위에 따라 추가 배당을 한다(대판 2007. 11. 15. 2007다45562).

> **약술형 출제예상**
>
> 주택임대차보호법상 존속기간의 보호에 대해 설명하시오. (20점)

Ⅰ 서설

주택임대차보호법은 임차인을 보호하기 위하여 최단기간 보장 및 묵시의 갱신을 인정하고 있다.

Ⅱ 최단기간의 보장

1. 기간을 정하지 아니하거나 2년 미만으로 정한 임대차는 그 기간을 2년으로 본다. 다만, 임차인은 2년 미만으로 정한 기간이 유효함을 주장할 수 있다(제4조 제1항).

2. 임대차기간이 끝난 경우에도 임차인이 보증금을 반환받을 때까지는 임대차관계가 존속되는 것으로 본다(제2항).

Ⅲ 묵시의 갱신

1. 의의

임대차기간이 종료하기 전 일정기간 내에 갱신거절 등의 통지를 하지 아니한 경우, 전 임대차와 동일한 조건으로 다시 임대차한 것으로 보는데(제6조 제1항), 이를 묵시의 갱신이라 한다.

2. 요건

(1) 임대인의 경우

임대인이 임대차기간이 끝나기 6개월 전부터 2개월 전까지의 기간에 임차인에게 갱신거절의 통지를 하지 아니하거나 계약조건을 변경하지 아니하면 갱신하지 아니한다는 뜻의 통지를 하지 아니하여야 한다(제6조 제1항).

(2) 임차인의 경우

① 임차인은 임대차기간이 끝나기 2개월 전까지 통지하지 아니하여야 한다(제1항).
② 임차인이 2기의 차임액에 달하도록 연체하거나 그 밖에 임차인으로서의 의무를 현저히 위반한 경우에는 묵시의 갱신을 적용하지 않는다(제3항).

3. 효과

(1) 전 임대차와 동일한 조건

임대차 기간이 끝난 때에 전 임대차와 동일한 조건으로 다시 임대차한 것으로 본다(제6조 제1항).

(2) 존속기간의 법정

갱신된 임대차의 존속기간은 2년으로 본다(제6조 제2항).

(3) 임차인의 해지통고

① **임차인은 언제든지** 임대인에게 계약해지를 통지할 수 있다(제6조의2 제1항).

② 임대인이 해지의 통지를 받은 날부터 **3개월**이 지나면 해지의 효력이 발생한다(제2항).

Ⅳ 편면적 강행규정

주택임대차보호법은 편면적 강행규정이므로(제10조), 존속기간에 관하여 임차인에게 불리한 약정은 무효이다.

기출확인 2013년 1회 기출

주택임대차보호법상 '묵시적 갱신'에 관하여 약술하시오. (20점)

Ⅰ 의의 및 취지

임대차기간이 종료하기 전 일정기간 내에 갱신거절 등의 통지를 하지 아니한 경우, 전 임대차와 동일한 조건으로 다시 임대차한 것으로 보는데(제6조 제1항), 이를 묵시의 갱신이라 한다. 최단기간 보장과 함께 임차인을 보호하기 위하여 인정되는 존속기간 보호제도이다.

Ⅱ 요건

1. 임대인의 경우

임대인이 임대차기간이 끝나기 6개월 전부터 2개월 전까지의 기간에 임차인에게 갱신거절의 통지를 하지 아니하거나 계약조건을 변경하지 아니하면 갱신하지 아니한다는 뜻의 통지를 하지 아니하여야 한다(제6조 제1항).

2. 임차인의 경우

(1) 임차인은 임대차기간이 끝나기 2개월 전까지 통지하지 아니하여야 한다(제1항).

(2) 임차인이 2기의 차임액에 달하도록 연체하거나 그 밖에 임차인으로서의 의무를 현저히 위반한 경우에는 묵시의 갱신을 적용하지 않는다(제3항).

Ⅲ 효과

1. 전 임대차와 동일한 조건

임대차 기간이 끝난 때에 전 임대차와 동일한 조건으로 다시 임대차한 것으로 본다(제6조 제1항).

2. 존속기간의 법정

갱신된 임대차의 존속기간은 2년으로 본다(제6조 제2항).

3. 임차인의 해지통고

(1) **임차인은 언제든지** 임대인에게 계약해지를 통지할 수 있다(제6조의2 제1항).

(2) 임대인이 해지의 통지를 받은 날부터 **3개월**이 지나면 해지의 효력이 발생한다(제2항).

Ⅳ 편면적 강행규정

주택임대차보호법은 편면적 강행규정이므로(제10조), 존속기간에 관하여 임차인에게 불리한 약정은 무효이다.

02 상가건물 임대차보호법상의 상가건물임대차

> **예상문제** 상가건물 임대차보호법상 상가
>
> 甲은 2015. 11. 8. 乙로부터 乙 소유의 건물 1층 409.20m² 중 약 66m²(이하 '이 사건 임차 부분'이라 한다)를 임대차보증금 2,500만 원, 임차기간 2015. 11. 8.부터 5년으로 정하여 임차하고, 乙에게 위 임대차보증금을 지급하였다. 甲은 2015. 11. 8. 이 사건 임차 부분을 인도받고, 같은 달 10일 관할세무서에 '행복도금'이라는 상호로 사업자등록을 마친 후 이 사건 임차부분에서 도금작업을 하여 왔는데, 甲은 이 사건 임차 부분 및 인접한 컨테이너 박스에서 손님들로부터 도금작업에 관한 주문을 받고 완성된 도금제품을 고객들에게 인도하고 수수료를 지급받는 등의 영업활동을 하였다.
>
> 甲의 이 사건 임차 부분이 상가건물 임대차보호법이 적용되는 상가건물에 해당하는지 여부 및 그 이유를 간략히 서술하시오. (20점)

Ⅰ 결론(2점)

甲의 이 사건 임차 부분은 상가건물 임대차보호법이 적용되는 상가건물에 해당한다.

Ⅱ 이유(18점)

1. 문제의 소재(2점)

사안과 같은 경우가 상임법의 적용을 받는 상가건물인지가 그 판단기준과 관련하여 문제된다.

2. 상임법상의 상가건물 임대차의 의미(3점)

상가건물 임대차보호법의 목적과 같은 법 제2조 제1항 본문, 제3조 제1항에 비추어 보면, 상가건물 임대차보호법이 적용되는 상가건물 임대차는 사업자등록 대상이 되는 건물로써 임대차 목적물인 건물을 영리를 목적(영업용으로 사용)으로 하는 임대차를 가리킨다.

3. 상임법이 적용되는 상가건물에 해당하는지 여부 – 상가건물의 판단기준(10점)

(1) 판례는 상가건물 임대차보호법이 적용되는 상가건물에 해당하는지는 공부상 표시가 아닌 건물의 현황·용도 등에 비추어 영업용으로 사용하느냐에 따라 실질적으로 판단하여야 하고, 단순히 상품의 보관·제조·가공 등 사실행위만이 이루어지는 공장·창고 등은 영업용으로 사용하는 경우라고 할 수 없으나, 그곳에서 그러한 사실행위와 더불어 영리를 목적으로 하는 활동이 함께 이루어진다면 상가건물 임대차보호법 적용대상인 상가건물에 해당한다고 본다.[39]

(2) 이에 따라 판례는 임차인이 상가건물의 일부를 임차하여 도금작업을 하면서 임차 부분에 인접한 컨테이너 박스에서 도금작업의 주문을 받고 완성된 도금제품을 고객에 인도하여 수수료를 받는 등 영업활동을 해 온 사안에서, 임차 부분과 이에 인접한 컨테이너 박스는 일체로서 도금작업과 더불어 영업활동을 하는 하나의 사업장이므로 위 임차 부분은 상가건물 임대차보호법이 적용되는 상가건물에 해당한다고 본다.[40]

4. 사안의 경우(3점)

사안에서 甲이 도금작업의 주문을 받고 도금제품을 고객들에게 인도하고 수수료를 지급받는 등의 영업활동을 한 이 사건 임차 부분과 이에 인접한 컨테이너 박스는 일체로서 도금작업과 더불어 영업활동을 하는 하나의 사업장이므로, 이 사건 임차 부분은 상가건물에 해당한다.

---

[39] 대판 2011. 7. 28. 2009다40967
[40] 대판 2011. 7. 28. 2009다40967

상가건물 임대차보호법상 권리금의 의의와 임차인의 권리금 회수기회 보호규정에 관하여 설명하시오. (20점)

I 의의

1. 권리금이란 임대차 목적물인 상가건물에서 영업을 하는 자 또는 영업을 하려는 자가 영업시설·비품, 거래처, 신용, 영업상의 노하우, 상가건물의 위치에 따른 영업상의 이점 등 유형·무형의 재산적 가치의 양도 또는 이용대가로서 임대인, 임차인에게 보증금과 차임 이외에 지급하는 금전 등의 대가를 말한다(상가건물임대차보호법 제10조의3 제1항).

2. 권리금 계약이란 신규임차인이 되려는 자가 **임차인에게** 권리금을 지급하기로 하는 계약을 말한다(제2항).

II 권리금의 원칙적 효력

1. 권리금은 임차보증금과 달리, 임대차가 종료하더라도 임대인에게 그 반환을 청구하지 못한다(대판 1989. 2. 28. 87다카823). 다만 임대인의 사정으로 임대차계약이 중도에 해지되는 것과 같은 특별한 사정이 있는 때에는 권리금 중 잔존기간에 상응하는 금액의 반환을 청구할 수 있다(대판 2008. 4. 10. 2007다75993).

2. 임대인이 임대차계약서에 금액의 기재 없이 **'모든 권리금을 인정함'**이라는 기재를 한 경우, 임차인에게 권리금을 반환하겠다는 약정으로 볼 수 없다(대판 2000. 4. 11. 2000다4517).

3. 상임법은 특별규정으로서 임차인의 권리금회수기회를 보장하기 위하여 임대인의 방해금지의무를 규정하고 있다.

Ⅲ 권리금 회수기회의 보호

1. 임대인의 방해금지의무(→ 요, 못, 현, 거)

(1) 임대인은 임대차기간이 끝나기 6개월 전부터 종료 시까지,

(2) ① 임차인이 주선한 신규임차인에게 **권리금을 요구·수수**하는 행위, ② 임차인이 주선한 신규임차인으로 하여금 **임차인에게 권리금을 지급하지 못하게** 하는 행위, ③ 임차인이 주선한 신규임차인에게 **현저히 고액의 차임과 보증금을 요구**하는 행위, ④ **정당한 사유 없이** 임대인이 임차인이 주선한 신규임차인과의 임대차계약 체결을 **거절하는 행위 등**을 함으로써,

(3) 임차인이 권리금을 지급받는 것을 방해하여서는 아니 된다(제10조의4 제1항 본문).

2. 위반의 효과

(1) 손해배상책임

임대인이 방해금지의무를 위반한 때에는 손해배상책임이 있다. 그 손해배상액은 신규임차인이 지급하기로 한 권리금과 임대차 종료 당시의 권리금 중 **낮은 금액**을 넘지 못한다(제3항).

(2) 소멸시효

임대인의 방해금지의무 위반으로 인한 손해배상청구권은 임대차가 **종료한 날부터 3년** 내에 행사하지 아니하면 시효로 소멸한다(제4항).

3. 적용의 배제(→ 갱신거절사유 = 3기, 부정, 무단, 파손, 멸실·재건축, 계속)

임대인에게 계약갱신거절의 사유(제10조 제1항 각호)가 있는 경우, 즉 ① **3기**의 차임연체사실, ② **부정**한 방법으로 임차, ③ **무단**전대, ④ 고의·중과실에 의한 **파손**, ⑤ 임차물의 **멸실·재건축** 등으로 임대차를 **계속**하기 어려운 사정이 있는 등의 경우에는 임대인의 방해금지의무가 인정되지 않는다(제10조의4 제1항 단서).

> **기출확인** 2021년 9회 기출
>
> 상가건물 임대차보호법상 임차인의 갱신청구권에 관하여 설명하시오. (20점)

Ⅰ 의의

상가건물 임대차보호법상 임차인이 임대차기간이 만료되기 6개월 전부터 1개월 전까지 사이에 계약갱신을 요구할 있는 권리이다(상가건물임대차보호법 제10조). 그러나 정당한 사유가 있는 경우 임대인은 갱신을 거절할 수 있다.

Ⅱ 임대인의 계약갱신거절사유(상임법 제10조 제1항)

1. 임차인이 3기의 차임액에 해당하는 금액에 이르도록 차임을 연체한 사실이 있는 경우

2. 임차인이 거짓이나 그 밖의 부정한 방법으로 임차한 경우

3. 서로 합의하여 임대인이 임차인에게 상당한 보상을 제공한 경우

4. 임차인이 임대인의 동의 없이 목적 건물의 전부 또는 일부를 전대한 경우

5. 임차인이 임차한 건물의 전부 또는 일부를 고의나 중대한 과실로 파손한 경우

6. 임차한 건물의 전부 또는 일부가 멸실되어 임대차의 목적을 달성하지 못할 경우

7. 임대인이 다음 각 목의 어느 하나에 해당하는 사유로 목적 건물의 전부 또는 대부분을 철거하거나 재건축하기 위하여 목적 건물의 점유를 회복할 필요가 있는 경우

(1) 임대차계약 체결 당시 공사시기 및 소요기간 등을 포함한 철거 또는 재건축 계획을 임차인에게 구체적으로 고지하고 그 계획에 따르는 경우

(2) 건물이 노후·훼손 또는 일부 멸실되는 등 안전사고의 우려가 있는 경우

(3) 다른 법령에 따라 철거 또는 재건축이 이루어지는 경우

8. 그 밖에 임차인이 임차인으로서의 의무를 현저히 위반하거나 임대차를 계속하기 어려운 중대한 사유가 있는 경우

Ⅲ 효과

1. 행사기간

임차인의 계약갱신요구권은 최초의 임대차기간을 포함한 전체 임대차기간이 10년을 초과하지 아니하는 범위에서만 행사할 수 있다(상임법 제10조 제2항).

2. 갱신내용

갱신되는 임대차는 전 임대차와 동일한 조건으로 다시 계약된 것으로 본다. 다만, 차임과 보증금은 제11조에 따른 범위에서 증감할 수 있다(상임법 제10조 제3항).

甲은 자신 소유의 X상가건물에서 음식점을 운영해 오다가 2008. 5. 6. 丙에게 X건물을 매도하면서, 丙으로부터 X건물을 보증금 3,000만 원, 월 차임 200만 원, 계약기간 2008. 6. 5.부터 1년으로 정하여 임대차계약을 체결하였다. 이후 甲과 丙의 임대차계약은 묵시적으로 갱신되어 왔다. 乙은 2023. 5. 11. 丙으로부터 X건물을 매수하고 소유권이전등기를 마친 후, 2024. 1. 24. 甲에게 2024. 6. 4. 자로 X건물에 대한 임대차가 종료됨을 통지하였다. 다음 물음에 답하시오. (40점)

⑴ 乙의 임대차 종료 통지에 대하여 甲은 임대차계약의 갱신을 요구하였다. 이와 관련하여 상가건물임대차보호법상 계약갱신요구권을 약술하고, 甲의 계약갱신요구의 인정 여부, 甲과 乙의 임대차계약의 존속여부에 관하여 검토하시오. (20점)
⑵ 甲은 2024. 3. 9. 丁과 X건물에 관하여 5,000만 원의 권리금계약을 체결한 다음, 2024. 3. 22. 乙에게 신규 임차인으로 丁을 주선하며 임대차계약 체결을 요구하였다. 그러나 乙은 자신이 X건물에서 직접 샌드위치 가게를 운영할 계획이라는 이유로 甲의 요구를 거절하였다. 임대인의 권리금 회수 기회 보호제도에 관하여 약술하고, 甲의 권리금회수방안에 관하여 검토하시오. (20점)

[물음 1] (20점)

Ⅰ 논점 정리

임대인 乙의 임대차 종료 통지에 대하여 임차인 甲이 계약갱신을 요구하고 있는바, 상가건물임대차보호법상 계약갱신요구권을 살펴 보고, 甲과 乙의 임대차계약의 존속여부에 관하여 검토한다.

Ⅱ 상가건물 임대차보호법의 갱신요구권

1. 상임법상 갱신요구권의 의의

상가건물 임대차보호법상 임차인이 **임대차기간이 만료되기 6개월 전부터 1개월 전까지** 사이에 계약갱신을 요구할 수 있는 권리이다. 그러나 **정당한 사유가 있는 경우 임대인은 갱신을 거절할 수 있다**(상가건물임대차보호법 제10조 제1항).

2. 임대인의 갱신거절사유(→ 부정, 무단, 파손, 멸실·재건, 계속)

임대인에게 계약갱신거절의 사유(제10조 제1항 각호)가 있는 경우, 즉 ① 3기의 차임연체사실, ② 부정한 방법으로 임차, ③ 무단전대, ④ 고의·중과실에 의한 파손, ⑤ 임차물의 멸실·재건축 등으로 임대차를 계속하기 어려운 사정이 있는 등의 경우에 갱신을 거절할 수 있다.

3. 효과

(1) 행사기간

임차인의 계약갱신요구권은 최초의 임대차기간을 포함한 전체 임대차기간이 10년(2018. 10. 16. 이전 구법 5년)을 초과하지 아니하는 범위에서만 행사할 수 있다(상임법 제10조 제2항).

(2) 갱신내용

갱신되는 임대차는 전 임대차와 동일한 조건으로 다시 계약된 것으로 본다. 다만, 차임과 보증금은 제11조에 따른 범위에서 증감할 수 있다(상임법 제10조 제3항).

Ⅲ 甲의 계약갱신요구권의 인정여부

1. 갱신요구권 성립요건 충족 여부

① 임차인이 임대차기간이 만료되기 6개월 전부터 1개월 전까지 사이에 계약갱신을 요구, ② 정당한 거절 사유가 없어야 한다.

사안의 경우 정당한 거절 사유는 보이지 않는바, 임대차 기간 만료 전인 6개월 전부터 1개월 전까지 사이에 계약갱신요구인지가 문제된다. 甲은 2008. 5. 6. 임대차계약을 체결하여 임대차기간 만료 후 2009. 6. 5.부터 묵시적 갱신되었는바, 상임법상 묵시적 갱신의 기간은 1년이므로(상임법 제10조 제4항) 2023. 6. 5. 다시 갱신되어 2024. 6. 4.이 임대차기간 만료이므로 2024. 1. 24.의 갱신 요구는 만료 전인 6개월 전 이후에 이루어진 것으로 성립요건은 충족하였다.

2. 행사기간 경과여부

(1) 개정 상임법 적용여부

사안은 **현행법 시행 전인 2008. 5. 6. 임대차계약을 체결한바, 현행이 적용될 수 있는지** 문제
된다. 개정 상가임대차법 부칙 제2조의 '이 법 시행 후 최초로 체결되거나 갱신되는 임대차'는
개정 상가임대차법이 시행되는 2018. 10. 16. 이후 처음으로 체결된 임대차 또는 2018. 10. 16.
이전에 체결되었지만 2018. 10. 16. 이후 그 이전에 인정되던 계약 갱신 사유에 따라 갱신되는
임대차를 가리킨다고 보아야 한다. 따라서 **개정 법률 시행 후에** 개정 전 법률에 따른 의무임
대차기간이 경과하여 임대차가 갱신되지 않고 기간 만료 등으로 종료된 경우는 이에 포함되
지 않는다(대판 2020. 11. 5. 2020다241017). 따라서 구법이 적용되는 경우이다.

(2) 행사기간 경과로 인한 갱신청구권 인정여부

사안의 경우는 **甲이 임대차 갱신을 요구한 때에는 이미 의무임대차기간 5년을 경과하였으므**
로 위 임대차계약은 2018. 10. 16. 개정된 상가건물 임대차보호법 시행 이후에 기간 만료로
종료되어 갱신되지 않는다. 따라서 위 임대차계약에는 개정 상가임대차법 제10조 제2항이 적
용되지 않는다. 결론적으로 구법이 적용되는 경우로 갱신요구는 인정될 수 없다.

Ⅳ 甲과 乙의 임대차계약의 존속여부

사안은 상임법상 묵시적 갱신으로(상임법 제10조 제4항) 2024. 6. 4.에 임대차기간이 만료되는
경우이다. 임대차기간 만료 후 임대차기간이 존속하기 위해서는 임차인의 갱신요구가 인정되
는 경우이거나 묵시적 갱신이 되어야 한다. **갱신요구권은 최대 행사기간이 경과하여 인정될**
수 없고, 묵시적 갱신은 임대인 乙이 갱신기간 내에 갱신거절의 통지를 하였으므로 인정될
수 없다(상임법 제10조 제4항). 2024. 6. 4.에 임대차기간이 만료되면 임대차계약은 소멸한다.

[물음 2] (20점)

Ⅰ 논점 정리

상가임대차보호법상 임대인의 권리금 회수 기회 보호제도에 관하여 알아보고, 임차인이 계약 갱신요구권을 행사할 수 없는 경우에도 권리금 회수 기회 보호의무를 부담하는지 여부와 임대인이 스스로 영업할 계획이라는 이유만으로 정당한 사유가 있다고 볼 수 있는지가 문제된다.

Ⅱ 권리금 회수기회의 보호

1. 권리금의 의의 및 효력

(1) 권리금이란 임대차 목적물인 상가건물에서 영업을 하는 자 또는 영업을 하려는 자가 영업시설·비품, 거래처, 신용, 영업상의 노하우, 상가건물의 위치에 따른 영업상의 이점 등 유형·무형의 재산적 가치의 양도 또는 이용대가로서 임대인, 임차인에게 보증금과 차임 이외에 지급하는 금전 등의 대가를 말한다(상임법 제10조의3 제1항).

(2) 권리금 계약이란 신규임차인이 되려는 자가 임차인에게 권리금을 지급하기로 하는 계약을 말한다(제2항).

(3) 상임법은 특별규정으로서 임차인의 권리금 회수 기회를 보장하기 위하여 임대인의 방해금지의무를 규정하고 있다.

2. 상임법상 권리금 회수 기회의 보호

(1) **임대인의 방해금지의무(→ 요, 못, 현, 거)**

① 임대인은 임대차기간이 끝나기 6개월 전부터 종료 시까지,

② ㉠ 임차인이 주선한 신규임차인에게 권리금을 요구·수수하는 행위, ㉡ 임차인이 주선한 신규임차인으로 하여금 임차인에게 권리금을 지급하지 못하게 하는 행위, ㉢ 임차인이 주선한 신규임차인에게 현저히 고액의 차임과 보증금을 요구하는 행위, ㉣ 정당한 사유 없이 임대인이 임차인이 주선한 신규임차인과의 임대차계약 체결을 거절하는 행위 등을 함으로써,

③ 임차인이 권리금을 지급받는 것을 방해하여서는 아니 된다(제10조의4 제1항 본문).

(2) 위반의 효과

① **손해배상책임** : 임대인이 방해금지의무를 위반한 때에는 손해배상책임이 있다. 그 손해배상액은 신규임차인이 지급하기로 한 권리금과 임대차 종료 당시의 권리금 중 낮은 금액을 넘지 못한다(제3항).

② **소멸시효** : 임대인의 방해금지의무 위반으로 인한 손해배상청구권은 임대차가 종료한 날부터 3년 내에 행사하지 아니하면 시효로 소멸한다(제4항).

3. 적용의 배제(→ 갱신거절사유 = 3기, 부정, 무단, 파손, 멸실ㆍ재건, 계속)

임대인에게 계약갱신거절의 사유(제10조 제1항 각호)가 있는 경우, 즉 ① **3기**의 차임연체사실, ② **부정**한 방법으로 임차, ③ **무단**전대, ④ 고의ㆍ중과실에 의한 **파손**, ⑤ 임차물의 멸실ㆍ**재건축** 등으로 임대차를 **계속**하기 어려운 사정이 있는 등의 경우에는 임대인의 방해금지의무가 인정되지 않는다(제10조의4 제1항 단서).

Ⅲ 甲의 권리금 회수방안

1. 문제의 소재

사안의 경우 ① 임차인이 **계약갱신요구권을 행사할 수 없는 경우에도 권리금 회수 기회 보호의무를 부담하는지** 여부와 ② 2024. 6. 4. 임대차기간 만료일 전인 2024. 3. 9. 丁과 5,000만원의 권리금계약을 체결한 다음, 2024. 3. 22. 乙에게 신규 임차인으로 丁을 주선하며 임대차계약 체결을 요구하여(제10조의4 제1항 본문), 임대인 乙은 정당한 사유가 없는 한 권리금 회수기회를 보호하여야 한다. 이때 **임대인이 스스로 영업할 계획이라는 이유만으로 정당한 사유가 있다고 볼 수 있는지**가 문제된다.

2. 권리금 회수 기회 인정여부

구 상가임대차법 제10조의4의 문언과 내용, 입법 취지에 비추어 보면, 같은 법 제10조 제2항에 따라 최초의 임대차기간을 포함한 전체 임대차기간이 5년을 초과하여 임차인이 계약갱신요구권을 행사할 수 없는 경우에도 임대인은 같은 법 제10조의4 제1항에 따른 권리금 회수기회 보호의무를 부담한다(대판 2019. 5. 16. 2017다225312, 225329 참조). 또한 **임대인이 스스로 영업할 계획이라는 이유만으로 임차인이 주선한 신규 임차인이 되려는 자와 임대차계약의 체결을 거절한 것에는 구 상가임대차법 제10조의4 제1항 제4호에서 정한 정당한 사유가 있다고 볼 수 없다**(대판 2019. 5. 30. 2018다261124, 261131 등 참조).

3. 사안의 해결

사안의 경우 구 상가임대차법상 상가에 관한 임대기간이 5년을 경과하여 피고가 원고에 대하여 갱신요구권을 행사할 수 없다 하더라도, 구 상가임대차법 제10조의4가 적용되므로 임대인 乙는 甲에 대하여 권리금 회수 기회 보호의무를 부담한다. 임대인 자신이 **직접 샌드위치 가게를 운영할 계획이 있다는 이유만으로** 신규임차인과의 임대차계약의 체결을 **거절한 데에는 정당한 사유가 있다고 볼 수 없다**. 이를 거절한 경우 甲은 乙에게 권리금 회수 방해를 원인으로 한 손해배상를 청구할 수 있다(대판 2020. 9. 3. 2018다252441, 2018다252458).

제7절 고용

민법상 고용의 종료원인에 대해 설명하시오. (20점)

Ⅰ 의의

고용이란 당사자 일방(노무자)이 상대방에 대하여 노무를 제공할 것을 약정하고, 상대방(사용자)이 이에 대해 보수를 지급할 것을 약정함으로써 그 효력이 생기는 계약이다(제655조).

Ⅱ 고용 종료의 원인(→ 기, 통, 즉, 사)

1. 고용기간의 만료

(1) 원칙

고용기간의 정함이 있으면 그 기간의 만료로 고용은 종료된다.

(2) 묵시의 갱신

① 고용기간이 만료한 후 노무자가 계속하여 노무를 제공하는 경우에 사용자가 상당한 기간 내에 이의를 하지 아니한 때에는 전 고용과 동일한 조건으로 다시 고용한 것으로 본다(제662조).

② 각 당사자는 언제든지 해지의 통고(제660조)를 할 수 있다.

2. 해지통고

(1) 기간의 약정이 있는 경우 – 3년 이상 경과

① 고용의 약정기간이 3년을 넘거나 당사자의 일방 또는 제3자의 종신까지로 된 때에는 각 당사자는 **3년을 경과한 후 언제든지** 계약해지의 통고를 할 수 있다(제659조 제1항).

② 상대방이 해지의 통고를 받은 날로부터 **3월**이 경과하면 해지의 효력이 생긴다(제2항).

(2) 기간의 약정이 없는 경우

① 고용기간의 약정이 없는 때에는 당사자는 언제든지 계약해지의 통고를 할 수 있다(제660조 제1항).

② 상대방이 해지의 통고를 받은 날로부터 **1월**이 경과하면 해지의 효력이 생긴다(제2항).

③ 기간으로 보수를 정한 때에는 상대방이 해지의 통고를 받은 **당기 후의 1기**를 경과함으로써 해지의 효력이 생긴다(제3항).

3. 즉시해지(→ 위, 부, 파산)

다음의 사유가 있으면 즉시해지 할 수 있다. 즉, 해지통고 기간이 필요 없다.

(1) 계약상 의무 위반

① 사용자가 노무자의 동의없이 제3자에게 권리를 **양도하거나**, 노무자가 사용자의 동의 없이 제3자로 하여금 **자기에 갈음하여** 노무를 제공하게 한 때에는 계약을 해지할 수 있다(제657조).

② 사용자가 약정하지 아니한 노무의 제공을 요구하거나, 노무자에게 요구되는 특수한 기능이 없는 때에는 계약을 해지할 수 있다(제658조).

(2) 부득이한 사유가 있는 때

부득이한 사유가 있는 때에는 각 당사자는 계약을 해지할 수 있다(제661조).

(3) 사용자의 파산

사용자가 파산선고를 받은 경우에는 노무자 또는 파산관재인은 계약을 해지할 수 있다(제663조).

4. 노무자의 사망

노무자가 사망하면 고용은 종료한다. 그러나 사용자의 사망은 원칙적으로 고용의 종료사유가 아니다.

제8절 도급

✦ 건물신축의 소유권귀속

도급계약	無	• 자기비용 · 노력 → 신축한 자 소유 • 편의상 타인의 명의로 건축허가를 받은 경우 → 건축허가 명의와 관련없이 자신의 비용 · 노력으로 신축한 자 소유
	有	1. 특약 ○ : 특약에 따라 소유권자 결정 2. 특약 × (1) 도급인 : 재료의 전부 또는 주요부분을 제공 → 도급인 소유 (2) 수급인 : **재료의 전부 또는 주요부분을 제공 → [제작물공급계약]** 　　→ 제작물 ┬ 대체물(매매) : 수급인(제작자) 소유 　　　　　　└ 부대체물(도급) 　　　　　　　├ 동산 : 수급인 소유 → 수급인이 도급인에게 인도하면 소유권 이전 　　　　　　　└ **부동산(건물) :** 판례 　　　　　　　　├ 원칙 : **특약이 없는 한** 도급인에게 인도 시까지는 **수급인 소유** 　　　　　　　　└ 다만, **당사자간의 합의를 폭넓게 인정** ＊ 도급인 명의로 건축허가를 받아 소유권보존등기를 하기로 하는 등 완성된 건물의 소유권을 도급인에게 귀속시키기로 합의한 경우에는 도급인에게 원시적으로 귀속(대판 1997. 5. 30. 97다8601).

약술형 출제예상

수급인이 완성한 물건의 소유권 귀속에 대해 설명하시오. (20점)

Ⅰ 문제점

수급인은 계약의 내용에 좇아 일을 완성할 의무를 진다(제664조). '일'의 내용이 물건에 관한 것이면 완성물의 인도까지 하여야 한다. 이때 완성물의 소유권이 누구에게 귀속하는지 문제이다.

Ⅱ 완성물의 소유권귀속에 관한 약정이 있는 경우

완성물의 소유권의 귀속에 관한 약정이 있는 경우에는 **그 약정에 따라** 소유권의 귀속이 정해진다.

Ⅲ 완성물의 소유권귀속에 관한 약정이 있는 경우

1. 도급인이 재료의 전부(또는 주요부분)를 제공한 경우

동산·부동산을 불문하고 완성물의 소유권은 원시적으로 도급인에게 귀속된다(통설·판례).

2. 수급인이 재료의 전부 또는 주요부분을 제공한 경우

(1) 判例에 의하면 수급인이 자기의 재료로 건물을 신축한 경우에는 ① 수급인이 원시적으로 소유권을 취득한다고 본다. 다만 ② 건물의 소유권을 도급인에게 귀속시키기로 하는 특약이나 특별한 사정이 넓게 인정된다.

(2) 수급인이 자기의 노력과 재료를 들여 건물을 완성하더라도 **도급인 명의로 건축허가를 받아 소유권보존등기를** 하기로 하는 등 완성된 건물의 소유권을 도급인에게 귀속시키기로 합의한 경우에는 신축건물의 소유권은 도급인에게 원시적으로 귀속된다(대판 1997. 5. 30. 97다8601).

수급인이 재료의 전부를 조달하여 '완성한 물건의 소유권귀속'에 관하여 약술하시오.

(20점)

I 문제점

수급인은 계약의 내용에 좇아 일을 완성할 의무를 진다(제664조). '일'의 내용이 물건에 관한 것이면 수급인은 완성물의 인도까지 하여야 한다. 이때 도급인이 재료의 전부(또는 주요부분)를 제공한 경우는 동산·부동산을 불문하고 완성물의 소유권은 원시적으로 도급인에게 귀속된다(통설·판례). 이에 반해 **수급인이 재료의 전부를 제공한 경우 완성한 물건의 소유권이 누구에게 귀속되는지** 문제된다.

II 수급인이 재료의 전부 또는 주요부분을 제공한 경우

1. 완성물의 소유권귀속에 관한 약정이 있는 경우

완성물의 소유권의 귀속에 관한 약정이 있는 경우에는 그 약정에 따라 소유권의 귀속이 정해진다.

2. 완성물의 소유권귀속에 관한 약정이 없는 경우

(1) 判例에 의하면 수급인이 자기의 재료로 건물을 신축한 경우에는 ① 수급인이 원시적으로 소유권을 취득한다고 본다. 다만 ② 건물의 소유권을 도급인에게 귀속시키기로 하는 특약이나 특별한 사정이 넓게 인정된다.

(2) 도급계약에 있어서는 수급인이 자기의 노력과 재료를 들여 건물을 완성하더라도 도급인과 수급인 사이에 도급인 명의로 건축허가를 받아 소유권보존등기를 하기로 하는 등 완성된 건물의 소유권을 **도급인에게 귀속시키기로 합의한 것으로 보여질 경우**에는 그 건물의 소유권은 **도급인에게 원시적으로 귀속된다**(대판 1997. 5. 30. 97다8601).

약술형 출제예상
제작물공급계약에 대해 설명하시오. (20점)

Ⅰ 의의

당사자 일방이 상대방의 주문에 따라 전적으로 또는 주로 자기 소유의 재료를 사용하여 만든 물건을 공급하기로 약정하고, 이에 대하여 상대방이 그 대가로서 보수를 지급하기로 약정하는 계약을 말한다.

Ⅱ 법적 성질

1. 문제점

제작물공급계약은 제작의 측면에서는 도급의 성질을, 공급의 측면에서는 매매의 성질을 가지기 때문에 그 법적 성질이 문제된다.

2. 판례

(1) 判例는 제작물이 ① **대체물**인 경우에는 매매로 보아 매매에 관한 규정이 적용되고, ② **부대체물인 경우**에는 **도급의 성질**을 가진다고 본다(대판 1987. 7. 21. 86다카2446).

(2) 승강기 제작 및 설치 공사계약은 신축건물에 맞추어 일정한 사양으로 특정되므로, 그 대체가 불가능한 제작물의 공급계약이므로 도급의 성질을 가진다(대판 2010. 11. 25. 2010다56685).

Ⅲ 완성된 제작물의 소유권 귀속과 이전

1. 대체물(매매)

제작자에게 귀속 → 매매에 관한 규정 적용

2. 부대체물(도급)

(1) **동산**

수급인 소유 → 수급인이 도급인에게 인도하면 소유권 이전

(2) 부동산(건물) – 판례

① 원칙 : 특약이 없는 한 도급인에게 인도 시까지는 수급인 소유

② 다만, 당사자간의 합의를 폭넓게 인정

→ 수급인이 자기의 노력과 재료를 들여 건물을 완성하더라도 도급인 명의로 건축허가를 받아 소유권보존등기를 하기로 하는 등 완성된 건물의 소유권을 도급인에게 귀속시키기로 합의한 경우에는 신축건물의 소유권은 도급인에게 원시적으로 귀속된다(대판 1997. 5. 30. 97다8601).

기출확인 2020년 8회 기출

2018. 10. 10. 甲은 그 소유의 X토지 위에 특수한 기능과 외관을 가진 Y단독주택을 신축하기로 건축업자 乙과 약정하면서(총 공사대금은 10억 원, 공사기간은 계약체결일부터 6개월), 같은 날 계약금의 명목으로 총 공사대금의 10%만 지급하였고, 나머지 공사대금은 완공 이후에 甲의 검수를 거친 뒤 지급하기로 하였다. 그런데 Y단독주택에 관한 건축허가와 소유권보존등기는 甲 명의로 하기로 乙과 약정하였다. 다음 물음에 답하시오. (40점)

(1) Y단독주택을 신축하기 위하여 甲과 乙 사이에 체결된 계약의 법적 성질을 설명하고, Y단독주택이 완성된 경우 그 소유권이 누구에게 귀속하는지에 관하여 설명하시오. (20점)

Ⅰ 논점의 정리

甲이 자기 소유의 X토지 위에 특수한 기능과 외관을 가진 Y단독주택을 신축하기로 건축업자 乙과 약정하였다. 법적 성질이 제작물공급계약인지 여부와 이때 수급인의 노력과 재료로 완성된 위 주택의 소유권의 귀속이 문제된다.

Ⅱ 甲과 乙 사이에 체결된 계약의 법적 성질

1. 제작물공급계약의 의의

당사자 일방이 상대방의 주문에 따라 전적으로 또는 주로 자기 소유의 재료를 사용하여 만든 물건을 공급하기로 약정하고, 이에 대하여 상대방이 그 대가로서 보수를 지급하기로 약정하는 계약을 말한다.

2. 법적 성질

(1) 문제점

제작물공급계약은 제작의 측면에서는 도급의 성질을, 공급의 측면에서는 매매의 성질을 가지기 때문에 그 법적 성질이 문제된다.

(2) 판례

① 判例는 제작물이 ㉠ 대체물인 경우에는 매매로 보아 매매에 관한 규정이 적용되고, ㉡ 부대체물인 경우에는 도급의 성질을 가진다고 본다(대판 1987. 7. 21. 86다카2446).

② 승강기 제작 및 설치 공사계약은 신축건물에 맞추어 일정한 사양으로 특정되므로, 그 대체가 불가능한 제작물의 공급계약이므로 도급의 성질을 가진다(대판 2010. 11. 25. 2010다56685).

3. 사안의 적용

위 계약은 Y단독주택을 신축하는 제작물공급계약이며, 또한 특수한 기능과 외관을 가진 것으로 대체 불가능한 부대체물에 해당하여 도급의 성질을 가진다.

Ⅲ 완성된 Y단독주택의 소유권귀속

1. 완성물의 소유권귀속에 관한 약정이 없는 경우

(1) 도급인이 재료의 전부(또는 주요부분)를 제공한 경우에는 동산·부동산을 불문하고 완성물의 소유권은 원시적으로 도급인에게 귀속된다(통설·판례).

(2) 그러나 判例에 의하면 수급인이 자기의 재료로 건물을 신축한 경우에는 ① 수급인이 원시적으로 소유권을 취득한다고 본다. 다만 ② 건물의 소유권을 도급인에게 귀속시키기로 하는 특약이나 특별한 사정이 넓게 인정된다.

2. 도급인 명의로 건축허가를 받은 경우

다만 수급인이 자기의 노력과 재료를 들여 건물을 완성하더라도 도급인 명의로 건축허가를 받아 소유권보존등기를 하기로 하는 등 완성된 건물의 소유권을 도급인에게 귀속시키기로 합의한 경우에는 신축건물의 소유권은 도급인에게 원시적으로 귀속된다(대판 1997. 5. 30. 97다8601).

Ⅳ 사안의 해결

수급인 乙이 자기의 노력과 재료를 들여 건물을 완성한 후, 공사대금은 완공 이후에 甲의 검수를 거친 뒤 지급하기로 하면서 단독주택에 관한 건축허가와 소유권보존등기는 도급인 甲 명의로 하기로 약정하였으므로, 이는 판례에 따를 때 완성된 건물의 소유권을 도급인에게 귀속시키기로 합의한 경우에 해당하여 신축건물의 소유권은 도급인 甲에게 원시적으로 귀속된다.

승강기 제조업자인 甲은 乙 소유의 X신축건물에 특유한 승강기를 제작·설치하는 계약을
乙과 체결하였다. 이 계약의 법적 성질은 무엇이며, 만일 승강기가 완성되어 설치되었다
면 그 승강기의 소유권은 누구에게 귀속하는지에 관하여 설명하시오. (20점)

Ⅰ 논점의 정리

X신축건물에 특유한 승강기를 제작·설치하는 계약은 그 제작의 측면에서는 도급의 성질이
있고 공급의 측면에서는 매매의 성질이 있는 제작물공급계약에 해당하는 바, 이에 사안의 경
우 법적 성질이 무엇인지 여부와 승강기가 완성되어 설치된 후의 그 승강기의 소유권 귀속에
대해 판단한다.

Ⅱ 제작물공급계약의 의의와 법적 성질

1. 제작물공급계약의 의의

당사자의 일방이 상대방의 주문에 따라 자기 소유의 재료를 사용하여 만든 물건을 공급하기
로 하고 상대방이 대가를 지급하기로 약정하는 계약을 말한다. 이른바 제작물공급계약은 그
제작의 측면에서는 도급의 성질이 있고 공급의 측면에서는 매매의 성질이 있어 대체로 매매
와 도급의 성질을 함께 가지고 있다.

2. 법적 성질

그 적용 법률은 ① 계약에 의하여 제작 공급하여야 할 물건이 대체물인 경우에는 매매에 관
한 규정이 적용되지만, ② 물건이 특정 주문자의 수요를 만족시키기 위한 부대체물인 경우에
는 당해 물건의 공급과 함께 그 제작이 계약의 주목적이 되어 도급의 성질을 가진다고 본다
(대판 1987. 7. 21. 86다카2446).

3. 사안의 경우

⑴ 승강기 제조업자인 甲이 乙 소유의 X신축건물에 특유한 승강기를 제작·설치하는 계약은 乙
의 주문에 따라 甲이 자기 소유의 재료를 사용하여 만든 물건을 공급하기로 하고 대가를 지
급받기로 약정한 제작물공급계약에 해당한다.

⑵ 승강기 제작 및 설치 공사계약은 신축건물에 맞추어 일정한 사양으로 특정되므로, 그 대체가
불가능한 제작물의 공급계약이므로 도급의 성질을 가진다(대판 2010. 11. 25. 2010다56685).

Ⅲ 수급인인 甲이 주요 재료를 제공한 승강기의 소유권 귀속관계

1. 문제점

수급인인 甲이 주요 재료를 제공하여 제작한 경우, 승강기가 누구의 소유인지 검토한다.

2. 판례

판례는 당사자 사이에 특약이 있는 경우에는 특약에 따라 소유관계가 결정될 것이나, 당사자 사이에 특약이 없는 한 그 제작물은 도급인에게 인도할 때까지는 수급인의 소유라는 입장이다.

3. 사안의 경우

사안의 승강기 제작 및 설치 공사계약은 대체가 불가능한 제작물공급계약이므로 도급의 성질을 가며, 소유권 귀속에 관한 다른 약정은 없는 경우이므로, 만일 승강기가 완성되어 설치되었다면 도급인 乙에게 인도된 것이므로 수급인 甲이 재료를 제공한 경우라도 그 승강기의 소유권은 도급인 乙에게 귀속한다.

Ⅳ 사안의 해결

X신축건물에 특유한 승강기를 제작·설치하는 계약은 대체가 불가능한 제작물의 공급계약이므로 도급의 성질을 가진다. 따라서 만일 승강기가 완성되어 설치되었다면 그 승강기의 소유권은 도급인 乙에게 귀속한다.

✦ 도급에서 담보책임

성질	1. 법정무과실 책임(※ 과실상계 준용 × − 참작 可) 2. 채무불이행 책임과 관계 → 경합 ○

내용	1. 하자보수청구 ───────────────→ 갈음하는 **손배청구** ○
	⑴ 하자중요 × + 과다비용 ○ → 하자보수청구 × → 갈음하는 손배청구 ×
	                        ↳ but 하자 자체의 손배청구 ○(교환가치 차액)
	⑵ 하자중요 ○ ──┬ 하자보수청구 ○ → 갈음하는 손배청구 ○ → 실제 보수비용
	   하자중요 × + 과다비용 ×┘
	2. 계약해제
	⑴ 완성된 목적물: 계약목적 달성 불능 − 해제 ○
	⑵ 건물 ┬ ① 완성된 건물: 계약목적 달성 불능 − 해제 ×
	       └ ② 완성 전 채무불이행 해제 ○┬ 효과: 기성부분: 해제효과 영향 ×(해제제한)
	                                  └ 적용: 도급인해제, 수급인해제, 합의해제: 적용 ○

소멸	1. 제척기간 ① 인도받은 날로 부터: 1년 내 ② 일의 종료한 날로 부터: 1년 내 2. 소멸시효 규정과 관계 → 소멸시효 규정 적용배제 ×

02

약술형 출제예상

수급인의 담보책임에 대해 설명하시오. (40점)

Ⅰ 서설

1. 의의

(1) 수급인의 담보책임이란 **완성된** 목적물 또는 **완성 전에 성취된** 부분에 하자가 있는 경우 수급인이 도급인에게 부담하는 책임을 말한다.

(2) 도급은 유상계약이므로 매도인의 담보책임이 준용되지만(제567조), 도급의 특수성을 고려하여 따로 **특칙이** 적용된다(제667조~제672조).

2. 법적 성질

수급인의 귀책사유를 묻지 않는 무과실책임이다(대판 1990. 3. 9. 88다카31886).

Ⅱ 요건

1. 하자가 있을 것

수급인의 담보책임이 생기려면 완성된 목적물 또는 완성 전의 성취된 부분에 하자가 있어야 한다. 여기서 하자는 그 종류의 물건이 일반적으로 가져야 할 '객관적 성질'과 당사자들의 '약정에 의하여 정해진 성질' 모두를 고려하여 판단된다.

2. 하자가 도급인이 제공한 재료의 성질 또는 지시로 인한 경우가 아닐 것

(1) 목적물의 하자가 도급인이 제공한 재료의 성질 또는 도급인의 지시에 기인한 때에는 담보책임을 물을 수 없다(제669조 본문).

(2) 수급인이 그 재료 또는 지시의 부적당함을 알고 도급인에게 고지하지 아니한 때에는 그러하지 아니하다(단서).

3. 수급인의 귀책사유는 불요

4. 담보책임면제의 특약이 없을 것

(1) 담보책임은 **임의규정**이므로 그 면제의 특약은 원칙적으로 유효하다.

(2) 담보책임이 없음을 약정한 경우더라도 **알고 고지하지 아니한 사실**에 대하여는 면책되지 않는다(제672조).

Ⅲ 담보책임의 내용

1. 하자보수청구권

목적물에 하자가 있는 때에는 도급인은 상당한 기간을 정하여 하자의 보수를 청구할 수 있다. 그러나 하자가 **중요하지** 아니하면서, 그 보수에 **과다한 비용**을 요할 때에는 인정되지 않는다(제667조 제1항 단서).

2. 손해배상청구권

(1) 도급인은 하자보수에 갈음하여 또는 하자보수와 함께 손해배상을 청구할 수 있다(제667조 제2항).

(2) 하자보수에 '갈음하는' 손해배상은 ① 하자가 중요한 경우나, ② 하자가 중요하지 않은 것이더라도 그 보수에 과다한 비용을 요하지 않는 경우에 한한다. 따라서 하자가 중요하지 않으면서 보수에 과다한 비용을 요하는 경우에는 하자보수에 갈음한 손해배상청구를 할 수 없으며(제667조 제1항 단서), 단지 하자로 인한 손해배상만 청구할 수 있다.

3. 계약해제권

(1) 완성된 목적물의 하자로 인하여 계약의 목적을 달성할 수 없는 때에는 도급인은 계약을 해제할 수 있다(제668조 본문).

(2) **건물 기타 공작물이 완성된 경우**에는, 하자로 인해 계약의 목적을 달성할 수 없는 때에도 해제할 수 없다(제668조 단서).

(3) **건물 등이 완성되기 전이면** 일반원칙에 따라 해제할 수 있으나, 공사가 상당한 정도로 진척된 상황이라면 공작물의 미완성 부분에 대해서만 해제의 효력이 발생하고(해제의 제한), 도급인은 기성고 비율에 따른 보수를 지급하여야 한다(대판 1995. 6. 9. 94다29300, 94다29317).

Ⅳ 담보책임의 존속기간 – 제척기간

1. 원칙

담보책임은 목적물의 **인도를 받은 날로부터 1년 내에** 행사하여야 한다. 목적물의 인도를 요하지 않는 경우에는 일을 종료한 날로부터 기산한다(제670조).

2. 특칙

(1) 토지, 건물 기타 공작물의 수급인은 그 하자에 대하여 **인도 후 5년간** 담보책임이 있다. 목적물이 석조, 석회조, 연와조, 금속 등의 재료로 조성된 경우에는 10년으로 한다(제671조 제1항).

(2) 하자로 인하여 목적물이 멸실·훼손된 때에는 멸실 또는 훼손된 날로부터 1년 내에 행사하여야 한다(제2항).

甲은 자신의 토지 위에 5층짜리 상가건물을 신축하기 위하여 乙과 공사기간 1년, 공사대금 30억 원으로 하는 도급계약을 체결하였다. 각각의 독립된 질문에 대하여 답하시오.
(40점)

(2) 乙이 공사일정에 맞춰 기초공사를 마쳤으나 일부 경미한 하자가 발견된 상태에서 甲이 같은 토지 위에 10층짜리 주상복합건물을 대체 신축할 목적으로 위 도급계약을 해제한 경우, 甲과 乙의 법률관계를 논하시오. (20점)

Ⅰ 논점 정리

(1) 甲이 주상복합건물을 대체 신축할 목적으로 단순 변심하여 계약을 해제한 것이 적법한지를 먼저 살펴본다.

(2) 甲의 해제가 적법하다면, 해제의 효과로서 甲의 공사대금지급채무도 소멸하는지가 문제된다.

Ⅱ 甲의 해제가 적법한지 여부

1. 수급인의 담보책임을 이유로 한 해제의 인정 여부

(1) 완성된 목적물의 하자로 인하여 계약의 목적을 달성할 수 없는 때에는 도급인은 계약을 해제할 수 있다(제668조).

(2) 乙이 마친 기초공사 부분에서 발생한 하자를 이유로는 甲의 해제는 부적법하다. 목적물이 완성되지 않았으며, 경미한 하자는 그 보수가 가능하여 계약의 목적달성이 불가능하지도 않기 때문이다.

2. 일의 완성 전 도급인의 특별해제권

(1) 수급인이 일을 완성하기 전에는 도급인은 손해를 배상하고 계약을 해제할 수 있다(제673조).

(2) 乙은 기초공사만 마친 상태이므로 아직 일을 완성하기 전 단계에 해당한다. 따라서 甲의 해제는 단순 변심에 의한 것이라고 하더라도 적법하다. 다만 그로 인하여 乙이 입는 손해를 배상하여야 한다.

Ⅲ 해제의 효과

건축공사 도급계약이 중도에 해제된 경우, 공사가 상당한 정도로 진척되었고, 완성된 부분이 도급인에게 이익이 되는 때에는 공작물의 미완성 부분에 대해서만 해제의 효력이 발생하므로(해제의 제한), 도급인은 기성고 비율에 따른 보수를 지급하여야 한다(대판 1995. 6. 9. 94다29300, 94다29317).

Ⅳ 사안의 해결

1. 甲의 해제는 적법하지만, 미완성 부분에만 해제의 효과가 발생한다.

2. 甲은 기성고 비율에 따라 乙에게 보수를 지급하여야 한다.

기출확인 2020년 8회 기출

2018. 10. 10. 甲은 그 소유의 X토지 위에 특수한 기능과 외관을 가진 Y단독주택을 신축하기로 건축업자 乙과 약정하면서(총 공사대금은 10억 원, 공사기간은 계약체결일부터 6개월), 같은 날 계약금의 명목으로 총 공사대금의 10%만 지급하였고, 나머지 공사대금은 완공 이후에 甲의 검수를 거친 뒤 지급하기로 하였다. 그런데 Y단독주택에 관한 건축허가와 소유권보존등기는 甲 명의로 하기로 乙과 약정하였다. 다음 물음에 답하시오. (40점)

(2) Y단독주택이 약정한 공사기간 내에 완성되어 甲에게 인도되었으나 2020. 5. 6. 그 주택의 붕괴가 우려되는 정도의 하자가 발견된 경우, 甲은 乙을 상대로 계약을 해제할 수 있는지 여부와 Y단독주택의 철거 및 신축에 필요한 비용에 상응하는 금액을 손해배상으로 청구할 수 있는지 여부에 관하여 설명하시오. (20점)

I 논점 정리

약정된 도급계약에 따라 완공된 주택의 붕괴가 우려되는 정도의 하자가 발견된 경우, 수급인 乙에게 담보책임을 물어 해제할 수 있는지 여부와 하자보수에 갈음한 손해배상청구를 할 수 있는지가 문제된다.

II 도급인 甲의 수급인의 담보책임을 이유로 한 해제권의 인정 여부

1. 도급인의 계약해제권

(1) 완성된 목적물의 하자로 인하여 계약의 목적을 달성할 수 없는 때에는 도급인은 계약을 해제할 수 있다(제668조 본문).

(2) **건물 기타 공작물이 완성된 경우**에는, 하자로 인해 **계약의 목적을 달성할 수 없는 때에도 해제할 수 없다**(제668조 단서).

2. 사안의 경우

사안은 주택의 붕괴가 우려되는 계약을 목적을 달성할 수 없을 정도의 하자가 발견되었다 하더라도 건물이 이미 완성된 경우이므로 제668조 단서가 적용되어 甲은 수급인의 담보책임에 기한 해제를 할 수 없다.

Ⅲ Y단독주택의 철거 및 신축에 필요한 비용에 상응하는 금액의 손해배상청구 가부

1. 도급인의 손해배상청구권

(1) 도급인은 수급인에게 하자의 보수나 하자의 보수에 갈음한 손해배상을 청구할 수 있다(제667조 제2항). 이때 하자가 중요한 경우에는 비록 보수에 과다한 비용이 필요하더라도 보수에 갈음하는 비용, 즉 실제로 보수에 필요한 비용이 모두 손해배상에 포함된다.

(2) 하자보수에 '갈음하는' 손해배상은 ① 하자가 중요한 경우나, ② 하자가 중요하지 않은 것이더라도 그 보수에 과다한 비용을 요하지 않는 경우에 한한다. 따라서 하자가 중요하지 않으면서 보수에 과다한 비용을 요하는 경우에는 하자보수에 갈음한 손해배상청구를 할 수 없으며(제667조 제1항 단서), 단지 하자로 인한 손해배상만 청구할 수 있다.

(3) 나아가 완성된 건물 기타 토지의 공작물(이하 '건물 등'이라 한다)에 중대한 하자가 있고 이로 인하여 건물 등이 무너질 위험성이 있어서 보수가 불가능하고 다시 건축할 수밖에 없는 경우에는, 특별한 사정이 없는 한 건물 등을 철거하고 다시 건축하는 데 드는 비용 상당액을 하자로 인한 손해배상으로 청구할 수 있다(대판 2016. 8. 18. 2014다31691, 31707).

2. 담보책임의 제척기간

토지, 건물 기타 공작물의 수급인은 그 하자에 대하여 인도 후 5년간 담보책임이 있다. 목적물이 석조, 석회조, 연와조, 금속 등의 재료로 조성된 경우에는 10년으로 한다(제671조 제1항).

3. 사안의 경우

사안은 주택의 붕괴가 우려되는 정도로 중대한 하자이므로 보수가 불가능하고 다시 건축할 수밖에 없는 경우에 해당하므로 건물 등을 철거하고 다시 건축하는 데 드는 비용 상당액을 하자로 인한 손해배상으로 청구할 수 있다. 또한 2018. 10. 10. 계약 체결 후 주택이 약정한 공사기간인 6개월 이내에 완성되어 인도되었고, 그 후 2020. 5. 6. 하자가 발견된 것이므로 최소 5년을 경과하지 않아 여전히 손해배상을 청구할 수 있다.

Ⅳ 사안의 해결

1. 건물이 이미 완성된 경우이므로 제668조 단서가 적용되어 甲은 수급인의 담보책임에 기한 해제를 할 수 없다.

2. 제척기간의 경과의 문제는 없고, 주택의 붕괴가 우려되는 정도로 중대한 하자이므로 보수가 불가능해 건물 등을 철거하고 다시 건축하는 데 드는 비용 상당액을 하자로 인한 손해배상으로 청구할 수 있다.

제8절의2 여행계약

제674조의2【여행계약의 의의】
여행계약은 당사자 한쪽이 상대방에게 운송, 숙박, 관광 또는 그 밖의 여행 관련 용역을 결합하여
제공하기로 약정하고 상대방이 그 대금을 지급하기로 약정함으로써 효력이 생긴다.

제674조의3【여행개시 전의 계약해제】
여행자는 여행을 시작하기 전에는 언제든지 계약을 해제할 수 있다. 다만, 여행자는 상대방에게 발
생한 손해를 배상하여야 한다.

제674조의4【부득이한 사유로 인한 계약해지】
① 부득이한 사유가 있는 경우에는 각 당사자는 계약을 해지할 수 있다. 다만, 그 사유가 당사자
한쪽의 과실로 인하여 생긴 경우에는 상대방에게 손해를 배상하여야 한다.
② 제1항에 따라 계약이 해지된 경우에도 계약상 귀환운송 의무가 있는 여행주최자는 여행자를 귀
환운송할 의무가 있다.
③ 제1항의 해지로 인하여 발생하는 추가 비용은 그 해지 사유가 어느 당사자의 사정에 속하는 경
우에는 그 당사자가 부담하고, 누구의 사정에도 속하지 아니하는 경우에는 각 당사자가 절반씩
부담한다.

제674조의5【대금의 지급시기】
여행자는 약정한 시기에 대금을 지급하여야 하며, 그 시기의 약정이 없으면 관습에 따르고, 관습이
없으면 여행의 종료 후 지체 없이 지급하여야 한다.

제674조의6【여행주최자의 담보책임】
① 여행에 하자가 있는 경우에는 여행자는 여행주최자에게 하자의 시정 또는 대금의 감액을 청구
할 수 있다. 다만, 그 시정에 지나치게 많은 비용이 들거나 그 밖에 시정을 합리적으로 기대할
수 없는 경우에는 시정을 청구할 수 없다.
② 제1항의 시정 청구는 상당한 기간을 정하여 하여야 한다. 다만, 즉시 시정할 필요가 있는 경우에
는 그러하지 아니하다.
③ 여행자는 시정 청구, 감액 청구를 갈음하여 손해배상을 청구하거나 시정 청구, 감액 청구와 함
께 손해배상을 청구할 수 있다.

제674조의7【여행주최자의 담보책임과 여행자의 해지권】
① 여행자는 여행에 중대한 하자가 있는 경우에 그 시정이 이루어지지 아니하거나 계약의 내용에
따른 이행을 기대할 수 없는 경우에는 계약을 해지할 수 있다.
② 계약이 해지된 경우에는 여행주최자는 대금청구권을 상실한다. 다만, 여행자가 실행된 여행으
로 이익을 얻은 경우에는 그 이익을 여행주최자에게 상환하여야 한다.
③ 여행주최자는 계약의 해지로 인하여 필요하게 된 조치를 할 의무를 지며, 계약상 귀환운송 의무
가 있으면 여행자를 귀환운송하여야 한다. 이 경우 상당한 이유가 있는 때에는 여행주최자는
여행자에게 그 비용의 일부를 청구할 수 있다.

제674조의8【담보책임의 존속기간】
제674조의6과 제674조의7에 따른 권리는 여행 기간 중에도 행사할 수 있으며, 계약에서 정한 여행
종료일부터 6개월 내에 행사하여야 한다.

제674조의9【강행규정】
제674조의3, 제674조의4 또는 제674조의6부터 제674조의8까지의 규정을 위반하는 약정으로서 여
행자에게 불리한 것은 효력이 없다

약술형 출제예상

여행주최자의 의무와 담보책임에 대해 설명하시오. (20점)

Ⅰ 여행주최자의 의무

1. 여행관련 용역제공의무

여행주최자는 약정된 내용대로 여행을 실행할 의무가 있다.

2. 부수적 의무

여행주최자는 여행계약상의 부수적 의무로서 여행자의 생명·신체·재산을 보호할 **안전배려 의무**를 부담한다.

Ⅱ 여행주최자의 담보책임

1. 의의

(1) 여행주최자는 여행에 하자가 있는 경우, 무과실책임으로서 담보책임을 진다(제674조의6, 제674 조의7).

(2) 여행계약은 유상계약이므로 매도인의 담보책임 규정이 준용된다(제567조). 민법은 별도로 특별규정을 두고 있다.

2. 담보책임의 내용

(1) 하자시정청구권, 대금감액청구권, 손해배상청구권

① 여행에 하자가 있는 경우에는 여행자는 여행주최자에게 하자의 시정 또는 대금의 감액을 청구할 수 있다.

② 다만, 그 시정에 지나치게 많은 비용이 들거나 시정을 합리적으로 기대할 수 없는 경우에는 시정을 청구할 수 없다(제674조의6 제1항).

③ 여행자는 시정청구, 감액청구에 **갈음하여** 손해배상을 청구하거나 시정청구, 감액청구와 함께 손해배상을 청구할 수 있다(제3항).

(2) 계약의 해지 및 귀환운송의무

① **계약의 해지** : 여행에 '중대한 하자'가 있는 경우 그 시정이 이루어지지 아니하거나 계약의 내용에 따른 이행을 기대할 수 없는 경우에는, 여행자는 계약을 해지할 수 있다(제674조의7 제1항).

② **귀환운송의무** : ⊙ 여행주최자는 여행계약의 해지에도 불구하고 귀환운송의 의무를 부담한다(남효순, 민사법학 20호, 184면). ⓒ 귀환운송비용은 원칙적으로 여행주최자가 부담한다(제674조의7 3항 본문). 다만, 상당한 이유가 있는 때에는 여행자에게 비용의 일부를 청구할 수 있다(제674조의7 제3항 단서).

3. 담보책임의 존속기간

여행자의 시정청구권·대금감액청구권·손해배상청구권·계약해지권은 **계약에서 정한 여행 종료일로부터 6개월**의 제척기간에 걸린다(제674조의8).

Ⅲ 편면적 강행규정

여행주최자의 의무 및 담보책임에 관한 규정을 위반하는 약정으로서 **여행자에게** 불리한 것은 효력이 없다(제674조의9).

> **기출확인** 2019년 7회 기출
>
> 甲은 2019년 8월 중순경 乙여행사와 여행기간 5박 6일, 여행지 동남아 X국으로 정하여 기획 여행계약을 체결하였다. 이 계약에서 여행주최자 乙의 의무와 담보책임을 설명하시오. (20점)

Ⅰ 여행계약의 의의

여행계약은 당사자 한쪽이 상대방에게 운송, 숙박, 관광 또는 그 밖의 여행 관련 용역을 결합하여 제공하기로 약정하고 상대방이 그 대금을 지급하기로 약정함으로써 성립하는 계약이다.

Ⅱ 여행주최자 乙의 의무

1. 여행관련 용역제공의무

여행주최자는 약정된 내용대로 여행을 실행할 의무가 있다.

2. 부수적 의무

여행주최자는 여행계약상의 부수적 의무로서 여행자의 생명 · 신체 · 재산을 보호할 안전배려의무를 부담한다.

Ⅲ 여행주최자 乙의 담보책임

1. 의의

(1) 여행주최자는 여행에 하자가 있는 경우, 무과실책임으로서 담보책임을 진다(제674조의6, 제674조의7).

(2) 여행계약은 유상계약이므로 매도인의 담보책임 규정이 준용된다(제567조). 민법은 별도로 특별규정을 두고 있다.

2. 담보책임의 내용

(1) 하자시정청구권, 대금감액청구권, 손해배상청구권

① 여행에 하자가 있는 경우에는 여행자는 여행주최자에게 하자의 시정 또는 대금의 감액을 청구할 수 있다.

② 다만, 그 시정에 지나치게 많은 비용이 들거나 시정을 합리적으로 기대할 수 없는 경우에는 시정을 청구할 수 없다(제674조의6 제1항).

③ 여행자는 시정청구, 감액청구에 갈음하여 손해배상을 청구하거나 시정청구, 감액청구와 함께 손해배상을 청구할 수 있다(제3항).

(2) 계약의 해지 및 귀환운송의무

① 계약의 해지 : 여행에 '중대한 하자'가 있는 경우 그 시정이 이루어지지 아니하거나 계약의 내용에 따른 이행을 기대할 수 없는 경우에는, 여행자는 계약을 해지할 수 있다(제674조의7 제1항).

② 귀환운송의무 : ㉠ 여행주최자는 여행계약의 해지에도 불구하고 귀환운송의 의무를 부담한다(남효순, 민사법학 20호, 184면). ㉡ 귀환운송비용은 원칙적으로 여행주최자가 부담한다(제674조의7 3항 본문). 다만, 상당한 이유가 있는 때에는 여행자에게 비용의 일부를 청구할 수 있다(제674조의7 제3항 단서).

3. 담보책임의 존속기간

여행자의 시정청구권·대금감액청구권·손해배상청구권·계약해지권은 계약에서 정한 여행 종료일로부터 6개월의 제척기간에 걸린다(제674조의8).

Ⅳ 편면적 강행규정

여행주최자의 의무 및 담보책임에 관한 규정을 위반하는 약정으로서 여행자에게 불리한 것은 효력이 없다(제674조의9).

약술형 출제예상

여행계약의 종료에 대해 설명하시오. (20점)

Ⅰ 여행개시 전의 사전해제

여행자는 여행을 시작하기 전에는 언제든지 계약을 해제할 수 있다. 다만, 상대방에게 발생한 손해를 배상하여야 한다(제673조의3).

Ⅱ 부득이한 사유로 인한 해지 – 사정변경에 의한 해지

1. 의의

부득이한 사유가 있는 경우에는 **각 당사자는** 계약을 해지할 수 있다. 다만, 그 사유가 당사자 한쪽의 과실로 인하여 생긴 경우에는 상대방에게 손해를 배상하여야 한다(제674조의4 제1항).

2. 귀환운송 의무

부득이한 사유로 계약이 해지된 경우에도 계약상 귀환운송 의무가 있는 여행주최자는 여행자를 귀환운송할 의무가 있다(제2항).

3. 추가 비용의 부담

해지로 인하여 발생하는 추가 비용은 그 해지사유가 ① **어느 당사자의 사정에 속하는 경우에는** 그 당사자가 부담하고, ② **누구의 사정에도 속하지 아니하는 경우**에는 각 당사자가 절반씩 부담한다(제3항).

Ⅲ 담보책임에 기한 해지

1. 의의

여행에 '중대한 하자'가 있는 경우 그 시정이 이루어지지 아니하거나 계약의 내용에 따른 이행을 기대할 수 없는 경우에는, 여행자는 계약을 해지할 수 있다(제674조의7 제1항).

2. 귀환운송 의무

(1) 여행주최자는 여행계약의 해지에도 불구하고 귀환운송의 의무를 부담한다(남효순, 민사법학 20호, 184면).

(2) 귀환운송비용은 원칙적으로 여행주최자가 부담한다(제674조의7 제3항 본문). 다만, 상당한 이유가 있는 때에는 여행자에게 비용의 일부를 청구할 수 있다(제674조의7 제3항 단서).

〈사실관계〉甲은 2016. 9. 16. 여행사 A와 유럽 4개국을 순방하는 패키지 여행상품에 대하여 180만 원의 대금을 지급하기로 하는 계약을 체결하였다. 여행의 내용은 8일간 유럽 4개국을 방문하는 것이었고 항공, 숙식 및 여행일정표에 따라 관광을 하는 것이 포함되어 있었다.

(1) 甲은 여행사에서 제공하는 여행일정 중 선택급부로 되어 있는 현지 B업체가 제공하는 보트를 타고 가다가 보트의 하자로 배를 더 이상 타지 못하였다. 이러한 경우 甲은 대금감액을 청구할 수 있는지에 대해 설명하시오. (30점)

(2) 2016. 10. 8. 여행이 시작되었는데 여행 4일차가 되는 날 오전에 헝가리에서 아들 乙이 심장마비로 사망하였다는 소식을 전해 듣게 되어 甲은 급하게 귀국하게 되었다. 이러한 경우에 甲은 나머지 여행경비의 반환과 귀국하기 위하여 구입한 항공료를 A에게 청구할 수 있는지에 대해 설명하시오. (20점)

[물음 1] (30점)

I 논점 정리(2점)

甲이 A에게 여행주최자의 담보책임에 기하여 대금감액을 청구하기 위해서는 (1) 민법상 여행계약이 체결되어야 하며, (2) 여행의 하자가 존재하여야 한다. 사안의 경우 여행계약의 체결여부와 여행의 하자가 존재하는지가 문제된다.

II 여행계약의 체결여부(6점)

1. 여행계약의 의의

민법상 여행계약이라고 함은 여행주최자가 여행자에게 운송, 숙박, 관광 또는 그 밖의 여행 관련 용역을 결합하여 제공하기로 약정하고 여행자가 그 대금을 지급하기로 하는 계약을 말한다(제674조의2). 즉 민법상 여행계약은 단순한 숙박 내지 관광 등에 관한 개별적인 급부와 관련된 계약이 아니라, 이러한 급부가 결합되어 여행주최자의 기획에 의하여 제공되는 기획 내지 패키지 여행을 말한다.

2. 사안의 적용

본 사안에서 항공, 숙식 및 여행일정표에 따른 다양한 급부가 결합되어 있는 패키지 여행계약이 당사자 사이에 체결되었으므로 민법상 여행계약에 해당한다.

Ⅲ 甲의 여행사 A에 대한 대금감액청구 인정여부(19점)

1. 여행자 甲의 대금감액청구권(7점)

(1) 여행주최자의 담보책임의 의의

① 여행주최자는 여행에 하자가 있는 경우, 무과실책임으로서 담보책임을 진다(제674조의6, 제674조의7).

② 여행계약은 유상계약이므로 매도인의 담보책임 규정이 준용된다(제567조). 민법은 별도로 특별규정을 두고 있다.

(2) 여행자의 대금감액청구권

여행에 하자가 있는 경우에는 여행자는 여행주최자에게 하자의 시정 또는 대금의 감액을 청구할 수 있다. 다만, 그 시정에 지나치게 많은 비용이 들거나 시정을 합리적으로 기대할 수 없는 경우에는 시정을 청구할 수 없다(제674조의6 제1항).

2. 여행사 A의 하자 인정여부(12점)

(1) 하자의 의미

여행계약은 도급계약 뒤에 규정됨으로써 도급계약과 유사한 유형의 계약으로서 규정된 것이다. 따라서 여행계약은 여행급부의 완성을 목적으로 하는 계약이다. 따라서 계약상 정해지거나 객관적으로 갖추어야 할 여행급부의 성질을 갖추지 못하였다면 여행급부의 하자를 인정할 수 있다.

사안에서 보트에 하자가 있었으므로 여행급부의 하자는 인정된다. 다만 여행사 A가 직접 제공한 보트가 아니라, 현지 B업체가 제공한 보트에 하자가 있었으므로 이러한 하자가 A업체의 책임으로 인정될 수 있는지가 문제된다.

(2) B업체가 제공한 보트 하자의 여행사 A의 책임 인정여부

① 이행보조자의 책임

민법 제391조는 이행보조자의 고의·과실을 채무자의 고의·과실로 본다고 규정하고 있는데, 이러한 이행보조자는 채무자의 의사 관여 아래 채무이행행위에 속하는 활동을 하는 사람이면 족하고 반드시 채무자의 지시 또는 감독을 받는 관계에 있어야 하는 것은 아니므로, 그가 채무자에 대하여 종속적 또는 독립적인 지위에 있는가는 문제되지 않으며, 이행보조자가 채무의 이행을 위하여 제3자를 복이행보조자로서 사용하는 경우에도 채무자가 이를 승낙하였거나 적어도 묵시적으로 동의한 경우에는 채무자는 복이행보조자의 고의·과실에 관하여 민법 제391조에 의하여 책임을 부담한다(대판 2011. 5. 26. 2011다1330).

② 사안의 적용

여행사는 여행급부를 완성할 의무를 부담하므로 여행일정표에 제공된 여행일정이 선택적 급부이고 제3의 업체가 제공하도록 하고 있더라도 여행사의 급부내용으로 포함될 수 있다. 따라서 B업체는 A의 이행보조자로 보아야 하며, B업체가 제공한 보트의 하자는 A의 급부하자로 볼 수 있다.

Ⅳ 사안의 해결(3점)

본 사안에서 항공, 숙식 및 여행일정표에 따른 다양한 급부가 결합되어 있는 패키지 여행계약이 당사자 사이에 체결되었으므로 민법상 여행계약에 해당한다. B업체는 A의 이행보조자로 보아야 하므로, B업체가 제공한 보트의 하자는 A의 급부하자로 볼 수 있다. 따라서 여행급부의 하자는 인정된다. 모든 요건이 충족되었으므로 甲은 A에게 대금감액을 청구할 수 있다.

[물음 2] (20점)

Ⅰ 논점 정리(2점)

1. 甲이 8일간 여행 중 아들의 사망으로 여행을 계속하지 못하게 된 바, 계약을 해지하고 나머지 여행경비의 반환을 여행사 A에게 청구할 수 있는지가 문제된다.

2. 부득이한 사유로 인한 해지에 해당하는 경우, 귀국을 위한 추가 비용인 항공료를 여행사 A에게 청구할 수 있는지가 문제이다.

Ⅱ 甲의 부득이한 사유로 인한 계약해지 가부(제674조의4 제1항) (8점)

1. 의의(3점)

여행계약은 부득이한 사유가 있는 경우에 각 당사자는 계약을 해지할 수 있다(제674조의4 제1항 본문). 다만, 그 사유가 당사자 한쪽의 과실로 인하여 생긴 경우에는 상대방에게 손해를 배상하여야 한다.

2. 요건

(1) 부득이한 사유의 존재

부득이한 사유란 당사자 부모의 사망, 질병, 천재지변 등을 말하며, 당사자의 귀책사유에 의한 것이라도 상관없다. 다만 당사자의 귀책사유로 인한 경우에는 손해를 배상하여야 한다(제674조의4 제1항).

(2) 사안의 적용

여행 중 아들이 사망하였다면 이는 甲에게 여행을 계속할 수 없는 부득이한 사유에 해당하므로 甲이 여행계약을 해지하는 것은 정당하다.

3. 사안의 해결

여행 중이라도 부득이한 사유가 있으면 계약을 해지할 수 있는데, **여행 중 아들이 사망하였다면 이는 甲에게 여행을 계속할 수 없는 부득이한 사유**에 해당하므로 甲이 여행계약을 해지하는 것은 정당하다. 여행계약이 해지되면 여행계약은 장래에 대하여 효력을 잃고(제550조), 甲은 A에 대하여 나머지 여행경비로 지급한 대금을 반환청구할 수 있다.

Ⅲ 甲의 추가 비용 청구 가부(제674조의4 제3항) (7점)

1. 부득이한 사유로 해지한 경우 추가 비용 부담

귀국비용은 여행계약이 해지됨으로 인하여 발생한 추가 비용에 해당한다. 이러한 경우 해지로 인하여 발생하는 추가 비용은 그 해지 사유가 어느 당사자의 사정에 속하는 경우에는 그 당사자가 부담하고, 누구의 사정에도 속하지 아니하는 경우에는 각 당사자가 절반씩 부담한다(제674조의4 제3항).

2. 사안의 적용

본 사안에서 귀국비용은 여행계약이 해지됨으로 인하여 발생한 추가 비용에 해당하고, 甲은 아들의 사망으로 인하여 귀국하게 되었으므로 이는 甲의 사정에 속하기 때문에 추가비용인 항공료를 청구할 수 없다.

Ⅳ 사안의 해결(3점)

여행 중 아들이 사망하였다면 이는 甲에게 여행을 계속할 수 없는 부득이한 사유에 해당하므로 甲이 여행계약을 해지하는 것은 정당하다. 여행계약이 해지되면 그 계약은 장래에 대하여 효력을 잃고(제550조), 甲은 A에 대하여 나머지 여행경비로 지급한 대금을 반환청구할 수 있다. 그러나 甲은 아들의 사망으로 인하여 귀국하게 되었으므로 이는 甲의 사정에 속하기 때문에 추가 비용인 항공료를 청구할 수 없다.

제9절 현상광고

약술형 출제예상

현상광고의 성립과 효과에 대해 설명하시오. (20점)

Ⅰ 의의

당사자의 일방(광고자)이 특정의 행위를 한 자에게 일정한 보수를 지급할 것을 표시하고, 이에 응한 자(응모자)가 그 광고에 정한 지정행위를 완료함으로써 성립하는 계약이다(제675조).

Ⅱ 성립

1. 광고자의 광고

(1) 광고는 응모행위가 **구체적으로 지정**되어야 하고, 지정행위를 한 자에게 일정한 **보수를 지급한다는 내용**이 포함되어야 한다.

(2) 광고에는 **조건이나 기한을** 붙일 수 있다(대판 2000. 8. 22. 2000다3675).

2. 응모자의 지정행위의 완료

(1) 응모자가 **광고에서 정한 행위를 완료하여야** 한다(요물계약).

(2) 응모자가 **광고 있음을 알지 못하고** 지정행위를 완료하여도 상관없다(제677조).

Ⅲ 효과

1. 광고자의 보수지급의무

(1) 지정행위를 완료한 자는 광고자에게 보수를 청구할 수 있다(제675조).

(2) 지정행위를 완료한 자가 수인인 경우에는 **먼저** 그 행위를 완료한 자가 보수청구권을 취득하고(제676조 제1항), 동시에 완료한 경우에는 **균등**한 비율로, 보수가 불가분인 경우 등은 **추첨으로** 보수를 받을 권리가 있다(제2항).

2. 현상광고의 철회

(1) 광고에 지정행위의 **완료기간을 정한 때**에는 그 기간만료 전에 철회하지 못한다(제679조 제1항).

(2) 광고에 지정행위의 **완료기간을 정하지 아니한 때**에는 그 행위를 완료한 자가 있기 전에는 그 광고와 동일한 방법으로 광고를 철회할 수 있다(제2항).

(3) 전 광고와 동일한 방법으로 철회할 수 없는 때에는 유사한 방법으로 철회할 수 있다. 이 철회는 철회를 안 자에 대하여만 효력이 있다(제3항).

약술형 출제예상

우수현상광고에 대해 설명하시오. (20점)

Ⅰ 의의

우수현상광고란 광고에서 정한 행위를 완료한 자 가운데 우수한 자에게만 보수를 지급하기로 한 현상광고이다(제678조 제1항).

Ⅱ 성립

1. 응모기간을 정한 광고

(1) 우수현상광고는 **반드시 응모기간을 정하여야** 하며, 이를 정하지 않으면 무효이다(제678조 제1항).

(2) 우수현상광고는 **기간만료 전에는 철회하지 못한다**(제679조 제1항).

2. 응모

응모자는 광고에서 정한 바에 따라 응모기간 내에 지정행위를 하여야 한다.

3. 판정

(1) 의의

판정이란 응모자가 행한 지정행위의 우열을 판단하는 행위이다.

(2) 판정자

우수자의 판정은 광고에서 정한 자가 하지만, 광고에서 판정자를 정하지 아니한 때에는 광고자가 한다(제678조 제2항).

(3) 판정기준

다른 의사표시나 광고의 성질상 판정의 표준이 정하여져 있는 경우가 아니면, 우수한 자가 없다는 판정은 할 수 없다(제3항).

Ⅲ 효과

우수한 자로 판정된 자는 보수청구권을 취득하며, 판정은 광고자 및 모든 응모자를 구속하며, 이에 대해 이의를 제기하지 못한다(제678조 제4항).

제10절 위임

약술형 출제예상

위임의 효력에 대해 설명하시오. (30점)

Ⅰ 의의

위임이란 당사자 일방(위임자)이 상대방(수임자)에 대하여 사무의 처리를 위탁하고, 상대방이 이를 승낙함으로써 성립하는 계약을 말한다(제680조).

Ⅱ 수임인의 의무(→ 처, 보, 취, 금)

1. 위임사무의 처리의무(→ 선, 복)

(1) 선관주의의무

수임인은 유·무상에 관계없이 위임의 본지에 따라 선량한 관리자의 주의로써 위임사무를 처리하여야 한다(제681조).

(2) 복임권의 제한

수임인은 위임인의 승낙이나 부득이한 사유 없이 제3자로 하여금 자기에 갈음하여 위임사무를 처리하게 하지 못한다(제682조 제1항).

2. 부수적 의무

(1) 보고의무

수임인은 위임인의 청구가 있는 때에는 위임사무의 처리상황을 보고하고 위임이 종료한 때에는 지체 없이 그 전말을 보고하여야 한다(제683조).

(2) 취득물 등의 인도 및 이전의무

① 수임인은 위임사무의 처리로 인하여 받은 금전 기타의 물건 및 그 수취한 과실을 위임인에게 인도하여야 한다(제684조 제1항).

② 수임인이 위임인을 위하여 자기의 명의로 취득한 권리는 위임인에게 이전하여야 한다(제2항).

(3) 금전소비의 책임

수임인이 위임인에게 인도할 금전 또는 위임인의 이익을 위하여 사용할 금전을 자기를 위하여 소비한 때에는 소비한 날 이후의 이자를 지급하여야 하며 그 외의 손해가 있으면 배상하여야 한다(제685조).

Ⅲ 위임인의 의무(→ 보, 비, 필, 대, 손)

1. 보수지급의무

(1) 무상위임의 원칙

① 수임인은 특별한 약정이 없으면 위임인에 대하여 보수를 청구하지 못한다(제686조 제1항).
② 변호사에게 소송위임을 한 경우에는 무보수로 한다는 등 특별한 사정이 없는 한 보수지급의 **묵시의 약정**이 있는 것으로 보아야 한다(대판 1993. 11. 12. 93다36882).

(2) 후급의 원칙

① 수임인이 보수를 받을 경우에는 **위임사무를 완료한 후**가 아니면 청구하지 못한다. 그러나 기간으로 보수를 정한 때에는 그 기간이 경과한 후에 청구할 수 있다(제2항).
② 수임인이 위임사무를 처리하는 중에 수임인의 책임없는 사유로 인하여 위임이 종료된 때에는 수임인은 **이미 처리한 사무의 비율에** 따른 보수를 청구할 수 있다(제3항).

2. 비용선급의무

위임사무의 처리에 비용을 요하는 때에는 위임인은 수임인의 청구에 의하여 이를 **선급**하여야 한다(제687조).

3. 필요비상환의무

수임인이 위임사무의 처리에 관하여 **필요비**를 지출한 때에는 지출한 날 이후의 **이자를** 청구할 수 있다(제688조 제1항).

4. 채무대변제의무 등

수임인이 위임사무의 처리에 필요한 채무를 부담한 때에는 위임인에게 자기에 **갈음하여 변제하게** 할 수 있고, 그 채무가 변제기에 있지 아니한 때에는 상당한 담보를 제공하게 할 수 있다(제2항).

5. 손해배상의무

수임인이 위임사무의 처리를 위하여 과실 없이 손해를 받은 때에는 위임인에 대하여 그 배상을 청구할 수 있다(제3항).

위임계약에서 '수임인의 의무'에 관하여 약술하시오. (20점)

I 위임계약의 의의

위임이란, 당사자 일방(위임자)이 상대방(수임자)에 대하여 사무의 처리를 위탁하고, 상대방이 이를 승낙함으로써 성립하는 계약을 말한다(제680조).

II 수임인의 의무(→ 처, 보, 취, 금)

1. 위임사무의 처리의무(→ 선, 복)

(1) 선관주의의무

수임인은 유·무상에 관계없이 위임의 본지에 따라 선량한 관리자의 주의로써 위임사무를 처리하여야 한다(제681조).

(2) 복임권의 제한

수임인은 위임인의 승낙이나 부득이한 사유 없이 제3자로 하여금 자기에 갈음하여 위임사무를 처리하게 하지 못한다(제682조 제1항).

2. 부수적 의무

(1) 보고의무

수임인은 위임인의 청구가 있는 때에는 위임사무의 처리상황을 보고하고 위임이 종료한 때에는 지체 없이 그 전말을 보고하여야 한다(제683조).

(2) 취득물 등의 인도 및 이전의무

① 수임인은 위임사무의 처리로 인하여 받은 금전 기타의 물건 및 그 수취한 과실을 위임인에게 인도하여야 한다(제684조 제1항).
② 수임인이 위임인을 위하여 자기의 명의로 취득한 권리는 위임인에게 이전하여야 한다 (제2항).

(3) 금전소비의 책임

수임인이 위임인에게 인도할 금전 또는 위임인의 이익을 위하여 사용할 금전을 자기를 위하여 소비한 때에는 소비한 날 이후의 이자를 지급하여야 하며 그 외의 손해가 있으면 배상하여야 한다(제685조).

제11절 임치

> ### 약술형 출제예상
> 임치의 효력에 대해 설명하시오. (40점)

02

I 의의

임치는 당사자 일방(임치인)이 상대방(수치인)에 대하여 금전이나 유가증권 기타 물건의 보관을 위탁하고 상대방이 이를 승낙함으로써 성립하는 계약이다(제693조).

II 수치인의 의무

1. 임치물 보관의무

(1) 주의의무의 정도

① 무상수치인은 자기재산과 동일한 주의의무로 임치물을 보관하여야 한다(제695조).
② 유상수치인은 선량한 관리자의 주의의무로 임치물을 보관하여야 한다(제374조 참조).

(2) 임치물의 사용금지의무

수치인은 임치인의 동의 없이 임치물을 사용하지 못한다(제694조).

(3) 보관에 있어서 부수적 의무(→ 통, 복, 취, 금)

① 임치물에 대한 권리를 주장하는 제3자가 수치인에 대하여 소를 제기하거나 압류한 때에는 수치인은 지체 없이 임치인에게 이를 **통지**하여야 한다(제696조).
② 수임인에 관한 **복**임권의 제한, **취**득물 등의 인도·이전의무, **금**전소비의 책임 등의 규정은 수치인에게 준용된다(제701조).

2. 임치물 반환의무

임치물은 보관한 장소에서 반환하여야 한다. 그러나 수치인이 정당한 사유로 물건을 전치한 때에는 현존하는 장소에서 반환할 수 있다(제700조).

Ⅲ 임치인의 의무

1. 위임인에 관한 규정의 준용(→ 보, 비, 필, 대)

(1) 보수지급의무

임치는 무상계약이 원칙이지만 보수지급의 특약이 있는 경우에는 보수지급의무를 진다. 보수지급시기에 대해서는 후급의 원칙이 적용된다(제701조, 제686조).

(2) 비용선급의무 · 필요비상환의무 · 채무대변제의무

위임인에 관한 비용선급의무, 필요비상환의무, 채무대변제의무 등은 임치인에게도 준용된다(제701조).

2. 손해배상의무

임치인은 임치물의 성질 또는 하자로 인하여 생긴 손해를 수치인에게 배상하여야 한다. 그러나 수치인이 그 성질 또는 하자를 안 때에는 그러하지 아니하다(제697조).

약술형 출제예상
소비임치에 대해 설명하시오. (20점)

Ⅰ 의의

소비임치란 임치물의 **소유권을 수치인에게 이전**하여 수치인이 임치물을 소비하고, 그와 동종·동질·동량의 물건을 임치인에게 반환할 것을 약정하는 계약이다(제702조).

Ⅱ 성립 – 목적물

1. 소비임치의 목적물은 **대체물**에 한한다.

2. **예금계약**은 금전의 소비임치에 해당한다.

Ⅲ 효과

1. 수치인은 임치물의 소유권을 취득하고 동종·동량의 것을 반환한다.

2. 소비대차와 유사하기 때문에 소비대차의 규정이 준용된다(제702조 본문).

3. 반환시기에 대한 약정이 없는 경우, 임치인은 언제든지 반환을 청구할 수 있다(제702조 단서). 이 점에서 소비대차와 다르다(제603조 제2항).

제12절 조합

제703조【조합의 의의】
① 조합은 2인 이상이 상호출자하여 공동사업을 경영할 것을 약정함으로써 그 효력이 생긴다.
② 전항의 출자는 금전 기타 재산 또는 노무로 할 수 있다.

제704조【조합재산의 합유】
조합원의 출자 기타 조합재산은 조합원의 합유로 한다.

제705조【금전출자지체의 책임】
금전을 출자의 목적으로 한 조합원이 출자시기를 지체한 때에는 연체이자를 지급하는 외에 손해를 배상하여야 한다.

제706조【사무집행의 방법】
① 조합계약으로 업무집행자를 정하지 아니한 경우에는 조합원의 3분의 2 이상의 찬성으로써 이를 선임한다.
② 조합의 업무집행은 조합원의 과반수로써 결정한다. 업무집행자가 수인인 때에는 그 과반수로써 결정한다.
③ 조합의 통상사무는 전항의 규정에 불구하고 각 조합원 또는 각 업무집행자가 전행할 수 있다. 그러나 그 사무의 완료 전에 다른 조합원 또는 다른 업무집행자의 이의가 있는 때에는 즉시 중지하여야 한다.

제707조【준용규정】
조합업무를 집행하는 조합원에는 제681조 내지 제688조의 규정(=수임인의 선관의무 등 위임규정)을 준용한다.

제708조【업무집행자의 사임, 해임】
업무집행자인 조합원은 정당한 사유 없이 사임하지 못하며 다른 조합원의 일치가 아니면 해임하지 못한다.

제709조【업무집행자의 대리권추정】
조합의 업무를 집행하는 조합원은 그 업무집행의 대리권 있는 것으로 추정한다.

제710조【조합원의 업무, 재산상태 검사권】
각 조합원은 언제든지 조합의 업무 및 재산상태를 검사할 수 있다.

제711조【손익분배의 비율】
① 당사자가 손익분배의 비율을 정하지 아니한 때에는 각 조합원의 출자가액에 비례하여 이를 정한다.
② 이익 또는 손실에 대하여 분배의 비율을 정한 때에는 그 비율은 이익과 손실에 공통된 것으로 추정한다.

제712조【조합원에 대한 채권자의 권리행사】
조합채권자는 그 채권발생당시에 조합원의 손실부담의 비율을 알지 못한 때에는 각 조합원에게 균분하여 그 권리를 행사할 수 있다.

제713조【무자력조합원의 채무와 타 조합원의 변제책임】
조합원 중에 변제할 자력 없는 자가 있는 때에는 그 변제할 수 없는 부분은 다른 조합원이 균분하여 변제할 책임이 있다.

제715조【조합채무자의 상계의 금지】

조합의 채무자는 그 채무와 조합원에 대한 채권으로 상계하지 못한다.

제716조【임의탈퇴】

① 조합계약으로 조합의 존속기간을 정하지 아니하거나 조합원의 종신까지 존속할 것을 정한 때에는 각 조합원은 언제든지 탈퇴할 수 있다. 그러나 부득이한 사유 없이 조합의 불리한 시기에 탈퇴하지 못한다.

② 조합의 존속기간을 정한 때에도 조합원은 부득이한 사유가 있으면 탈퇴할 수 있다.

제717조【비임의탈퇴】

전조의 경우 외에 조합원은 다음 각호의 사유로 인하여 탈퇴된다.

1. 사망

2. 파산

3. 성년후견의 개시

4. 제명

제718조【제명】

① 조합원의 제명은 정당한 사유 있는 때에 한하여 다른 조합원의 일치로써 이를 결정한다.

② 전항의 제명결정은 제명된 조합원에게 통지하지 아니하면 그 조합원에게 대항하지 못한다.

제719조【탈퇴조합원의 지분의 계산】

① 탈퇴한 조합원과 다른 조합원간의 계산은 탈퇴당시의 조합재산상태에 의하여 한다.

② 탈퇴한 조합원의 지분은 그 출자의 종류여하에 불구하고 금전으로 반환할 수 있다.

③ 탈퇴당시에 완결되지 아니한 사항에 대하여는 완결 후에 계산할 수 있다.

제720조【부득이한 사유로 인한 해산청구】

부득이한 사유가 있는 때에는 각 조합원은 조합의 해산을 청구할 수 있다.

제721조【청산인】

① 조합이 해산한 때에는 청산은 총조합원 공동으로 또는 그들이 선임한 자가 그 사무를 집행한다.

② 전항의 청산인의 선임은 조합원의 과반수로써 결정한다.

제722조【청산인의 업무집행방법】

청산인이 수인인 때에는 제706조 제2항 후단의 규정(=과반수에 의한 결정)을 준용한다.

제723조【조합원인 청산인의 사임, 해임】

조합원 중에서 청산인을 정한 때에는 제708조의 규정(=업무집행조합원의 사임·해임제한)을 준용한다.

제724조【청산인의 직무, 권한과 잔여재산의 분배】

① 청산인의 직무 및 권한에 관하여는 제87조의 규정(=법인의 청산인의 직무범위)을 준용한다.

② 잔여재산은 각 조합원의 출자가액에 비례하여 이를 분배한다.

조합의 성립에 대해 설명하시오. (20점)

Ⅰ 의의

조합계약이란 2인 이상이 상호출자하여 공동사업을 경영할 것을 약정하는 법률행위를 말하고(제703조 제1항), 조합계약에 의해 성립한 단체를 조합이라고 한다.

Ⅱ 성립

2인 이상이 서로 출자하여, 공동사업을 경영할 것을 약정하여야 한다(제703조 제1항).

1. 상호출자

(1) 모든 당사자가 출자의무를 부담하여야 한다. 당사자 중 일부가 출자의무를 부담하지 않으면 조합이 아니다.

(2) 출자의 종류나 성질에는 제한이 없다. 출자는 금전 기타 재산 또는 노무로 할 수 있다(제703조 제2항).

2. 공동사업의 경영

(1) 공동사업의 경영을 약정하여야 한다. 당사자 중 **일부만이 이익분배를** 받는 경우에는 공동사업이라고 할 수 없어 조합관계라 할 수 없다(대판 2000. 7. 7. 98다44666).

(2) **공동의 목적 달성**을 위한 협력만으로는 공동사업 경영이라고 할 수 없다(대판 2012. 8. 30. 2010다39918).

(3) **낙찰계는** 계주의 개인사업일 뿐이므로, 조합이 아니다(대판 1994. 10. 11. 93다55456).

Ⅲ 취소의 소급효 제한

조합계약이 제한능력 등을 이유로 취소된 경우, 조합관계는 **장래를 향하여서만** 그 효력을 상실한다(대판 1972. 4. 25. 71다1833).

약술형 출제예상

조합의 (대내적) 업무집행에 대해 설명하시오. (20점)

Ⅰ 업무집행자를 정하지 않은 경우

1. 조합원 과반수로 결정

⑴ 조합의 업무집행은 조합원의 과반수로써 결정한다(제706조 제2항).

⑵ 과반수란 출자액이나 지분이 아닌 **조합원 인원수**의 과반수를 뜻한다. 이는 **임의규정**이므로 달리 정하는 것이 가능하다(대판 2009. 4. 23. 2008다4247).

2. 통상사무의 단독 전행

통상사무는 각 조합원이 단독으로 전행할 수 있다(제706조 제3항 본문). 그러나 다른 조합원의 이의가 있는 때에는 즉시 중지하여야 한다(단서).

3. 위임의 준용

어느 조합원이 전원을 위하여 업무를 집행하는 경우에는 위임의 규정을 준용한다(제707조).

Ⅱ 업무집행자를 정한 경우

1. 업무집행조합원의 선임방법

조합원의 **3분의 2 이상**의 찬성으로 업무집행자를 선임할 수 있다(제706조 제1항). 업무집행자인 조합원은 정당한 사유 없이 사임하지 못하며, 다른 조합원의 일치가 아니면 해임하지 못한다(제708조).

2. 업무집행의 방법

⑴ 업무집행자가 수인인 때에는 그 과반수로써 결정한다(제706조 제2항 제2문).

⑵ 통상사무는 각 업무집행자가 단독으로 전행할 수 있지만(제706조 제3항 본문), 다른 업무집행자의 이의가 있으면 즉시 중지하여야 한다(단서).

⑶ 업무집행자가 있으면 다른 일반 조합원은 통상사무이더라도 집행할 수 없다.

약술형 출제예상

조합대리에 대해 설명하시오. (20점)

Ⅰ 의의

조합은 법인격이 없으므로 조합의 대외관계는 대리의 형식에 의한다.

Ⅱ 대리권의 발생

1. 업무집행자를 정하지 않은 경우

(1) 조합계약으로 달리 정하지 않은 한, **각 조합원은** 서로 대리권을 수여한 것으로 추정된다. 따라서 ① **통상사무에** 관하여는 각자 단독으로 대리하며, ② **통상사무 이외의 사항에** 관하여는 제119조 단서(공동대리) 및 제706조 제2항(다수결 원칙)에 의한 제약을 받으므로, 공동대리이다.

(2) 통상사무가 아닌 사항에 대하여 일부 조합원이 과반수에 의한 결정을 거치지 않고서 대리행위를 한 경우, 제126조 표현대리가 성립할 수 있다.

2. 업무집행자를 정한 경우

(1) **업무집행자만이** 대리권을 가진다. 따라서 ① **통상사무에** 관하여는 업무집행자가 단독으로 대리하며, ② **통상사무 이외의 사항에** 관하여는 업무집행자의 과반수에 의하여야 한다(제706조 제2항).

(2) 이를 위반하여 단독으로 한 대리행위에는 제126조 표현대리가 성립할 수 있다.

Ⅲ 대리행위의 방식 – 현명주의

1. 조합은 법인격이 없으므로, 조합 자체가 '당사자(본인)'가 될 수 없다. 따라서 **'모든 조합원'의 이름으로** 대리행위를 하여야 한다.

2. 조합원 전원의 성명을 표시할 필요는 없고, 상대방이 알 수 있을 정도로 표시하면 충분하다 (예 A조합의 대표자 甲).

Ⅳ 조합의 소송수행

1. 당사자능력 부정

민사소송법 제52조는 법인 아닌 사단이나 재단에 대하여 대표자나 관리인이 있는 경우에 소송상 당사자능력을 인정하고 있다. 이 규정은 조합에는 유추적용되지 않으므로, 조합은 소송상 당사자능력이 없다(통설·판례).

2. 조합의 소송수행 방법

그 결과 조합은 ① **조합원 전원**이 필수적 공동소송으로 당사자가 되거나, ② **선정당사자제도**(민사소송법 제53조)를 이용할 수밖에 없다. ③ 업무집행조합원이 정해진 경우에는 조합재산에 관하여 조합원으로부터 **임의적 소송신탁**을 받아 자기 이름으로 소송을 수행할 수도 있다(대판 2001. 2. 23. 2000다68924).

약술형 출제예상

조합의 재산관계에 대해 설명하시오. (40점)

Ⅰ 의의

1. 조합재산은 조합원의 개인재산과는 독립된 조합의 고유재산이 된다.

2. 조합은 법인격이 없으므로 조합재산이 조합 자체에 귀속될 수는 없으며, 모든 조합원의 합유로 귀속된다(제704조, 제271조).

Ⅱ 조합재산의 귀속관계 – 합유관계

1. 의의

조합원의 출자 기타 조합재산은 조합원의 합유로 한다(제704조).

2. 합유물의 처분·변경

(1) 문제점

합유물을 처분·변경에는 합유자 '전원의 동의'(제272조)가 필요한 반면에, 조합의 업무집행은 (업무집행)조합원의 '과반수'로써 결정한다(제706조 제2항)고 규정하고 있어 양자의 관계가 문제된다.

(2) 판례

① 조합재산의 처분·변경행위는 특별한 사정이 없는 한 조합의 특별사무이므로, 업무집행자가 없는 경우에는 원칙적으로 조합원의 과반수로써 결정하고(대판 1998. 3. 13. 95다30345), 업무집행자가 수인 있는 경우에는 업무집행자의 과반수로써 결정할 것이라고 한다(대판 2000. 10. 10. 2000다28506).

② 결국 判例는 업무집행조합원이 정해져 있는지 여부와 관계 없이 조합계약에 관한 제706조 제2항이 **특별규정**이라는 입장이다.

3. 조합재산과 개인재산의 구별

(1) 조합원의 지분에 대한 압류는 그 조합원의 장래의 이익배당 및 지분을 반환받을 권리에 대하여 효력이 있다(제714조).

(2) 조합의 채무자는 그 채무와 조합원에 대한 채권으로 상계하지 못한다(제715조).

Ⅲ 조합채무에 대한 책임

1. 의의

조합의 채무는 ① 모든 조합원에게 합유적으로 귀속되므로, 조합재산으로 책임을 진다. 더불어 ② 각 조합원이 각자의 개인재산으로도 책임을 진다. 양 책임은 상호 병존적이다.

2. 조합재산에 의한 공동책임

(1) 조합의 채권자는 채권 전액에 관하여 조합재산으로부터 변제를 청구할 권리가 있다.

(2) 조합원 1인에 대한 채권자는 조합의 채권자는 아니므로 조합재산에 대하여 강제집행할 수 없다(대판 2001. 2. 23. 2000다68924).

3. 조합원의 개인재산에 의한 책임

(1) 분할채무의 원칙

각 조합원은 조합채무에 관하여 손실부담의 비율에 따라 분할채무를 부담한다(분할채무의 원칙. 제408조).

(2) 조합 채권자의 보호

① 채권자가 그 채권발생 당시에 손실부담비율을 알지 못한 경우에는 각 조합원에게 균등한 비율로 변제할 것을 청구할 수 있다(제712조).
② 조합원 중에 변제할 자력이 없는 자가 있는 경우에는 그 부분에 대하여 다른 조합원들이 균분하여 변제할 책임을 진다(제713조).

기출확인 2014년 2회 기출

조합채무에 대한 조합원의 책임 범위에 대하여 약술하시오. (20점)

I 조합채무에 의의

조합이란 2인 이상이 서로 출자하여 공동사업을 경영할 것을 약정함으로써 성립하는 계약이다. 조합의 채무는 ① 모든 조합원에게 합유적으로 귀속되므로, 조합재산으로 책임을 진다. 더불어 ② 각 조합원이 각자의 개인재산으로도 책임을 진다. 양 책임은 상호 병존적이다.

II 조합채무에 대한 책임

1. 조합재산에 의한 공동책임

(1) 조합의 채권자는 채권 전액에 관하여 조합재산으로부터 변제를 청구할 권리가 있다.

(2) 조합원 1인에 대한 채권자는 조합의 채권자는 아니므로 조합재산에 대하여 강제집행할 수 없다(대판 2001. 2. 23. 2000다68924).

2. 조합원의 개인재산에 의한 책임

(1) 분할채무의 원칙

각 조합원은 조합채무에 관하여 손실부담의 비율에 따라 분할채무를 부담한다(분할채무의 원칙. 제408조).

(2) 조합 채권자의 보호

① 채권자가 그 채권발생 당시에 손실부담비율을 알지 못한 경우에는 각 조합원에게 균등한 비율로 변제할 것을 청구할 수 있다(제712조).

② 조합원 중에 변제할 자력이 없는 자가 있는 경우에는 그 부분에 대하여 다른 조합원들이 균분하여 변제할 책임을 진다(제713조).

기출확인 2024년 12회 기출

甲·乙·丙은 공동이행방식의 공동수급체를 결성하여 丁과 건축공사도급계약을 체결하였으며, 업무집행자인 甲은 조합운영자금을 마련하기 위하여 A은행으로부터 1억 원을 차용하였다. 위 공사를 완공하여 공사대금채권을 취득한 甲·乙·丙은 위 대여금채무에 대하여 어떤 책임을 지는지 설명하시오 (20점)

Ⅰ 논점 정리

1. 업무집행자인 甲이 A은행으로부터 조합운영자금 1억 원을 차용하였는 바, <u>위 차용금채무가 조합채무에 해당하는지 여부</u>가 문제된다.

2. 만일 조합채무라면 공사대금채권을 취득한 조합원 甲, 乙, 丙이 채권자 丁에게 어떠한 책임을 지는지 검토한다.

Ⅱ 조합의 성립과 조합재산

1. 조합의 의의

(1) 조합계약이란, 2인 이상이 상호출자하여 공동사업을 경영할 것을 약정하는 계약을 말하고[41], 조합계약에 의해 성립한 단체를 조합이라고 한다.

(2) 사안의 경우

공동수급체는 기본적으로 **민법상의 조합의 성질을 가지는 것**이므로 그 구성원의 일방이 공동수급체의 대표자로서 업무집행자의 지위에 있었다고 한다면 그 구성원들 사이에는 민법상의 조합에 있어서 조합의 업무집행자와 조합원의 관계에 있었다고 할 것이다(대판 2000. 12. 12. 99다49620).

---

[41] 제703조 제1항

2. 조합채무의 성립

(1) 조합의 업무집행

조합의 업무집행은 조합원의 과반수로써 결정하되, 업무집행자를 선임한 경우에는 업무집행자의 과반수로써 결정한다.[42]

(2) 사안의 경우

甲은 단독의 업무집행자이므로 甲의 조합운영자금 차용 행위는 조합의 업무집행에 해당한다. 따라서 위 차용금은 조합채무에 해당한다.

Ⅲ 조합채무의 귀속관계

1. 조합재산의 소유형태

(1) 조합원의 출자 기타 조합재산은 조합원의 합유로 한다.[43] 따라서 조합채무 역시 조합재산[44]이므로 조합원 모두의 합유에 속한다.

(2) 사안의 경우

조합인 공동수급체가 공사를 시행함으로 인하여 도급인에 대하여 가지는 채권은 원칙적으로 공동수급체의 구성원에게 합유적으로 귀속하는 것이어서 특별한 사정이 없는 한 구성원 중 1인이 임의로 도급인에 대하여 출자지분의 비율에 따른 급부를 청구할 수 없고, 구성원 중 1인에 대한 채권으로써 그 구성원 개인을 집행채무자로 하여 공동수급체의 도급인에 대한 채권에 대하여 강제집행을 할 수 없다(대판 1997. 8. 26. 97다4401, 대판 2001. 2. 23. 2000다68924 등 참조).

2. 조합채무의 책임귀속

조합의 채무는 ⅰ) 모든 조합원에게 합유적으로 귀속되므로 조합재산으로써 책임을 진다. ⅱ) 더불어 각 조합원은 각자의 개인재산으로도 책임을 지며, 양 책임은 병존한다.

---

42 제706조
43 제704조
44 소극적 조합재산

(1) 조합재산에 의한 공동책임

① 조합의 채권자는 채권 전액에 관하여 「조합재산」으로부터 변제를 청구할 권리가 있다.

② 조합재산은 조합원의 개인재산과는 독립된 고유재산이므로, 조합원 1인에 대한 채권자는 「조합재산」에 대하여 강제집행할 수 없다.[45]

(2) 조합원의 개인재산에 의한 책임

① 「각 조합원」은 조합채무에 관하여 손실부담의 비율에 따라 분할채무를 부담한다.

② 채권자가 그 채권발생 당시에 손실부담 비율을 알지 못한 경우에는 각 조합원에게 균등한 비율로 변제할 것을 청구할 수 있다.[46]

③ 조합원 중에 변제할 자력이 없는 자가 있는 경우에는 그 부분에 대하여 다른 조합원들이 균분하여 변제할 책임을 진다.[47]

3. 사안의 경우

조합채권자 A은행은 1억 원의 채권으로 조합재산인 공사대금채권에 대하여 책임을 물을 수 있고, 이와 병존하여 각 조합원 甲, 乙, 丙에게 손실부담 비율에 따라 각각 개인책임을 물을 수도 있다(만일 손실부담비율을 알지 못하면 각각 1/3의 개인책임을 물을 수 있다).

Ⅳ 사안의 해결

甲, 乙, 丙은 원칙적으로 공사대금채권인 조합재산으로 대여금채무 1억 원에 대한 책임을 지며, 이와 병존하여 각각 자신의 손실부담비율에 따라 A은행에 대하여 1억 원의 분할책임을 진다. 다만, A은행이 손실부담비율을 알지 못하는 경우는 각각 대여금의 1/3 분할책임을 진다.

---

[45] 대판 2001. 2. 23. 2000다68924
[46] 제712조
[47] 제713조

조합원의 탈퇴에 대해 설명하시오. (40점)

I 의의

조합의 탈퇴란 특정 조합원이 장래에 향하여 조합원으로서의 지위를 벗어나는 것이다. 이 경우 조합은 나머지 조합원에 의하여 동일성을 유지하며 존속한다(대판 2007. 11. 15. 2007다48370, 48387).

II 탈퇴의 사유

1. 임의탈퇴

(1) 조합계약으로 조합의 존속기간을 정하지 아니하거나 조합원의 종신까지 존속할 것을 정한 때에는 각 조합원은 언제든지 탈퇴할 수 있다. 그러나 부득이한 사유없이 조합의 불리한 시기에 탈퇴하지 못한다(제716조 제1항).

(2) 조합의 존속기간을 정한 때에도 조합원은 부득이한 사유가 있으면 탈퇴할 수 있다(제2항).

2. 비임의탈퇴(→ 사, 파, 성, 제)

(1) 조합원은 **사**망, **파**산, **성**년후견의 개시, **제**명으로 탈퇴된다(제717조).

(2) 조합원이 사망한 때에는 조합계약에서 달리 약정한 바 없다면 사망한 조합원의 지위는 상속인에게 **승계되지** 아니한다(대판 1987. 6. 23. 86다카2951).

(3) **파산하더라도 탈퇴하지 않기로** 하는 약정은 ① 원칙적으로는 무효이지만, ② 파산한 조합원의 채권자들의 동의를 얻어 **파산관재인이** 조합에 잔류할 것을 선택한 경우까지 무효라고 할 것은 아니다(대판 2004. 9. 13. 2003다26020).

(4) 조합원의 제명은 정당한 사유있는 때에 한하여 **다른 조합원의 일치로써** 이를 결정한다(제718조 제1항). 제명결정은 제명된 조합원에게 **통지**하지 아니하면 그 조합원에게 대항하지 못한다(제2항).

Ⅲ 탈퇴의 효과

1. 조합원 지위의 상실

탈퇴한 조합원은 조합원으로서의 지위를 상실한다.

2. 조합의 존속 및 지분계산

(1) 조합원의 탈퇴에도 불구하고 조합 자체는 존속하며, 탈퇴 조합원과의 사이에 지분계산을 하여야 한다.

(2) 탈퇴한 조합원의 지분의 계산은 **탈퇴 당시의 조합재산상태에** 의하여 한다(제719조 제1항).

> #### ✅ 2인 조합관계에서 1인 탈퇴의 법률관계
>
> **1. 원칙적으로 해산되지 않음**
>
> 2인 조합에서 조합원 1인이 탈퇴하면 조합관계는 **종료되지만** 특별한 사정이 없는 한 조합이 **해산되지 아니하고**, 다만 조합원의 합유에 속하였던 조합재산은 남은 조합원의 단독소유에 속하게 되어 기존의 공동사업은 청산절차를 거치지 않고 잔존자가 **계속 유지할 수** 있고 탈퇴자와 남은 자 사이에는 **탈퇴로 인한 계산을** 하는데 불과하다(대판 1972. 12. 12. 72다1651; 대판 2006. 3. 9. 2004다49693, 49709 참고).
>
> **2. 조합채권자에 대한 관계**
>
> 조합채무는 조합원들이 조합재산에 의하여 합유적으로 부담하는 채무이고, 두 사람으로 이루어진 조합관계에 있어 그 중 1인이 탈퇴하면 탈퇴자와의 사이에 조합관계는 종료된다 할 것이나 특별한 사정이 없는 한 조합은 해산되지 아니하고, 조합원들의 합유에 속한 조합재산은 남은 조합원에게 귀속하게 되므로, 이 경우 조합채권자는 잔존 조합원에게 여전히 그 조합채무 전부에 대한 이행을 청구할 수 있다(대판 1999. 5. 11. 99다1284).

2021년 9회 기출

甲과 乙은 음식점 동업계약을 체결하면서 각각 현금 1억 원씩 투자하였고 음식점 운영으로 발생된 수익금은 50:50으로 나뉘어 분배하기로 하였다. 乙은 음식점 운영방식 등에서 甲과 대립하던 중 동업계약에서 탈퇴하였다. 乙의 탈퇴로 인한 甲과 乙의 법률관계와 위 음식점에 식자재를 납품해 온 丙이 甲에 대하여 대금채무의 이행을 청구할 수 있는지에 관하여 검토하시오. (20점)

Ⅰ 乙의 탈퇴로 인한 甲과 乙의 법률관계

1. 조합 탈퇴의 의의

조합의 탈퇴란 특정 조합원이 장래에 향하여 조합원으로서의 지위를 벗어나는 것이다. 이 경우 조합은 나머지 조합원에 의하여 동일성을 유지하며 존속한다(대판 2007. 11. 15. 2007다48370, 48387).

2. 탈퇴의 사유

(1) 조합계약으로 조합의 존속기간을 정하지 아니하거나 조합원의 종신까지 존속할 것을 정한 때에는 각 조합원은 언제든지 탈퇴할 수 있다. 그러나 부득이한 사유없이 조합의 불리한 시기에 탈퇴하지 못한다(제716조 제1항).

(2) 조합의 존속기간을 정한 때에도 조합원은 부득이한 사유가 있으면 탈퇴할 수 있다(제2항).

3. 2인 조합관계에서 1인 탈퇴의 법률관계

2인 조합에서 조합원 1인이 탈퇴하면 조합관계는 종료되지만 특별한 사정이 없는 한 조합이 해산되지 아니하고, 다만 조합원의 합유에 속하였던 조합재산은 남은 조합원의 단독소유에 속하게 되어 기존의 공동사업은 청산절차를 거치지 않고 잔존자가 계속 유지할 수 있고 탈퇴자와 남은 자 사이에는 탈퇴로 인한 계산을 하는데 불과하다(대판 1972. 12. 12. 72다1651; 대판 2006. 3. 9. 2004다49693, 49709 참고).

4. 사안의 해결

乙의 탈퇴로 인한 조합재산은 남은 조합원 甲의 단독소유로 남고, 탈퇴자 乙과 남은 자 甲 사이에는 탈퇴로 인한 계산을 하여야 한다.

Ⅱ 조합채권자 丙이 甲에 대하여 대금채무의 이행을 청구

1. 조합채권자 丙에 대한 관계

조합채무는 조합원들이 조합재산에 의하여 합유적으로 부담하는 채무이고, 두 사람으로 이루어진 조합관계에 있어 그 중 1인이 탈퇴하면 탈퇴자와의 사이에 조합관계는 종료된다 할 것이나 특별한 사정이 없는 한 조합은 해산되지 아니하고, 조합원들의 합유에 속한 조합재산은 남은 조합원에게 귀속하게 되므로, 이 경우 조합채권자는 잔존 조합원에게 여전히 그 조합채무 전부에 대한 이행을 청구할 수 있다(대판 1999. 5. 11. 99다1284).

2. 사안의 해결

음식점에 식자재를 납품해 온 조합채권자 丙은 잔존 조합원 甲에 대하여 대금채무 전부이행을 청구할 수 있다.

기출확인 2022년 10회 기출

甲과 乙은 공동사업을 경영할 목적으로 각각 5천만 원씩을 출자하기로 하는 민법상 조합계약을 체결하면서 A조합을 설립하였다. 이후 乙은 A조합의 업무집행조합원으로서 丙으로부터 1억 원의 조합운영자금을 차용하였는데, 그 후 乙은 교통사고로 사망하였다. 이러한 경우에 A조합의 존속여부 및 甲이 丙에게 부담하는 조합채무의 범위에 관하여 검토하시오(단, 乙에게는 상속인이 없음을 전제로 함). (20점)

Ⅰ 논점의 정리

업무집행조합원 乙의 사망이 조합탈퇴에 해당하는지 여부와 탈퇴에 해당하는 경우 A조합의 존속여부와 乙이 업무집행조합으로서 丙에게 부담한 조합채무를 甲이 얼마나 부담하여야 하는지가 문제된다.

Ⅱ 업무집행조합원 乙의 사망으로 인한 A조합의 존속여부

1. 조합 탈퇴의 의의

조합의 탈퇴란, 특정 조합원이 장래에 향하여 조합원으로서의 지위를 벗어나는 것이다. 이 경우 조합은 나머지 조합원에 의하여 동일성을 유지하며 존속한다(대판 2007. 11. 15. 2007다 48370, 48387).

2. 탈퇴의 사유

(1) 조합원은 사망, 파산, 성년후견의 개시, 제명으로 탈퇴된다(제717조).

(2) 조합원이 사망한 때에는 조합계약에서 달리 약정한 바 없다면 사망한 조합원의 지위는 상속인에게 승계되지 아니한다(대판 1987. 6. 23. 86다카2951).

3. 2인 조합관계에서 1인 탈퇴의 법률관계

2인 조합에서 조합원 1인이 탈퇴하면 조합관계는 종료되지만 특별한 사정이 없는 한 조합이 해산되지 아니하고, 다만 조합원의 합유에 속하였던 조합재산은 남은 조합원의 단독소유에 속하게 되어 기존의 공동사업은 청산절차를 거치지 않고 잔존자가 계속 유지할 수 있고 탈퇴자와 남은 자 사이에는 탈퇴로 인한 계산을 하는데 불과하다(대판 1972. 12. 12. 72다1651; 대판 2006. 3. 9. 2004다49693, 49709 참고).

4. 사안의 적용

다른 약정이 없으므로 제717조에 의해 乙은 사망하여 조합에서 탈퇴된다. 2인 조합에서 조합원 1인이 탈퇴로 조합관계는 종료되지만 특별한 사정이 없는 한 조합이 해산되지 아니하고 존속한다. 조합재산은 남은 조합원 甲의 단독소유로 남는다.

Ⅲ 조합채권자 丙에게 甲이 부담하는 조합채무의 범위

1. 조합채권자 丙에 대한 관계

조합채무는 조합원들이 조합재산에 의하여 합유적으로 부담하는 채무이고, 두 사람으로 이루어진 조합관계에 있어 그 중 1인이 탈퇴하면 탈퇴자와의 사이에 조합관계는 종료된다 할 것이나 특별한 사정이 없는 한 조합은 해산되지 아니하고, 조합원들의 합유에 속한 조합재산은 남은 조합원에게 귀속하게 되므로, 이 경우 조합채권자는 잔존 조합원에게 여전히 그 조합채무 전부에 대한 이행을 청구할 수 있다(대판 1999. 5. 11. 99다1284).

2. 사안의 적용

乙이 丙으로부터 조합운영자금으로 차용한 1억 원은 조합채무로서 잔존 조합원 甲이 1억 원 전부를 이행할 책임이 있다.

Ⅳ 사안의 해결

1. 乙은 사망하여 조합에서 탈퇴된다. 2인 조합에서 조합원 1인이 탈퇴로 조합관계는 종료되지만 특별한 사정이 없는 한 조합이 해산되지 아니하고 존속한다.

2. 조합재산은 남은 조합원 甲의 단독소유이고, 乙이 丙으로부터 조합운영자금으로 차용한 1억 원은 조합채무로서 잔존 조합원 甲이 1억 원 전부를 이행할 책임이 있다.

약술형 출제예상

조합원 지위의 양도에 대해 설명하시오. (20점)

Ⅰ 의의

명문의 규정은 없지만, 조합계약에서 조합원 지위의 양도를 인정하고 있거나, 조합원 전원의 동의가 있는 경우에는 조합원의 지위를 양도할 수 있다(통설).

Ⅱ 효과

1. 일반적 효과

양도인은 조합원으로서의 지위를 상실하고, **양수인은** 조합원의 지위를 취득한다. 이러한 조합원 지위의 변동은 조합지분의 양도양수 약정으로써 바로 효력이 발생한다(대판 2009. 3. 12. 2006다28454).

2. 지분의 일부양도 가능성

조합계약에서 조합원 지분의 양도를 인정하고 있는 경우, ① 조합원은 자신의 지분 전부를 일체로써 제3자에게 양도할 수 있으나, ② **그 지분의 일부를** 할 수는 없다. 소수의 조합원이 다수의 제3자들에게 분할·양도함으로써 **의사결정구조에 왜곡** 가능성이 있기 때문이다(대판 2009. 4. 23. 2008다4247).

제13절 종신정기금

제14절 화해

> **제731조【화해의 의의】**
> 화해는 당사자가 상호양보하여 당사자 간의 분쟁을 종지할 것을 약정함으로써 그 효력이 생긴다.
> **제732조【화해의 창설적 효력】**
> 화해계약은 당사자 일방이 양보한 권리가 소멸되고 상대방이 화해로 인하여 그 권리를 취득하는 효력이 있다.
> **제733조【화해의 효력과 착오】**
> 화해계약은 착오를 이유로 하여 취소하지 못한다. 그러나 화해 당사자의 자격 또는 화해의 목적인 분쟁 이외의 사항에 착오가 있는 때에는 그러하지 아니하다.

약술형 출제예상

화해의 효력 및 착오취소에 대해 설명하시오. (20점)

Ⅰ 의의

화해는 당사자가 서로 양보하여 그들 사이의 분쟁을 끝낼 것을 약정함으로써 성립하는 계약이다(제731조).

Ⅱ 화해의 효력

1. 법률관계의 확정

(1) 분쟁의 대상인 법률관계는 화해계약에서 합의한 대로 확정된다.

(2) 법률관계의 확정은 **분쟁의 대상이 되어 합의한 사항에** 한한다. 당사자가 다투지 않았던 사항이나 화해의 전제로서 서로 양해하고 있었던 사항은 그렇지 않다.

2. 창설적 효력

(1) 화해에 의한 법률관계의 확정은 **창설적**이다. 즉 당사자일방이 양보한 권리는 **소멸**되고 상대방이 그 권리를 **취득**하는 효력이 있다(제732조).

(2) 화해의 창설적 효력은 임의규정이므로, 달리 특약을 할 수 있다.

Ⅲ 화해계약의 착오취소

1. 착오취소의 부정

화해계약은 착오를 이유로 하여 취소하지 못한다(제733조 본문). 그러나 화해당사자의 자격 또는 화해의 목적인 분쟁이외의 사항에 착오가 있는 때에는 그러하지 아니하다(단서).

2. '화해의 목적인 분쟁 이외의 사항'의 의미

(1) '화해의 목적인 분쟁 이외의 사항'이란 분쟁의 대상이 아니라 분쟁의 **전제 또는 기초가 된** 사항으로서, 쌍방 당사자가 **예정한** 것이어서 **상호 양보의 내용으로 되지 않고 다툼이 없는 사실로 양해된** 사항을 말한다(대판 1997. 4. 11. 95다48414).

(2) 교통사고에 가해자의 과실이 경합되어 있는데도 오로지 피해자의 과실로 인하여 발생한 것으로 착각하고 화해한 경우, 그 사고가 **피해자의 전적인 과실로 인하여 발생하였다는 사실**은 쌍방 당사자 사이에 다툼이 없어 양보의 대상이 되지 않았던 사실로서 화해의 목적인 분쟁의 대상이 아니라 그 분쟁의 전제가 되는 사항에 해당하는 것이므로 피해자측은 착오를 이유로 화해계약을 취소할 수 있다(대판 1997. 4. 11. 95다48414).

기출확인 2016년 4회 기출

가해자 甲과 피해자 乙 쌍방의 과실로 교통사고가 발생하였음에도, 甲은 자신의 과실만으로 인해 그 교통사고가 발생한 것으로 잘못 알고 치료비 명목의 합의금에 관하여 乙과 화해계약을 체결하였다. 이러한 경우에 甲은 위 화해계약을 취소할 수 있는지 설명하시오.
(20점)

Ⅰ 논점의 정리

가해자 甲이 쌍방의 과실로 교통사고가 발생하였음에도, 甲은 자신의 과실만으로 인해 그 교통사고가 발생한 것으로 잘못 알고 치료비 명목의 합의금에 관하여 피해자 乙과 화해계약을 체결하였다. 이 경우 그 화해계약을 착오로 취소할 수 있는지는 분쟁의 목적 이외의 사항에 관하여 착오인지가 문제된다.

Ⅱ 화해의 의의와 성립요건

화해는 당사자가 서로 양보하여 그들 사이의 분쟁을 끝낼 것을 약정함으로써 성립하는 계약이다(제731조). 따라서 ① 분쟁의 존재, ② 당사자의 상호양보, ③ 당사자의 자격, ④ 분쟁을 끝내는 합의가 있어야 한다.

Ⅲ 화해의 효력

1. 법률관계의 확정

(1) 분쟁의 대상인 법률관계는 화해계약에서 합의한 대로 확정된다.

(2) 법률관계의 확정은 분쟁의 대상이 되어 합의한 사항에 한한다. 당사자가 다투지 않았던 사항이나 화해의 전제로서 서로 양해하고 있었던 사항은 그렇지 않다.

2. 창설적 효력

(1) 화해에 의한 법률관계의 확정은 창설적이다. 즉 당사자 일방이 양보한 권리는 소멸되고 상대방이 그 권리를 취득하는 효력이 있다(제732조).

(2) 화해의 창설적 효력은 임의규정이므로, 달리 특약을 할 수 있다.

Ⅳ 화해계약의 착오취소

1. 착오취소의 부정

화해계약은 착오를 이유로 하여 취소하지 못한다(제733조 본문). 그러나 화해당사자의 자격 또는 화해의 목적인 분쟁이외의 사항에 착오가 있는 때에는 그러하지 아니하다(단서).

2. '화해의 목적인 분쟁 이외의 사항'의 의미

'화해의 목적인 분쟁 이외의 사항'이란 분쟁의 대상이 아니라 분쟁의 전제 또는 기초가 된 사항으로서, 쌍방 당사자가 예정한 것이어서 상호 양보의 내용으로 되지 않고 다툼이 없는 사실로 양해된 사항을 말한다(대판 1997. 4. 11. 95다48414).

Ⅴ 사안의 해결

교통사고에 가해자의 과실이 경합되어 있는데도 오로지 피해자의 과실로 인하여 발생한 것으로 착각하고 화해한 경우, 그 사고가 피해자의 전적인 과실로 인하여 발생하였다는 사실은 쌍방 당사자 사이에 다툼이 없어 양보의 대상이 되지 않았던 사실로서 화해의 목적인 분쟁의 대상이 아니라 그 분쟁의 전제가 되는 사항에 해당하는 것이므로 피해자측은 착오를 이유로 화해계약을 취소할 수 있다(대판 1997. 4. 11. 95다48414). 따라서 甲은 화해계약의 분쟁 이외의 사항에 대한 착오를 이유로 乙과의 화해계약을 취소할 수 있다.

약술형 출제예상

화해와 후유증 손해에 대해 설명하시오. (20점)

Ⅰ 문제점

손해배상의 합의(화해계약)를 하였는데, 화해계약 당시에는 전혀 예상치 못한 후유증으로 후발손해가 발생된 경우, 그 추가손해에 대하여 배상청구를 할 수 없는지가 화해의 창설적 효력과 관련하여 문제된다.

Ⅱ 화해의 창설적 효력

화해에 의한 법률관계의 확정은 **창설적**이다. 즉 당사자일방이 양보한 권리는 **소멸**되고 상대방이 그 권리를 **취득**하는 효력이 있다(제732조).

Ⅲ 후유증 배상청구의 인정

1. 판례는 ① 과거, 합의서의 권리포기 문구가 단순한 예문에 불과하다고 하였으나(대판 1977. 9. 28. 77다1071), ② 현재의 주류는 화해의 '의사표시 해석'의 문제로 접근하고 있다.

2. 당사자가 후발손해를 예상하였더라면 그 금액으로는 화해하지 않았을 것이라고 볼 만큼 **손해가 중대**한 것일 때에는, 이러한 후발손해에 대해서까지 **배상청구권을 포기**한 것이라고 볼 수 없다(대판 2000. 3. 23. 99다63176).

행정사
백운정 민법(계약)

부록

관련 법령

계약법상 특별한 소멸사유

01 계약총칙

제4절 계약의 해지 · 해제

제543조【해지, 해제권】 ① 계약 또는 법률의 규정에 의하여 당사자의 일방이나 쌍방이 해지 또는 해제의 권리가 있는 때에는 그 해지 또는 해제는 상대방에 대한 의사표시로 한다.

② 전항의 의사표시는 철회하지 못한다.

제544조【이행지체와 해제】 당사자 일방이 그 채무를 이행하지 아니하는 때에는 상대방은 상당한 기간을 정하여 그 이행을 최고하고 그 기간 내에 이행하지 아니한 때에는 계약을 해제할 수 있다. 그러나 채무자가 미리 이행하지 아니할 의사를 표시한 경우에는 최고를 요하지 아니한다.

제545조【정기행위와 해제】 계약의 성질 또는 당사자의 의사표시에 의하여 일정한 시일 또는 일정한 기간 내에 이행하지 아니하면 계약의 목적을 달성할 수 없을 경우에 당사자 일방이 그 시기에 이행하지 아니한 때에는 상대방은 전조의 최고를 하지 아니하고 계약을 해제할 수 있다.

제546조【이행불능과 해제】 채무자의 책임 있는 사유로 이행이 불능하게 된 때에는 채권자는 계약을 해제할 수 있다.

제547조【해지, 해제권의 불가분성】 ① 당사자의 일방 또는 쌍방이 수인인 경우에는 계약의 해지나 해제는 그 전원으로부터 또는 전원에 대하여 하여야 한다.

② 전항의 경우에 해지나 해제의 권리가 당사자 1인에 대하여 소멸한 때에는 다른 당사자에 대하여도 소멸한다.

제548조【해제의 효과, 원상회복의무】 ① 당사자 일방이 계약을 해제한 때에는 각 당사자는 그 상대방에 대하여 원상회복의 의무가 있다. 그러나 제3자의 권리를 해하지 못한다.

② 전항의 경우에 반환할 금전에는 그 받은 날로부터 이자를 가하여야 한다.

제549조【원상회복의무와 동시이행】 제536조(＝동시이행의 항변권)의 규정은 전조(＝해제와 원상회복)의 경우에 준용한다.

제550조【해지의 효과】 당사자 일방이 계약을 해지한 때에는 계약은 장래에 대하여 그 효력을 잃는다.

제551조【해지, 해제와 손해배상】 계약의 해지 또는 해제는 손해배상의 청구에 영향을 미치지 아니한다.

제552조【해제권 행사 여부의 최고권】 ① 해제권의 행사의 기간을 정하지 아니한 때에는 상대방은 상당한 기간을 정하여 해제권 행사 여부의 확답을 해제권자에게 최고할 수 있다.

② 전항의 기간 내에 해제의 통지를 받지 못한 때에는 해제권은 소멸한다.

02 계약총칙 – 각종의 계약

제1절 증여의 특별한 해제

> **제554조【증여의 의의】** 증여는 당사자 일방이 무상으로 재산을 상대방에 수여하는 의사를 표시하고 상대방이 이를 승낙함으로써 그 효력이 생긴다.
>
> **제555조【서면에 의하지 아니한 증여와 해제】** 증여의 의사가 서면으로 표시되지 아니한 경우에는 각 당사자는 이를 해제할 수 있다.
>
> **제556조【수증자의 행위와 증여의 해제】** ① 수증자가 증여자에 대하여 다음 각호의 사유가 있는 때에는 증여자는 그 증여를 해제할 수 있다.
> 1. 증여자 또는 그 배우자나 직계혈족에 대한 범죄행위가 있는 때
> 2. 증여자에 대하여 부양의무 있는 경우에 이를 이행하지 아니하는 때
> ② 전항의 해제권은 해제원인 있음을 안 날로부터 6월을 경과하거나 증여자가 수증자에 대하여 용서의 의사를 표시한 때에는 소멸한다.
>
> **제557조【증여자의 재산상태변경과 증여의 해제】** 증여 계약 후에 증여자의 재산상태가 현저히 변경되고 그 이행으로 인하여 생계에 중대한 영향을 미칠 경우에는 증여자는 증여를 해제할 수 있다.
>
> **제558조【해제와 이행완료부분】** 전3조(서면에 의하지 않은 증여, 망은행위, 사정변경으로 인한 증여의 특별해제)의 규정에 의한 계약의 해제는 이미 이행한 부분에 대하여는 영향을 미치지 아니한다.

* **제560조【정기증여와 사망으로 인한 실효】** 정기의 급여를 목적으로 한 증여는 증여자 또는 수증자의 사망으로 인하여 그 효력을 잃는다.
 → 따라서 상속되지 않는다.

제4절 소비대차

> **제598조【소비대차의 의의】** 소비대차는 당사자 일방이 금전 기타 대체물의 소유권을 상대방에게 이전할 것을 약정하고 상대방은 그와 같은 종류, 품질 및 수량으로 반환할 것을 약정함으로써 그 효력이 생긴다.
>
> **제601조【무이자소비대차와 해제권】** 이자 없는 소비대차의 당사자는 목적물의 인도 전에는 언제든지 계약을 해제할 수 있다. 그러나 상대방에게 생긴 손해가 있는 때에는 이를 배상하여야 한다.

* **제599조【파산과 소비대차의 실효】** 대주가 목적물을 차주에게 인도하기 전에 당사자 일방이 파산선고를 받은 때에는 소비대차는 그 효력을 잃는다.

제5절 사용대차

제609조【사용대차의 의의】 사용대차는 당사자 일방이 상대방에게 무상으로 사용, 수익하게 하기 위하여 목적물을 인도할 것을 약정하고 상대방은 이를 사용, 수익한 후 그 물건을 반환할 것을 약정함으로써 그 효력이 생긴다.

제610조【차주의 사용, 수익권】 ① 차주는 계약 또는 그 목적물의 성질에 의하여 정하여진 용법으로 이를 사용, 수익하여야 한다.
② 차주는 대주의 승낙이 없으면 제3자에게 차용물을 사용, 수익하게 하지 못한다.
③ 차주가 전2항의 규정에 위반한 때에는 대주는 계약을 **해지할 수 있다.**

제612조【준용규정】 제559조(=목적물인도전 파산과 소비대차의 실효), 제601조(=무이자소비대차의 목적물 인도전 해제)의 규정은 사용대차에 준용한다.

제613조【차용물의 반환시기】 ① 차주는 약정시기에 차용물을 반환하여야 한다.
② 시기의 약정이 없는 경우에는 차주는 계약 또는 목적물의 성질에 의한 사용, 수익이 종료한 때에 반환하여야 한다. 그러나 사용, 수익에 족한 기간이 경과한 때에는 대주는 언제든지 계약을 **해지할 수 있다.**

제614조【차주의 사망, 파산과 해지】 차주가 사망하거나 파산선고를 받은 때에는 대주는 계약을 해지할 수 있다.

제6절 임대차

1. 민법상 임대차의 해지권

제618조【임대차의 의의】 임대차는 당사자 일방이 상대방에게 목적물을 사용, 수익하게 할 것을 약정하고 상대방이 이에 대하여 차임을 지급할 것을 약정함으로써 그 효력이 생긴다.

제625조【임차인의 의사에 반하는 보존행위와 해지권】 임대인이 임차인의 의사에 반하여 보존행위를 하는 경우에 임차인이 이로 인하여 임차의 목적을 달성할 수 없는 때에는 계약을 해지할 수 있다.

제627조【일부멸실 등과 감액청구, 해지권】 ① 임차물의 일부가 임차인의 **과실 없이** 멸실 기타 사유로 인하여 사용, 수익할 수 없는 때에는 임차인은 그 부분의 비율에 의한 차임의 감액을 청구할 수 있다.
② 전항의 경우에 그 잔존부분으로 임차의 목적을 달성할 수 없는 때에는 임차인은 계약을 해지할 수 있다.

제640조【차임연체와 해지】 건물 기타 공작물의 임대차에는 임차인의 차임연체액이 2기의 차임액에 달하는 때에는 임대인은 계약을 해지할 수 있다.

2. 민법상 임대차의 해지통고

제635조【기간의 약정 없는 임대차의 해지통고】 ① 임대차 기간의 약정이 없는 때에는 당사자는 언제든지 계약해지의 통고를 할 수 있다.

② 상대방이 전항의 통고를 받은 날로부터 다음 각호의 기간이 경과하면 해지의 효력이 생긴다.

1. 토지, 건물 기타 공작물에 대하여는 임대인이 해지를 통고한 경우에는 6월, 임차인이 해지를 통고한 경우에는 1월

2. 동산에 대하여는 5일

제636조【기간의 약정 있는 임대차의 해지통고】 임대차기간의 약정이 있는 경우에도 당사자 일방 또는 쌍방이 그 기간 내에 해지할 권리를 보류한 때에는 전조의 규정(=6월, 1월, 5일)을 준용한다.

제637조【임차인의 파산과 해지통고】 ① 임차인이 파산선고를 받은 경우에는 임대차기간의 약정이 있는 때에도 임대인 또는 파산관재인은 제635조의 규정에 의하여 계약해지의 통고(=6월, 1월, 5일)를 할 수 있다.

② 전항의 경우에 각 당사자는 상대방에 대하여 계약해지로 인하여 생긴 손해의 배상을 청구하지 못한다.

제638조【해지통고의 전차인에 대한 통지】 ① 임대차계약이 해지의 통고로 인하여 종료된 경우에 그 임대물이 적법하게 전대되었을 때에는 임대인은 전차인에 대하여 그 사유를 통지하지 아니하면 해지로써 전차인에게 대항하지 못한다.

② 전차인이 전항의 통지를 받은 때에는 제635조 제2항(=해지통고기간)의 규정을 준용한다.

제639조【묵시의 갱신】 ① 임대차기간이 만료한 후 임차인이 임차물의 사용, 수익을 계속하는 경우에 임대인이 상당한 기간 내에 이의를 하지 아니한 때에는 전임대차와 동일한 조건으로 다시 임대차한 것으로 본다. 그러나 당사자는 제635조(=기간의 약정 없는 임대차의 해지통고)의 규정에 의하여 해지의 통고를 할 수 있다.

② 전항의 경우에 전임대차에 대하여 제3자가 제공한 담보는 기간의 만료로 인하여 소멸한다.

3. 주택임대차보호법상 해지권

제6조【계약의 갱신】 ① 임대인이 임대차기간이 끝나기 6개월 전부터 2개월 전까지의 기간에 임차인에게 갱신거절의 통지를 하지 아니하거나 계약조건을 변경하지 아니하면 갱신하지 아니한다는 뜻의 통지를 하지 아니한 경우에는 그 기간이 끝난 때에 전 임대차와 동일한 조건으로 다시 **임대차한 것으로 본다.** 임차인이 임대차기간이 끝나기 2개월 전까지 통지하지 아니한 경우에도 또한 같다.

② 제1항의 경우 임대차의 존속기간은 2년으로 본다.

③ **2기의 차임액에 달하도록 연체**하거나 그 밖에 **임차인으로서의 의무를 현저히 위반한** 임차인에 대하여는 제1항을 적용하지 아니한다.

제6조의2【묵시적 갱신의 경우 계약의 해지】 ① 제6조 제1항에 따라 계약이 갱신된 경우 같은 조 제2항에도 불구하고 임차인은 언제든지 임대인에게 계약해지를 통지할 수 있다.

② 제1항에 따른 해지는 임대인이 그 통지를 받은 날부터 3개월이 지나면 그 효력이 발생한다.

제6조의3 【계약갱신 요구 등】 ① 제6조에도 불구하고 임대인은 임차인이 제6조 제1항 전단의 기간 이내에 계약갱신을 요구할 경우 정당한 사유 없이 거절하지 못한다. 다만, 다음 각 호의 어느 하나에 해당하는 경우에는 그러하지 아니하다.

1. 임차인이 2기의 차임액에 해당하는 금액에 이르도록 차임을 연체한 사실이 있는 경우
2. 임차인이 거짓이나 그 밖의 부정한 방법으로 임차한 경우
3. 서로 합의하여 임대인이 임차인에게 상당한 보상을 제공한 경우
4. 임차인이 임대인의 동의 없이 목적 주택의 전부 또는 일부를 전대한 경우
5. 임차인이 임차한 주택의 전부 또는 일부를 고의나 중대한 과실로 파손한 경우
6. 임차한 주택의 전부 또는 일부가 멸실되어 임대차의 목적을 달성하지 못할 경우
7. 임대인이 다음 각 목의 어느 하나에 해당하는 사유로 목적 주택의 전부 또는 대부분을 철거하거나 재건축하기 위하여 목적 주택의 점유를 회복할 필요가 있는 경우
   가. 임대차계약 체결 당시 공사시기 및 소요기간 등을 포함한 철거 또는 재건축 계획을 임차인에게 구체적으로 고지하고 그 계획에 따르는 경우
   나. 건물이 노후·훼손 또는 일부 멸실되는 등 안전사고의 우려가 있는 경우
   다. 다른 법령에 따라 철거 또는 재건축이 이루어지는 경우
8. 임대인(임대인의 직계존속·직계비속을 포함한다)이 목적 주택에 실제 거주하려는 경우
9. 그 밖에 임차인이 임차인으로서의 의무를 현저히 위반하거나 임대차를 계속하기 어려운 중대한 사유가 있는 경우

② 임차인은 제1항에 따른 계약갱신요구권을 1회에 한하여 행사할 수 있다. 이 경우 갱신되는 임대차의 존속기간은 2년으로 본다.

③ 갱신되는 임대차는 전 임대차와 동일한 조건으로 다시 계약된 것으로 본다. 다만, 차임과 보증금은 제7조의 범위에서 증감할 수 있다.

④ 제1항에 따라 갱신되는 임대차의 해지에 관하여는 제6조의2를 준용한다.

[→ 임차인은 언제든지 계약해지를 통지할 수 있고, 3개월이 지나면 해지의 효력이 발생]

⑤ 임대인이 제1항 제8호의 사유로 갱신을 거절하였음에도 불구하고 갱신요구가 거절되지 아니하였더라면 갱신되었을 기간이 만료되기 전에 정당한 사유 없이 제3자에게 목적 주택을 임대한 경우 임대인은 갱신거절로 인하여 임차인이 입은 손해를 배상하여야 한다.

4. 상가건물임대차보호법상 해지권

제10조의8 【차임연체와 해지】 임차인의 차임연체액이 3기의 차임액에 달하는 때에는 임대인은 계약을 해지할 수 있다.

제11조의2 【폐업으로 인한 임차인의 해지권】 ① 임차인은 「감염병의 예방 및 관리에 관한 법률」 제49조 제1항 제2호에 따른 집합 제한 또는 금지 조치(같은 항 제2호의2에 따라 운영시간을 제한한 조치를 포함한다)를 총 3개월 이상 받음으로써 발생한 경제사정의 중대한 변동으로 폐업한 경우에는 임대차계약을 해지할 수 있다.

② 제1항에 따른 해지는 임대인이 계약해지의 통고를 받은 날부터 3개월이 지나면 효력이 발생한다.

5. 상가건물임대차보호법상 해지통고

제10조【계약갱신 요구 등】 ① 임대인은 임차인이 임대차기간이 만료되기 6개월 전부터 1개월 전까지 사이에 계약갱신을 요구할 경우 정당한 사유 없이 거절하지 못한다. 다만, 다음 각 호의 어느 하나의 경우에는 그러하지 아니하다.

1. 임차인이 3기의 차임액에 해당하는 금액에 이르도록 차임을 연체한 사실이 있는 경우
2. 임차인이 거짓이나 그 밖의 부정한 방법으로 임차한 경우
3. 서로 합의하여 임대인이 임차인에게 상당한 보상을 제공한 경우
4. 임차인이 임대인의 동의 없이 목적 건물의 전부 또는 일부를 전대한 경우
5. 임차인이 임차한 건물의 전부 또는 일부를 고의나 중대한 과실로 파손한 경우
6. 임차한 건물의 전부 또는 일부가 멸실되어 임대차의 목적을 달성하지 못할 경우
7. 임대인이 다음 각 목의 어느 하나에 해당하는 사유로 목적 건물의 전부 또는 대부분을 철거하거나 재건축하기 위하여 목적 건물의 점유를 회복할 필요가 있는 경우
    가. 임대차계약 체결 당시 공사시기 및 소요기간 등을 포함한 철거 또는 재건축 계획을 임차인에게 구체적으로 고지하고 그 계획에 따르는 경우
    나. 건물이 노후·훼손 또는 일부 멸실되는 등 안전사고의 우려가 있는 경우
    다. 다른 법령에 따라 철거 또는 재건축이 이루어지는 경우
8. 그 밖에 임차인이 임차인으로서의 의무를 현저히 위반하거나 임대차를 계속하기 어려운 중대한 사유가 있는 경우

② 임차인의 계약갱신요구권은 최초의 임대차기간을 포함한 전체 임대차기간이 10년을 초과하지 아니하는 범위에서만 행사할 수 있다(2018. 10. 16. 개정).

③ 갱신되는 임대차는 전 임대차와 동일한 조건으로 다시 계약된 것으로 본다. 다만, 차임과 보증금은 제11조에 따른 범위에서 증감할 수 있다.

④ 임대인이 제1항의 기간 이내에 임차인에게 갱신 거절의 통지 또는 조건 변경의 통지를 하지 아니한 경우에는 그 기간이 만료된 때에 전 임대차와 동일한 조건으로 다시 **임대차한 것으로 본다.** 이 경우에 임대차의 존속기간은 1년으로 본다.

⑤ **제4항의 경우 임차인은 언제든지** 임대인에게 계약**해지의 통고를** 할 수 있고, 임대인이 통고를 받은 날부터 3개월이 지나면 **효력이** 발생한다.

제7절 고용

1. 고용의 해지권

제655조 【고용의 의의】 고용은 당사자 일방이 상대방에 대하여 노무를 제공할 것을 약정하고 상대방이 이에 대하여 보수를 지급할 것을 약정함으로써 그 효력이 생긴다.

제657조 【권리의무의 전속성】 ① 사용자는 노무자의 동의 없이 그 권리를 제3자에게 양도하지 못한다.
② 노무자는 사용자의 동의 없이 제3자로 하여금 자기에 갈음하여 노무를 제공하게 하지 못한다.
③ 당사자 일방이 전2항의 규정에 위반한 때에는 상대방은 **계약을 해지할 수 있다.**

제658조 【노무의 내용과 해지권】 ① 사용자가 노무자에 대하여 약정하지 아니한 노무의 제공을 요구한 때에는 노무자는 계약을 해지할 수 있다.
② 약정한 노무가 특수한 기능을 요하는 경우에 노무자가 그 기능이 없는 때에는 사용자는 계약을 해지할 수 있다.

제661조 【부득이한 사유와 해지권】 고용기간의 약정이 있는 경우에도 부득이한 사유있는 때에는 각 당사자는 계약을 해지할 수 있다. 그러나 그 사유가 당사자 일방의 과실로 인하여 생긴 때에는 상대방에 대하여 손해를 배상하여야 한다.

2. 고용의 해지통고

제659조 【3년 이상의 경과와 해지통고권】 ① 고용의 약정기간이 3년을 넘거나 당사자의 일방 또는 제3자의 종신까지로 된 때에는 각 당사자는 3년을 경과한 후 언제든지 계약해지의 통고를 할 수 있다.
② 전항의 경우에는 상대방이 해지의 통고를 받은 날로부터 3월이 경과하면 해지의 효력이 생긴다.

제660조 【기간의 약정이 없는 고용의 해지통고】 ① 고용기간의 약정이 없는 때에는 당사자는 언제든지 계약해지의 통고를 할 수 있다.
② 전항의 경우에는 상대방이 해지의 통고를 받은 날로부터 1월이 경과하면 해지의 효력이 생긴다.
③ 기간으로 보수를 정한 때에는 상대방이 해지의 통고를 받은 당기후의 1기를 경과함으로서 해지의 효력이 생긴다.

제663조 【사용자파산과 해지통고】 ① 사용자가 파산선고를 받은 경우에는 고용기간의 약정이 있는 때에도 노무자 또는 파산관재인은 계약을 해지할 수 있다.
② 전항의 경우에는 **각 당사자는** 계약해지로 인한 손해의 배상을 청구하지 못한다.

제8절 도급

제664조 【도급의 의의】 도급은 당사자 일방이 어느 일을 완성할 것을 약정하고 상대방이 그 일의 결과에 대하여 보수를 지급할 것을 약정함으로써 그 효력이 생긴다.

제673조 【완성전의 도급인의 해제권】 수급인이 일을 완성하기 전에는 도급인은 손해를 배상하고 계약을 해제할 수 있다.

제674조 【도급인의 파산과 해제권】 ① 도급인이 파산선고를 받은 때에는 수급인 또는 파산관재인은 계약을 해제할 수 있다. 이 경우에는 수급인은 일의 완성된 부분에 대한 보수 및 보수에 포함되지 아니한 비용에 대하여 파산재단의 배당에 가입할 수 있다.

② 전항의 경우에는 각 당사자는 상대방에 대하여 계약해제로 인한 손해의 배상을 청구하지 못한다.

제8절의2 여행계약

제674조의2 【여행계약의 의의】 여행계약은 당사자 한쪽이 상대방에게 운송, 숙박, 관광 또는 그 밖의 여행 관련 용역을 결합하여 제공하기로 약정하고 상대방이 그 대금을 지급하기로 약정함으로써 효력이 생긴다.

제674조의3 【여행개시 전의 계약해제】 여행자는 여행을 시작하기 전에는 언제든지 계약을 해제할 수 있다. 다만, 여행자는 상대방에게 발생한 손해를 배상하여야 한다.

제674조의4 【부득이한 사유로 인한 계약해지】 ① 부득이한 사유가 있는 경우에는 각 당사자는 계약을 해지할 수 있다. 다만, 그 사유가 당사자 한쪽의 과실로 인하여 생긴 경우에는 상대방에게 손해를 배상하여야 한다.

② 제1항에 따라 계약이 해지된 경우에도 계약상 귀환운송 의무가 있는 여행주최자는 여행자를 귀환운송할 의무가 있다.

제9절 현상광고

제675조 【현상광고의 의의】 현상광고는 광고자가 어느 행위를 한 자에게 일정한 보수를 지급할 의사를 표시하고 이에 응한 자가 그 광고에 정한 행위를 완료함으로써 그 효력이 생긴다.

제679조 【현상광고의 철회】 ① 광고에 그 지정한 행위의 완료기간을 정한 때에는 그 기간만료전에 광고를 철회하지 못한다.

② 광고에 행위의 완료기간을 정하지 아니한 때에는 그 행위를 완료한 자 있기 전에는 그 광고와 동일한 방법으로 광고를 철회할 수 있다.

③ 전광고와 동일한 방법으로 철회할 수 없는 때에는 그와 유사한 방법으로 철회할 수 있다. 이 철회는 철회한 것을 안 자에 대하여만 그 효력이 있다.

제10절 위임

제680조【위임의 의의】 위임은 당사자 일방이 상대방에 대하여 사무의 처리를 위탁하고 상대방이 이를 승낙함으로써 그 효력이 생긴다.

제689조【위임의 상호해지의 자유】 ① 위임계약은 각 당사자가 언제든지 해지할 수 있다.
② 당사자 일방이 부득이한 사유 없이 상대방의 불리한 시기에 계약을 해지한 때에는 그 손해를 배상하여야 한다.

제11절 임치

제693조【임치의 의의】 임치는 당사자 일방이 상대방에 대하여 금전이나 유가증권 기타 물건의 보관을 위탁하고 상대방이 이를 승낙함으로써 효력이 생긴다.

제698조【기간의 약정 있는 임치의 해지】 임치기간의 약정이 있는 때에는 수치인은 부득이한 사유 없이 그 기간 만료 전에 계약을 해지하지 못한다. 그러나 임치인은 언제든지 계약을 해지할 수 있다.

제699조【기간의 약정 없는 임치의 해지】 임치기간의 약정이 없는 때에는 각 당사자는 언제든지 계약을 해지할 수 있다.

제702조【소비임치】 수치인이 계약에 의하여 임치물을 소비할 수 있는 경우에는 소비대차에 관한 규정을 준용한다. 그러나 반환시기의 약정이 없는 때에는 임치인은 언제든지 그 반환을 청구할 수 있다.

제12절 조합

제703조【조합의 의의】 ① 조합은 2인 이상이 상호출자하여 공동사업을 경영할 것을 약정함으로써 그 효력이 생긴다.
② 전항의 출자는 금전 기타 재산 또는 노무로 할 수 있다.

제716조【임의탈퇴】 ① 조합계약으로 조합의 존속기간을 정하지 아니하거나 조합원의 종신까지 존속할 것을 정한 때에는 각 조합원은 언제든지 탈퇴할 수 있다. 그러나 부득이한 사유 없이 조합의 불리한 시기에 탈퇴하지 못한다.
② 조합의 존속기간을 정한 때에도 조합원은 부득이한 사유가 있으면 탈퇴할 수 있다.

제717조【비임의탈퇴】 전조의 경우 외에 조합원은 다음 각호의 사유로 인하여 탈퇴된다.
1. 사망
2. 파산
3. 성년후견의 개시
4. 제명

제718조【제명】① 조합원의 제명은 정당한 사유 있는 때에 한하여 다른 조합원의 일치로써 이를 결정한다.

② 전항의 제명결정은 제명된 조합원에게 통지하지 아니하면 그 조합원에게 대항하지 못한다.

제719조【탈퇴조합원의 지분의 계산】① 탈퇴한 조합원과 다른 조합원간의 계산은 탈퇴당시의 조합재산상태에 의하여 한다.

② 탈퇴한 조합원의 지분은 그 출자의 종류여하에 불구하고 금전으로 반환할 수 있다.

③ 탈퇴당시에 완결되지 아니한 사항에 대하여는 완결 후에 계산할 수 있다.

제720조【부득이한 사유로 인한 해산청구】부득이한 사유가 있는 때에는 각 조합원은 조합의 해산을 청구할 수 있다.

제13절 종신정기금

제725조【종신정기금계약의 의의】종신정기금계약은 당사자 일방이 자기, 상대방 또는 제3자의 종신까지 정기로 금전 기타의 물건을 상대방 또는 제3자에게 지급할 것을 약정함으로써 그 효력이 생긴다.

제727조【종신정기금계약의 해제】① 정기금채무자가 정기금채무의 원본을 받은 경우에 그 정기금채무의 지급을 해태하거나 기타 의무를 이행하지 아니한 때에는 정기금채권자는 원본의 반환을 청구할 수 있다. 그러나 이미 지급을 받은 채무액에서 그 원본의 이자를 공제한 잔액을 정기금채무자에게 반환하여야 한다.

② 전항의 규정은 손해배상의 청구에 영향을 미치지 아니한다.

제728조【해제와 동시이행】제536조의 규정은 전조의 경우에 준용한다.

제729조【채무자귀책사유로 인한 사망과 채권존속선고】① 사망이 정기금채무자의 책임 있는 사유로 인한 때에는 법원은 정기금채권자 또는 그 상속인의 청구에 의하여 상당한 기간 채권의 존속을 선고할 수 있다.

② 전항의 경우에도 제727조의 권리를 행사할 수 있다.

제14절 화해

제731조【화해의 의의】화해는 당사자가 상호양보하여 당사자 간의 분쟁을 종지할 것을 약정함으로써 그 효력이 생긴다.

제732조【화해의 창설적 효력】화해계약은 당사자 일방이 양보한 권리가 소멸되고 상대방이 화해로 인하여 그 권리를 취득하는 효력이 있다.

제733조【화해의 효력과 착오】화해계약은 착오를 이유로 하여 취소하지 못한다. 그러나 화해 당사자의 자격 또는 화해의 목적인 분쟁 이외의 사항에 착오가 있는 때에는 그러하지 아니하다.

계약법상 담보책임

제2절 매매계약

제568조【매매의 효력】 ① 매도인은 매수인에 대하여 매매의 목적이 된 권리를 이전하여야 하며 매수인은 매도인에게 그 대금을 지급하여야 한다.

② 전항의 쌍방의무는 특별한 약정이나 관습이 없으면 동시에 이행하여야 한다.

제569조【타인의 권리의 매매】 매매의 목적이 된 권리가 타인에게 속한 경우에는 매도인은 그 권리를 취득하여 매수인에게 이전하여야 한다.

제570조【동전 – 매도인의 담보책임】 전조의 경우에 매도인이 그 권리를 취득하여 매수인에게 이전할 수 없는 때에는 매수인은 계약을 해제할 수 있다. 그러나 매수인이 계약당시 그 권리가 매도인에게 속하지 아니함을 안 때에는 손해배상을 청구하지 못한다.

제571조【동전 – 선의의 매도인의 담보책임】 ① 매도인이 계약당시에 매매의 목적이 된 권리가 자기에게 속하지 아니함을 알지 못한 경우에 그 권리를 취득하여 매수인에게 이전할 수 없는 때에는 매도인은 손해를 배상하고 계약을 해제할 수 있다.

② 전항의 경우에 매수인이 계약당시 그 권리가 매도인에게 속하지 아니함을 안 때에는 매도인은 매수인에 대하여 그 권리를 이전할 수 없음을 통지하고 계약을 해제할 수 있다.

제572조【권리의 일부가 타인에게 속한 경우와 매도인의 담보책임】 ① 매매의 목적이 된 권리의 일부가 타인에게 속함으로 인하여 매도인이 그 권리를 취득하여 매수인에게 이전할 수 없는 때에는 매수인은 그 부분의 비율로 대금의 감액을 청구할 수 있다.

② 전항의 경우에 잔존한 부분만이면 매수인이 이를 매수하지 아니하였을 때에는 선의의 매수인은 계약 전부를 해제할 수 있다.

③ 선의의 매수인은 감액청구 또는 계약해제 외에 손해배상을 청구할 수 있다.

제573조【전조의 권리행사의 기간】 전조의 권리는 매수인이 선의인 경우에는 사실을 안 날로부터, 악의인 경우에는 계약한 날로부터 1년 내에 행사하여야 한다.

제574조【수량부족, 일부멸실의 경우와 매도인의 담보책임】 전2조의 규정은 수량을 지정한 매매의 목적물이 부족되는 경우와 매매목적물의 일부가 계약당시에 이미 멸실된 경우에 매수인이 그 부족 또는 멸실을 알지 못한 때에 준용한다.

제575조【제한물권 있는 경우와 매도인의 담보책임】 ① 매매의 목적물이 지상권, 지역권, 전세권, 질권 또는 유치권의 목적이 된 경우에 매수인이 이를 알지 못한 때에는 이로 인하여 계약의 목적을 달성할 수 없는 경우에 한하여 매수인은 계약을 해제할 수 있다. 기타의 경우에는 손해배상만을 청구할 수 있다.

② 전항의 규정은 매매의 목적이 된 부동산을 위하여 존재할 지역권이 없거나 그 부동산에 등기된 임대차계약이 있는 경우에 준용한다.

③ 전2항의 권리는 매수인이 그 사실을 안 날로부터 1년 내에 행사하여야 한다.

제576조【저당권, 전세권의 행사와 매도인의 담보책임】① 매매의 목적이 된 부동산에 설정된 저당권 또는 전세권의 행사로 인하여 매수인이 그 소유권을 취득할 수 없거나 취득한 소유권을 잃은 때에는 매수인은 계약을 해제할 수 있다.

② 전항의 경우에 매수인의 출재로 그 소유권을 보존한 때에는 매도인에 대하여 그 상환을 청구할 수 있다.

③ 전2항의 경우에 매수인이 손해를 받은 때에는 그 배상을 청구할 수 있다.

제577조【저당권의 목적이 된 지상권, 전세권의 매매와 매도인의 담보책임】전조의 규정은 저당권의 목적이 된 지상권 또는 전세권이 매매의 목적이 된 경우에 준용한다.

제578조【경매와 매도인의 담보책임】① 경매의 경우에는 경락인은 전8조의 규정에 의하여 채무자에게 계약의 해제 또는 대금감액의 청구를 할 수 있다.

② 전항의 경우에 채무자가 자력이 없는 때에는 경락인은 대금의 배당을 받은 채권자에 대하여 그 대금전부나 일부의 반환을 청구할 수 있다.

③ 전2항의 경우에 채무자가 물건 또는 권리의 흠결을 알고 고지하지 아니하거나 채권자가 이를 알고 경매를 청구한 때에는 경락인은 그 흠결을 안 채무자나 채권자에 대하여 손해배상을 청구할 수 있다.

제579조【채권매매와 매도인의 담보책임】① 채권의 매도인이 채무자의 자력을 담보한 때에는 매매계약 당시의 자력을 담보한 것으로 추정한다.

② 변제기에 도달하지 아니한 채권의 매도인이 채무자의 자력을 담보한 때에는 변제기의 자력을 담보한 것으로 추정한다.

제580조【매도인의 하자담보책임】① 매매의 목적물에 하자가 있는 때에는 제575조 제1항(＝제한물권 관련 담보책임)의 규정을 준용한다. 그러나 매수인이 하자 있는 것을 알았거나 과실로 인하여 이를 알지 못한 때에는 그러하지 아니하다.

② 전항의 규정은 경매의 경우에 적용하지 아니한다.

제581조【종류매매와 매도인의 담보책임】① 매매의 목적물을 종류로 지정한 경우에도 그 후 특정된 목적물에 하자가 있는 때에는 전조의 규정을 준용한다.

② 전항의 경우에 매수인은 계약의 해제 또는 손해배상의 청구를 하지 아니하고 하자 없는 물건을 청구할 수 있다.

제582조【전2조의 권리행사기간】전2조(＝물건의 하자에 대한 매도인의 담보책임)에 의한 권리는 매수인이 그 사실을 안 날로부터 6월 내에 행사하여야 한다.

제583조【담보책임과 동시이행】제536조(＝동시이행의 항변권)의 규정은 제572조 내지 제575조, 제580조 및 제581조의 경우에 준용한다.

제584조【담보책임면제의 특약】매도인은 전15조에 의한 담보책임을 면하는 특약을 한 경우에도 매도인이 알고 고지하지 아니한 사실 및 제3자에게 권리를 설정 또는 양도한 행위에 대하여는 책임을 면하지 못한다.

부록

✦ 권리의 하자에 있어 매도인의 담보책임(매수인의 권리) → 경매 ○

구분	대금감액	손해배상	해제권	제척기간
전부 타인 권리 (제570조)		선의 ○	선의 ○	없음
		악의 ×	악의 ○	
일부 타인 권리 (제572조, 제573조)	선의 ○	선의 ○	(잔존부분이라고 매수 ○) × (잔존부분이라고 매수 ×) ○	안날부터 1년
	악의 ○	악의 ×	악의 ×	계약날부터 1년
수량부족 · 일부멸실 (제574조)	선의 ○	선의 ○	(잔존부분이라고 매수 ○) × (잔존부분이라고 매수 ×) ○	안날부터 1년
	악의 ×	악의 ×	악의 ×	
제한물권의 존재 등 (제575조)		선의 ○	(목적달성 가능) × (목적달성 불가능) ○	안날부터 1년
		악의 ×	악의 ×	
저당권 등의 행사 (제576조, 제577조)		선의 ○	선의 ○	없음
		악의 ○	악의 ○	

✦ 물건의 하자(하자담보책임) → 경매 ×

구분	대금감액	손해배상	해제권	제척기간
특정물 하자 (제580조)	×	선의 + 무과실 ○	선의 + 무과실 ○	안날부터 6월
		악의 ×	악의 ×	
종류물 하자 (제581조)	× ※ 완전물급부청구권 ○ (선의 + 무과실)	선의 + 무과실 ○	선의 + 무과실 ○	안날부터 6월
		악의 ×	악의 ×	

매도인의 담보책임의 내용

1. 해제권 : 모든 경우에 해제권은 존재한다. 계약목적달성이 불가능한 경우에만 행사가능하며 최고가 불필요하다. 선의의 매수인이 행사가능함이 원칙이나, 예외적으로 전부타인권리매매(제570조)와 저당권 등 실행시 담보책임(제576조)의 경우에는 매수인이 악의이더라도 해제권 행사가 가능하다.

2. 손해배상청구권 : 모든 경우에 존재하나 선의자에 한하여 행사가능하다. 단, 저당권 등 실행시 담보책임인 제576조의 경우에는 악의도 행사가능하다. 이는 다른 청구권과 함께 행사 가능한데, 예외적으로 완전물급부청구권의 행사가 가능한 제581조의 경우에는 손해배상청구권 행사가 불가하다.

3. 대금감액청구권 : 이는 계약의 일부해제로서의 성격을 지닌다. 양적 하자의 경우만 인정되는 것으로 일부 타인권리의 경우, 선악불문하고 행사가능하나, 수량부족 또는 일부멸실의 경우에는 선의자만 행사가능하다.

   ＊ **주의할 것** : 제한물권 있는 경우나 실행시는 불가능하고 물건의 하자에도 적용되지 않는다는 점이다.

4. 완전물 급부청구권 : 종류매매의 담보책임(제581조)에만 적용되는 규정이다.

5. 제척기간 : 물건은 6월, 나머지의 경우 1년의 제척기간이 존재하는 것이 원칙이나, 예외적으로 전부타인권리와 저당권 등 실행시 담보책임의 경우에는 제척기간이 없다.

✦ 담보책임의 내용

해제권	원칙	선의의 매수인만 가능
	예외	**악의자도 가능** 제570조(전부 타인권리) 제576조(저당권 등의 실행)
손해배상	원칙	선의의 매수인만 가능
	예외	**악의자도 가능** 제576조(저당권 등의 실행)
대금감액청구 (양적 하자 에서만 가능)	(제572조)**일부 타인의 권리**	선의·악의 불문(제572조 1항, 제3항 해석상)
	(제574조)**수량 부족, 일부멸실**	선의의 매수인만 가능(제574조 해석상)
제척기간	無	제570조, 제576조, 제577조는 제척기간이 없음
	有	물건은 6월, 나머지는 1년

제1절 증여

제559조 【증여자의 담보책임】 ① 증여자는 증여의 목적인 물건 또는 권리의 하자나 흠결에 대하여 책임을 지지 아니한다. 그러나 증여자가 그 하자나 흠결을 알고 수증자에게 고지하지 아니한 때에는 그러하지 아니하다.

② 상대 부담 있는 증여에 대하여는 증여자는 그 부담의 한도에서 매도인과 같은 담보의 책임이 있다.

제561조 【부담부증여】 상대 부담 있는 증여에 대하여는 본절의 규정 외에 쌍무계약에 관한 규정을 적용한다.

제4절 소비대차

> **제602조【대주의 담보책임】** ① 이자 있는 소비대차의 목적물에 하자가 있는 경우에는 제580조 내지 제
> 582조(=매도인의 담보책임)의 규정을 준용한다.
> ② 이자 없는 소비대차의 경우에는 차주는 하자 있는 물건의 가액으로 반환할 수 있다. 그러나 대주
> 가 그 하자를 알고 차주에게 고지하지 아니한 때에는 전항(=매도인의 담보책임)과 같다.

제8절 도급

> **제664조【도급의 의의】** 도급은 당사자 일방이 어느 일을 완성할 것을 약정하고 상대방이 그 일의 결과
> 에 대하여 보수를 지급할 것을 약정함으로써 그 효력이 생긴다.
>
> **제667조【수급인의 담보책임】** ① 완성된 목적물 또는 완성전의 성취된 부분에 하자가 있는 때에는 도
> 급인은 수급인에 대하여 상당한 기간을 정하여 그 하자의 보수를 청구할 수 있다. 그러나 하자가 중
> 요하지 아니한 경우에 그 보수에 과다한 비용을 요할 때에는 그러하지 아니하다.
> ② 도급인은 하자의 보수에 갈음하여 또는 보수와 함께 손해배상을 청구할 수 있다.
> ③ 전항의 경우에는 제536조(=동시이행의 항변권)의 규정을 준용한다.
>
> **제668조【동전-도급인의 해제권】** 도급인이 완성된 목적물의 하자로 인하여 계약의 목적을 달성할 수
> 없는 때에는 계약을 해제할 수 있다. 그러나 건물 기타 토지의 공작물에 대하여는 그러하지 아니하다.
>
> **제669조【동전-하자가 도급인의 제공한 재료 또는 지시에 기인한 경우의 면책】** 전2조의 규정은 목적물의
> 하자가 도급인이 제공한 재료의 성질 또는 도급인의 지시에 기인한 때에는 적용하지 아니한다. 그러
> 나 수급인이 그 재료 또는 지시의 부적당함을 알고 도급인에게 고지하지 아니한 때에는 그러하지
> 아니하다.
>
> **제670조【담보책임의 존속기간】** ① 전3조의 규정(=수급인의 담보책임)에 의한 하자의 보수, 손해배상의
> 청구 및 계약의 해제는 목적물의 인도를 받은 날로부터 1년 내에 하여야 한다.
> ② 목적물의 인도를 요하지 아니하는 경우에는 전항의 기간은 일의 종료한 날로부터 기산한다.
>
> **제671조【수급인의 담보책임-토지, 건물 등에 대한 특칙】** ① 토지, 건물 기타 공작물의 수급인은 목적물
> 또는 지반공사의 하자에 대하여 인도후 5년간 담보의 책임이 있다. 그러나 목적물이 석조, 석회조,
> 연와조, 금속 기타 이와 유사한 재료로 조성된 것인 때에는 그 기간을 10년으로 한다.
> ② 전항의 하자로 인하여 목적물이 멸실 또는 훼손된 때에는 도급인은 그 멸실 또는 훼손된 날로부
> 터 1년 내에 제667조의 권리를 행사하여야 한다.
>
> **제672조【담보책임면제의 특약】** 수급인은 제667조, 제668조의 담보책임이 없음을 약정한 경우에도 알
> 고 고지하지 아니한 사실에 대하여는 그 책임을 면하지 못한다.

제8절의2 여행계약

제674조의2【여행계약의 의의】 여행계약은 당사자 한쪽이 상대방에게 운송, 숙박, 관광 또는 그 밖의 여행 관련 용역을 결합하여 제공하기로 약정하고 상대방이 그 대금을 지급하기로 약정함으로써 효력이 생긴다.

제674조의6【여행주최자의 담보책임】 ① 여행에 하자가 있는 경우에는 여행자는 여행주최자에게 하자의 시정 또는 대금의 감액을 청구할 수 있다. 다만, 그 시정에 지나치게 많은 비용이 들거나 그 밖에 시정을 합리적으로 기대할 수 없는 경우에는 시정을 청구할 수 없다.

② 제1항의 시정 청구는 상당한 기간을 정하여 하여야 한다. 다만, 즉시 시정할 필요가 있는 경우에는 그러하지 아니하다.

③ 여행자는 시정 청구, 감액 청구를 갈음하여 손해배상을 청구하거나 시정 청구, 감액 청구와 함께 손해배상을 청구할 수 있다.

제674조의7【여행주최자의 담보책임과 여행자의 해지권】 ① 여행자는 여행에 중대한 하자가 있는 경우에 그 시정이 이루어지지 아니하거나 계약의 내용에 따른 이행을 기대할 수 없는 경우에는 계약을 해지할 수 있다.

② 계약이 해지된 경우에는 여행주최자는 대금청구권을 상실한다. 다만, 여행자가 실행된 여행으로 이익을 얻은 경우에는 그 이익을 여행주최자에게 상환하여야 한다.

③ 여행주최자는 계약의 해지로 인하여 필요하게 된 조치를 할 의무를 지며, 계약상 귀환운송 의무가 있으면 여행자를 귀환운송하여야 한다. 이 경우 상당한 이유가 있는 때에는 여행주최자는 여행자에게 그 비용의 일부를 청구할 수 있다.

제674조의8【담보책임의 존속기간】 제674조의6과 제674조의7에 따른 권리는 여행 기간 중에도 행사할 수 있으며, 계약에서 정한 여행 종료일부터 6개월 내에 행사하여야 한다.

부록

2025 박문각 행정사 2차
백운정 민법(계약) 핵심요약집

초판인쇄 | 2025. 1. 10. **초판발행** | 2025. 1. 15. **편저자** | 백운정

발행인 | 박 용 **발행처** | (주)박문각출판 **등록** | 2015년 4월 29일 제2019-000137호

주소 | 06654 서울시 서초구 효령로 283 서경 B/D 4층 **팩스** | (02)584-2927

전화 | 교재 문의 (02)6466-7202

저자와의
협의하에
인지생략

정가 22,000원

ISBN 979-11-7262-405-7